Journalism & Communication

教育部人文社会科学项目(11YJA860016)

New
Media
Advertising

新媒体广告传播

舒咏平 著

上海交通大学出版社
SHANGHAI JIAO TONG UNIVERSITY PRESS

内容提要

在新媒体环境下，广告形态伴随"互动性"、"消费者主导"、"广告主自主传播"等特点全新呈现。本著作认为：新媒体广告即以数字传输、网络在线为基础、可实现信息即时互动、终端显现为网络链接的多媒体视频，广告主有意识地向广告目标受众传播品牌及产品信息的传播行为与形态。针对迅猛发展、不断创新的新媒体广告实践，本书提出新媒体广告是一种"搜索满足"的信息传播模式；广告主通过搜索引擎、自有网站、微媒体、互动服务给予受众导向的信息供给。本书第一次系统阐述了新媒体广告传播的理论问题，提出了诸多创见，并通过大量实证而显示出很强的说服力。

本书是第一部从传播学视角研究新媒体广告的专著，具有前沿性、前瞻性、理论性、系统性、实证性、实践性等特点，适合广告、营销、管理、传播等学科研究者及相应专业师生阅读；同时对新媒体运营、广告与品牌传播机构、企业品牌管理等专业人士也颇有启发。

图书在版编目(CIP)数据

新媒体广告传播/舒咏平著. —上海：上海交通
大学出版社，2014(2020 重印)
ISBN 978-7-313-12532-3

Ⅰ. ①新… Ⅱ. ①舒… Ⅲ. ①广告学—传播学
Ⅳ. ①F713.80

中国版本图书馆 CIP 数据核字(2015)第 004091 号

新媒体广告传播

著　者：舒咏平
出版发行：上海交通大学出版社　　　　　　地　　址：上海市番禺路 951 号
邮政编码：200030　　　　　　　　　　　　电　　话：021-64071208
印　　制：当纳利(上海)信息技术有限公司　经　　销：全国新华书店
开　　本：710 mm×1000 mm　1/16　　　　印　　张：22.75
字　　数：262 千字
版　　次：2015 年 3 月第 1 版　　　　　　　印　　次：2020 年 8 月第 4 次印刷
书　　号：ISBN 978-7-313-12532-3
定　　价：58.00 元

前 言

广告无所不在，但你却看不见；

无时不在使用，但你不认为是广告。

——这是我的一句谶语，也是我们所处信息时代"广告"的写照。

在城市你走上一千米，或坐一趟车，你会际遇 200 个以上的广告；它们在车体上、车厢内，在路牌、在灯箱，是屏幕、是滚动屏、是传单、是海报，或是椅背、或是垃圾箱；但你却一个也没看见。因为你不会去欣赏、更不会去数，你在兴高采烈地与朋友聊天，你在盘算着进商场的采购，你在为工作或生活烦恼，或许你在想入非非。

但你为工作生活求解，你会不时在搜索平台上搜寻；你在商店或面对电脑，你会不时对二维码进行扫描，然后验证你感兴趣的对象；你在网上工作，会不断与某品牌官网进行互动；你要购物或订票订餐，你会进行查询或与网店店主交流，并即时下单；你会关注一些热门的话题与大 V，并不时用微博进行转发与评论；你更时时在使用微信，享用着不同好友群信息；当然你也在各类平台上不断展示着自己的存在……只是你绝对不会认为，你是在接触新媒体广告，甚至在发布着新媒体广告。

如果说对于前者，你与社会上大多数人们均会自然地认为铺天盖地、周遭围绕的均是广告，但因为你们总是充眼不见、充耳不闻，这种公认的广告是往往让人们看不见的，即使能做个无意识的目光扫描，但也是效率不甚理想。

而后者，你的信息需求与满足已经离不开它们了，但在它们浑然无迹的存在，你总难联想到它们——搜索、APP、品牌官网、品牌官微（博）、品牌微信公众号、网店、淘宝体等，就是广告，或者准确地说就是新媒体广告。

而本书就是要告诉你：新媒体广告就是这样不管你承认或不承认，它就在顽强地、无所不在地影响着你的工作与生活！　而这也恰是新媒体广告传播的奥秘、生命力之所在。

对于新媒体广告，社会上存在两种认识上的倾向：一是认为只要是屏幕上显示、可以进行明显识别是广告的，就是新媒体广告，它们包括户外大屏、写字楼分众视频、网页上的广告横幅等；但是如果它们没有在线互动沟通功能，其本质还是传统广告，只不过把海报性的展示改为屏幕式展示了。　另一种倾向则是哪种新媒体形态最时尚、最新潮，就将其与营销进行捆绑，如论坛营销、微博营销、微信营销、APP营销、O2O营销等，并将其极端化，进而四处演讲卖弄，而使自己成为某一种新媒体广告的教主；孰不知，新媒体便捷的链接与聚合，其广告效应、营销收益从来就不可能依赖某种单一的新媒体形态。

如此，我们首先要尊重既有的广告、或传统广告存在的合理性与其生命力，这样才能公正、客观地对新媒体广告进行系统的探讨。即，我们需建立传统广告与新媒体广告均是服务于品牌传播的共识；并在品牌传播的系统观之下，再来深刻而全面地认识新媒体广告传播。这才是科学的、理性的态度，也是本书研究与写作的指导思想。

而在对新媒体广告传播进行系统思考与探索中，本书的逻辑则主要为：

首先，进行新媒体广告的全新界定，认为：在新媒体环境下，广告形态伴随"互动性"、"消费者主导"、"广告主自主传播"等特点全新呈现；因此新媒体广告即以数字传输、网络在线为基础、可实现信息即时互动、终端显现为网络链接的多媒体视频，广告主有意识地向广告目标受众传播品牌及产品信息的传播行为与形态。如此则为本书奠定了逻辑起点。

其次，从传播以受众导向的根本要义出发，重点揭示了新媒体广告传播的基本模式乃是从"信息邂逅"走向"搜索满足"，但两者又是相辅相成的；同时则更深入地探析了新媒体广告传播的接受行为。这样就为广告主的新媒体广告传播提供了受众前提。

其三，一改传统广告研究重视广告创意与策划、重视适时适媒体发布的研究思路，而是从广告主对于消费者、对于受众即时性搜索满足式接受行为、给予各种信息供给角度作展开；且突出了消费者导向性、形态多样性、互动服务性的特性。

其四，则是针对新媒体广告传播中的问题——形式无法界定、载体使用方便却门槛甚低、低俗虚假信息多见等现象，提出了需要法治与舆论监督并重，同时应建构公信力导向的新媒体广告传播模式。

由于目前对于新媒体广告传播进行学术性研究的成果尚不多见，因此本研究无法进行更多的借鉴，只能较多地依靠实证的方法以及案例研究的方法来获得论据，从而经过分析论证，以使本书的观点见解更具有说服力。

如上作为本书的前言，旨在向读者交代一下本人对于新媒体广告的认识，以及著书的思路与想法，也就是说提供一把钥匙，以便读者们的阅读更便利些。

舒咏平

2014 年 7 月于武汉喻园

第一章

新媒体广告的传播本质

第一节　新媒体与新媒体广告

一、新媒体界定

"新媒体"概念，是本书的逻辑起点。那么"新媒体"的内涵是什么呢？

《新媒体百科全书》主编斯蒂夫·琼斯曾说道：新媒体是个相对的概念，相对于图书，报纸是新媒体；相对于广播，电视是新媒体；"新"是相对于"旧"而言的。新媒体又是一个时间的概念，在一定的时间段之内，新媒体应该有个相对稳定的内涵。新媒体同时又是一个发展的概念，科学技术的发展不会终结，人们的需求不会终结，新媒体也不会停留在人和一个现存的平台。但如果认定新媒体是一个相对的概念，是以往没有出现的媒体均可称做为新媒体；那么媒体环境正发生巨变的现实中已经广为使用的"新媒体"

则永远形成不了共识，只能是各执一词，各说各话，更无法形成交流。显然，对于"新媒体"的现阶段呈现，以及可见的未来，还是需要认识其本质属性，以便形成对话的共识。

由此，一些学者进行了如下的表述：

熊澄宇教授认为："今天的新媒体主要指——在计算机信息处理技术基础上产生和影响的媒体形态，包括在线的网络媒体和离线的其他数字媒体形式。"[①]因此，新媒体并不是终结在数字媒体和网络媒体这样一个平台上，对于新媒体要重视两个概念：一是以前没有出现的新媒体；二是受计算机信息技术影响而产生变化的新媒体形态，目前更需要关注的是数字媒体之后的新媒体形态。显然，我们在这里需要注意到的"新媒体"就是数字化、计算机处理，即使处于"离线"状态，也属于新媒体。

《新媒体与广告互动传播》一书对新媒体技术进行了定义，"新媒体技术的基本要素是由数字化信息、互联网发布平台、多媒体编辑制作系统、集成化信息服务界面、复合型传播通道及多样化接收终端这样几个要素组成。互联网的优势和特性在于更快、更广、更丰富、更互动和更低成本。与传统媒体相比，新媒体技术的特性主要表现为实时性、广域性、无中心、多媒体、互动性、海量化和高效检索等。"[②]该书着重强调了新媒体的互动传播，"所谓互动传播有两层含义：一是相对过去'传者本位'功能定位而提出来的，指传者通过媒介内容影响受者，而受者通过反馈意见积极参

---

① 熊澄宇.在中国网络媒体论坛的发言[OL].www.cctv.com.2003-06-18.
② 舒咏平，陈少华，鲍立泉.新媒体与广告互动传播[M].武汉：华中科技大学出版社，2006：21-26.

与对传者的内容趋向产生影响，传受之间相互促进、相互推动，这是由传媒环境改变而产生的；二是传播过程中由于新技术的应用，双向传播模式甚至多向传播模式得以广泛应用。"①

匡文波教授指出：新媒体是一个相对的概念，是在报刊、广播、电视等传统媒体之后发展起来的新的媒体形态，包括网络媒体、手机媒体、数字电视等。新媒体亦是一个宽泛的概念，是利用数字技术、网络技术、通过互联网，向用户提供信息和娱乐服务的传播形态。严格地说，新媒体应该称为数字化新媒体。在目前的经济技术条件下，互联网是新媒体的主体。②这里，我们可以注意到与熊澄宇教授观点的差异：基于"互联网"——强调了"在线"的信息提供与接受。匡文波在《"新媒体"概念辨析》一文中对新媒体做了比较详细的内涵与外延角度的分析，匡文波在文中指出数字化与互动性是新媒体的本质特征。并且，该文认为并不是新出现的媒体都是新媒体，该文认为没有满足互动性这一新媒体本质的特征的新出现的媒体并不能称之为新媒体，如户外媒体、楼宇电视等都是新出现的媒体，但他们并不是新媒体，因为用户是无选择、被动地接受信息。他对新媒体进行的外延梳理如图 1-1。③

蒋宏教授则认为："新媒体是指 20 世纪后期在世界科学技术发生巨大进步的背景下，在社会信息传播领域出现的建立在数字技术基础上的能使传播信息大大扩展、传播速度大大加快、传播方式

① 舒咏平，陈少华，鲍立泉.新媒体与广告互动传播[M].武汉：华中科技大学出版社，2006：57.
② 匡文波.2006 新媒体发展回顾[J].中国记者，2007(1).
③ 匡文波."新媒体"概念辨析[J].国际新闻界，2008(06).

大大丰富的、与传统媒体迥然相异的新型媒体。"①

　　传媒研究专家陆小华认为：新媒体，曾经是互联网、是短信、是手机电视、是即时通信工具，而今，"至少，现在已经是新媒体群。"②

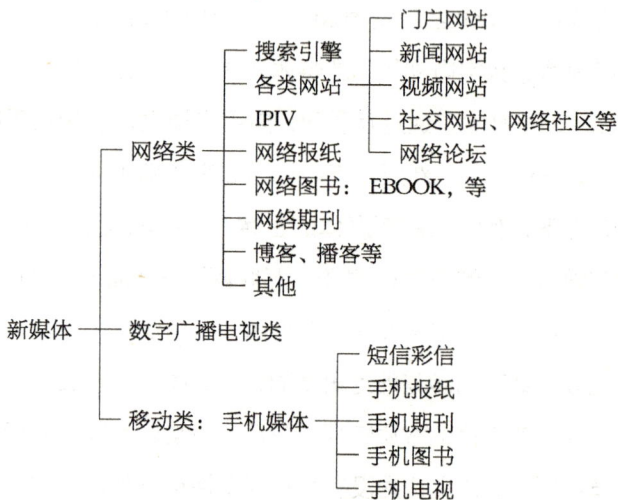

```
                                        ┌ 门户网站
                         ┌ 搜索引擎    ├ 新闻网站
                         │ 各类网站 ── ├ 视频网站
                         │ IPIV        ├ 社交网站、网络社区等
                 ┌ 网络类 ┤ 网络报纸    └ 网络论坛
                 │        │ 网络图书：EBOOK，等
                 │        │ 网络期刊
                 │        │ 博客、播客等
                 │        └ 其他
        新媒体 ──┤ 数字广播电视类
                 │                      ┌ 短信彩信
                 │                      ├ 手机报纸
                 └ 移动类：手机媒体 ─── ├ 手机期刊
                                        ├ 手机图书
                                        └ 手机电视
```

图 1-1　新媒体的外延

　　廖祥忠则对新媒体做了这样的概括，"'新媒体'为以'数字媒体为核心的新媒体'，它是通过数字化交互性的固定或即时移动的多媒体终端向用户提供信息和服务的传播形态。"③

　　广告专家高丽华则提出："我们讨论的新媒体是相对于传统意义上的报刊、广播、电视等大众传播媒体而言的，指随着传播新技术的发展和传媒市场的进一步细分而产生的新型传播媒体，主要是

---

① 蒋宏等.新媒体导论[M].上海：上海交通大学出版社，2006：4.

② 陆小华.新媒体观[M].北京：清华大学出版社，2008：151、157.

③ 廖祥忠.何为新媒体？[J].现代传播（中国传媒大学学报），2008(05).

指学界和业界分别称为第四媒体、第五媒体的宽带网络和手机媒体两类新媒体。"①

　　上述专家的表述告知我们，就现阶段而言，新媒体表现更为多元化，并更显著地体现为网络与手机。但需要辨析的是：随着手机上网、越来越呈现一种网络的移动终端功能，实际则取消了手机单独作为媒体的性质，也一并归入网络的媒体集群中。

　　由如上权威观点的引述以及进一步的辨析，我们则可清晰地给新媒体概念作如下定义：新媒体指的是以在线网络的数字传输为基础、可实现信息即时互动的媒体形式，其终端显现为网络链接的电脑、手机、电视等多媒体视频。从目前来看，新媒体则是基于互联网、无线通信网、数字广播电视网和卫星等渠道，以电脑、手机、电视、PDA、MP4 等设备为终端的媒体。新媒体能够实现个性化、互动性、细分化、移动化的传播沟通。由此规定，则将以往仅仅以电子呈现的一些媒体形态，如楼宇视频、LED 屏、手机短信、彩信等，排除在新媒体概念之外。

二、"广告"概念的再认识

　　"广告"的英文 Advertising，不仅明确为刊登在报纸、杂志、广播、电视上的广告，也有公告、通告、启事、劝告之意。广告的正式诞生，可以说与 19 世纪面向大众的报纸媒体诞生息息相关；当时，欧美随着工业革命的进行，一方面民众广泛获得报纸信息成为可能，另一方面新兴的工业产品又需要通过扩散信息而打开市

---

① 　高丽华.新媒体经营[M].北京：机械工业出版社，2009：16.

场，由此对产品广而告之的现代"广告"应运而生。1729年，富兰克林在美国创办《宾夕法尼亚时报》，就把广告栏安放在报头下面、社论的前面，这时富兰克林既是出版商和编辑，又是广告作家、广告经纪人。

由此，美国广告专家托马斯·C.奥吉恩等人就明确地给广告下了这样的定义："广告是一种有偿的、经由大众媒介的、目的在于劝服的企图。"其中，他们特别强调："广告是由希望自己的信息得到扩散的企业或组织支付费用的一种传播活动"；"广告必须通过某种传播媒介达到一人以上的受众，一般说来，是到达一大批人。"[1]

而在一些代表性的广告论著中，"广告"的内涵也大体相同，如：美国学者阿伦斯认为："广告是由可识别的出资人通过各种媒介进行的有关产品（商品、服务和观点）的、有偿的、有组织的、综合的、劝服的非人员的信息传播活动。"[2]

台湾的樊志育《广告学原理》："广告者，系信息中所明示的广告主，将商品、劳务或特定的观念，为了使其对广告主采取有利的行为，所做的非个人的有费的传播。"[3]

丁俊杰《现代广告通论》："广告是付费的信息传播形式，其目的在于推广商品和服务，影响消费者的态度和行为，博得广告主预期的效果。"[4]

倪宁《广告学教程》："广告是广告主为了推销其商品、劳务

①　[美]托马斯·C.奥吉恩等.广告学[M].北京：机械工业出版社，2002：6-7.
②　[美]威廉·阿伦斯.当代广告学[M].北京：华夏出版社，2000：7.
③　樊志育.广告学原理[M].上海：上海人民出版社，1994：2.
④　丁俊杰.现代广告通论[M].北京：中国物价出版社，1997：6.

或观念，在付费的基础上，通过传播媒体向特定对象进行的信息传播活动。"①

　　陈培爱主编的《广告学概论》："现代广告是指一种广告主付出某种代价的，通过传播媒介将经过科学提炼和艺术加工的特定信息传达给目标受众，以达到改变或强化人们观念和行为的目的的、公开的、非面对面的信息传播活动。"②

　　在如上几乎高度一致的观点基础之上，我国 1994 年通过的《广告法》第二条规定："本法所称广告，是指商品经营者或者服务提供者承担费用，通过一定媒介和形式直接或者间接地介绍自己所推销的商品或者所提供的服务的商业广告。"围绕此法律上的概念规定，目前人们对"广告"概念的认知基本有个共识，即"广告"是可以清晰地看到"广告主的付费"、"可识别对广告主有利的信息"、"非个人的传播"等"广告"存在的核心要素。如果将此内涵的广告置身于大众媒体环境、紧紧对应以广告公司、媒体广告经营为主构成的"广告行业"，自然没有不妥。可以说，既有的广告概念与内涵，是特定时代产物，且依然具有其合理性、生命力。

三、新媒体广告的本质内涵

　　"新媒体广告"，是本书的核心概念。在"新媒体"概念得到界定的基础上，要清晰认识新媒体广告内涵，还得对"广告"内涵

---

① 倪宁. 广告学教程[M].北京：中国人民大学出版社，2004：4.
② 陈培爱. 广告学概论[M].北京：高等教育出版社，2005：6.

进行讨论。

在新媒体环境下，我们将全新的广告形态，及其一些主要特点与概念如"互动性"、"消费者主导"、"广告主自主传播"等引入到"广告"内涵中进行审视，我们无疑可以发现：作为广告主的企业已经不单纯地将商业信息的发布寄托于如上界定的纯广告，却越来越多地付之于可自我掌控的、付费支出方式多元化的会展、活动、终端、新媒体、关系管理。而由营销学界提出的"整合营销传播"（IMC）则越来越深入地影响广告界，也就是说，在IMC的思想体系中；传统的"广告"受到严格的限定，被看作营销传播的多种渠道之一、而与"公关"、"新闻"、"终端"、"营销"、"客户管理"等同等齐观。如此一来，受传统"广告"内涵之约束，"广告"的生命力受到了极大制约，其核心的"广告策划"几乎丧失了空间。也就是说，在新媒体环境下，以及所带来的营销传播方式的变革，必然导致作为"营销延伸的广告"之内涵的演进。

而新媒体环境下，"广告"内涵演进的取向则是"品牌传播"，其理由：

（1）新媒体的互动性，决定了受众可以选择广告信息，广告主也可自主传播广告信息，从而具有双向对称的"传播"特性得以凸显；

（2）新媒体促使广告主可以自主、便捷地传播广告信息，而这里的广告信息，则不仅是直接的、功利性的产品信息，还包括突出广告主良好形象的品牌信息，而产品信息又是归属于商标品牌的，因此新媒体催生了"品牌传播"；

（3）新媒体固然使得营销传播一体化，但"整合营销传播"思想更为突出"营销"且由营销学专门研究；而其中的"传播"成分，则应归属于"品牌传播"，从而使得广告研究具有特定对象而具有独立性。

如此，在新旧媒体并存在环境下，"广告"的内涵则既包括传统媒体上付费的、可识别的商品信息传播，还包括新媒体上广告主各种类型信息内容的品牌传播。[①]

如果说，"品牌传播"的内涵既涵盖了广告之外的营销沟通、会展传播、活动传播、新闻宣传等，那么则自然还涵盖了"广告"概念下的传统广告、新媒体广告。如此，结合新媒体的内涵界定、基于广告的再认识，就需要清晰而合理地对"新媒体广告"进行本质上的认识了。

美国得克萨斯大学广告学系早在 1995 年就提出了"新广告"概念，他们认为未来的经济社会和媒体将发生巨大变化，广告的定义不应该局限在传统的范围内，"从商业的角度来讲，广告是买卖双方的信息交流，卖者通过大众媒体、个性化媒体或互动媒体与买者进行的信息交流。"[②]这里，虽然揭示出了"新广告"的本质特点就是互联网等新媒体广告的个性化、互动性，但毕竟没有整体性提出"新媒体广告"。

我国最早将"新媒体"与"广告"相结合的是北京大学陈刚教授，他在 2002 年出版的《新媒体与广告》一书中提出"后广告"的概念，并说明道："我们之所以提出后广告的概念，只是为了表明作为一个怀疑者、思考者，同时也希望是一个建设者，那就是在受

---

① 舒咏平.品牌传播：新媒体环境下广告内涵演进的取向[J].中国广告，2009(10).

② The faculty of the Department of Advertising, College of Communication, The University of Texas at Austin, Austin, Texas, *Thoughts about the Future of Advertising-A White Paper*, Dec. 1995. http：//advertising. Utexas. edu/research/.

到网络时代各种新的因素不断渗透与影响而不断变化的广告空间里寻找并探索一个新的世界秩序与生存逻辑。……网络引发并实现了一次媒体革命，而作为这次革命动因的核心就正是'互动'。"①书中，他虽然没有明确提出"新媒体广告"并给予定义，但却就新媒体广告代表性的互联网广告进行了系统性的探讨，并在第四章题目中，明确写到"新媒体广告的类型与特点"。

只是到了2007年，我国明确提出"新媒体广告"概念的论文才开始陆续出现，如：实力传播的《新媒体广告成长力预测》②、吴辉的《时髦话题的理性思索：我国新媒体广告研究综述》③、舒咏平的《新媒体广告趋势下的广告教育革新》④、刘国基的《新媒体广告产业政策的应对》⑤、宋亚辉的《广告发布主体研究：基于新媒体广告的实证研究》⑥、赵子忠的《新媒体广告理念的诞生》⑦等。但这些论文只是在"新媒体广告"概念下，就具体问题进行思考，而本身并没有就其概念内涵进行定义。

2009年，谭可可在《新媒体广告传播形态及表现拓展》一文中认为：新媒体广告向"即时、移动、索取、简约"方向延伸，它将"广告信息"进行采集、制作、处理、压缩、存储与应用等加工处理而成各种广告表现形态，如网页广告、搜索引擎广告、电子邮件

①　陈刚.新媒体与广告[M].北京：中国轻工业出版社，2002：23-24.
②　实力传播.新媒体广告成长力预测[J].广告人，2007(1).
③　吴辉.时髦话题的理性思索：我国新媒体广告研究综述[J].东南传播，2007(12).
④　舒咏平.新媒体广告趋势下的广告教育革新[J].广告研究·广告大观理论版，2008(4).
⑤　刘国基.新媒体广告产业政策的应对[J].广告大观综合版，2008(6).
⑥　宋亚辉.广告发布主体研究：基于新媒体广告的实证研究[J].西南政法大学学报，2008(6).
⑦　赵子忠.新媒体广告理念的诞生[J].广告大观，2010(5).

广告、在线游戏广告、软件内置广告等。①

　　崔磊等则在《新媒体广告及其融合服务初探》一文中对新媒体广告进行了比较全面客观的概括，"新媒体广告，即指体现在以数字传输为基础、可实现信息即时互动、终端显现为网络链接的多媒体视频上，有利于广告主与目标受众信息沟通的品牌传播行为与形态。"②

　　黄梦秋在《探究新媒体广告对白领阶层消费文化的影响》一文中按照传统广告定义模式对新媒体广告进行了定义，"新媒体广告是指广告主以付费的方式，借助数字传输，将相关产品或服务信息等通过多媒体视频传达给目标受众的传播方式。"③

　　而2010年出版、本人主编的《新媒体广告》，一定意义上是我国最早出版的、系统阐述"新媒体广告"理论的一本著作；这就不得不对核心概念"新媒体广告"给予定义性的揭示。该书由此提出："新媒体广告，即指体现在以数字传输为基础、可实现信息即时互动、终端显现为网络链接的多媒体视频上，有利于广告主与目标受众信息沟通的品牌传播行为与形态。"④从现在看来，关于"新媒体广告"的该定义，总体还是科学合理的，但该著作的具体内容中，却将"电视商业频道"、"线下的视频广告"、"内容植入广告"等也视作新媒体广告形态，并分别作为单章内容展开论述；由于这些广告形态并不具备互动性、个性化，这就在一定意义上，又混淆了人们对于新媒体广告的认识。

① 谭可可.新媒体广告传播形态及表现拓展[J].新闻导刊，2009(04).
② 崔磊，舒咏平.新媒体广告及其融合服务初探[J].湖北师范学院学报(哲学社会科学版)，2011(03).
③ 黄梦秋.探究新媒体广告对白领阶层消费文化的影响[J].今传媒，2012(04).
④ 舒咏平.新媒体广告[M].北京：高等教育出版社，2010：6.

　　为此，本研究所对新媒体广告的本质内涵的揭示，首先需建立在前面我们对于新媒体界定的基础之上，这就是需明确认识新媒体能够实现个性化、互动性、细分化、移动化的传播沟通特性；其次则是对"广告"再认识中要素的认识，即：非人员面对面进行、有利于广告主的产品与服务营销的信息传播。这样，我们就可以明确地揭示出新媒体广告的本质内涵：

　　新媒体广告，即以数字传输、网络在线为基础、可实现信息即时互动、终端显现为网络连接的多媒体视频，广告主有意识地向广告目标受众传播品牌及产品信息的传播行为与形态。

第二节　新媒体广告传播的特点

　　虽然"新媒体广告"的概念界定，基本上揭示出了其本质内涵，但定义的概括是有助我们对概念总体把握，而其特点的逐一揭示，才可帮助我们更深入地、具体地把握概念，运用概念。而"新媒体广告"我们认为主要特点为：

一、网络在线的链接性

　　当离线的电脑屏幕还留有购物网站的页面、楼宇视频与户外LED屏在播广告、当手机中的游戏软件中出现植入的品牌，我们应该知道，我们面前出现的虽然也是数字化的商业信息，但它们不属于新媒体广告，因为它们没有网络连线、没有信息的链接性。

　　传统广告受大众媒体空间与时间的限制，广告信息往往是提炼又提炼、精练又精练之后才予以发布，其信息量必然非常有限。同时，这种广告信息的有限又与强迫性地让泛众化的消费者接触相关；毕竟大多数的广告受众并非特定广告商品的消费者，不期而遇的广告某种意义上是对他们的时间空间的无情侵占。于是，传统广告与一般受众的接触，不仅具有强迫性，还具有偷袭性：即以精美的、简短的广告出其不意地偷袭着一般受众的神经。如此，就决定了传统广告信息提供的简短与有限。

而就新媒体广告而言，由于更多的是由目标受众有目的、有意识地进行检索获得，从而导向新媒体广告中品牌信息、商品信息的提供与服务的发生。但人们有意识地搜索获取信息，一般来说，是在某个具体契机通过某个端口进行，而后沿着该信息端口、依次进行信息的深度搜索与获取。为了目标受众信息深度搜索与获取成为可能，新媒体广告也就首先需具备网络在线的链接性（见图 1-2）。

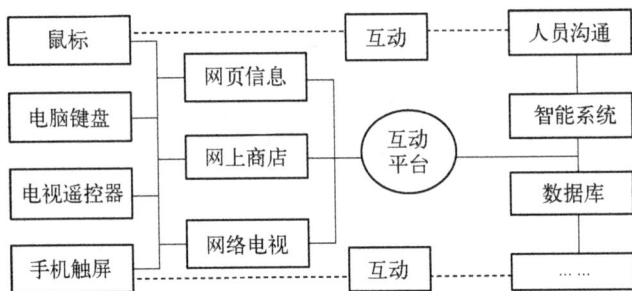

图 1-2　新媒体广告网络在线链接图

在图 1-2 中，可见具体消费者出于广告信息需要，通过网络在线终端来进行信息搜索，他可依次或非线性地获得某品牌广告主的网页信息、网上商店、网络电视的产品信息或品牌信息，进而可链接到该品牌网站主页及品牌的互动平台，通过浏览该品牌的各项深度信息而有针对性地进行互动咨询，从而在网络在线的互动渠道上获得对话交流。显然，新媒体环境下，要满足消费者的信息需求，新媒体广告首先就需要具备网络在线的链接性，如此才可能互动性进行广告信息的深度提供服务。

二、受众导向的互动性

在审视新媒体广告的本质内涵时，我们没有简单迎合传统广告单向度的广而告之的意蕴，而是强调了其双向传播的本质。"传播"的英文 Communication，其含义有着通信、传达、传递、传染、交通、连通、相连等多重语义，而且这些语义的一个共同点就是双向传通。正因为此，港台的学者翻译为"传通"，但大陆的学者因为翻译为"传播"，而不知不觉中暗含了单向性的"传出去"、"播出去"的意味，以致于双向互动的本质总被打折。而这里，我们则需正本清源，将"传播"的本质回归于"双向互动"，以及"从受众出发"的含义上；由此，为区别于传统广告，新媒体广告因凸显传播本质，也就必然显示出"受众导向的互动性"。

作为营销沟通的延伸，广告实际上本质是追求互动性的。如果说早期广告所偏重的是推销功能，其本质还是单向性的商业宣传；那么今天我们所认识的广告传播，它所追求的双向互动性，却是一个渐进的过程。从早期广告人将广告创意建立在市场调查基础之上，无疑就是对广告活动提供了消费者、即广告受众的前提，使之透射出一种由产品转向消费者的互动追求。此后，艾·里斯和杰克·特劳特所提出的"定位论"与唐·舒尔茨所主张的"整合营销传播"，则更显示出这种由单向往双向转化的广告互动性趋势。①

　　美国的传播学者强调说："我们正从单向的传播媒介转变为互动的传播媒介。"②"21世纪的市场营销将在互动式多媒体上集中进行，广告部门必须在信息高速路上找到传播信息的新使命。"③显然，"互动"已经成为当下媒介、营销、广告所基本的话语前提。而一旦以互动性为特征的新媒体基石——互联网诞生，广告的互动性也就得到了格外的体现，广告主与消费者之间的互动代理商也应运而生。美国的《广告周刊》还每年对互动式广告代理商进行排名。如Agency.com、Avalanche Systems、CKS Group、Dahlin Smith White等便都是排名常在前10名的互动广告代理商。④正是这种新媒体环境中"互动性"的比重越来越大，那么新媒体广告的互动性就自然需要我们予以深入的认识。

　　资深广告人刘国基曾说道："广告"，作为传统上以企业主为主体的大众化传播，在互联网高度发达的今天，已进化为"双向的、互动的、参与式的、数据库驱动"的沟通行为，甚至消费者已经成为"需求广告"的发布者，彻底颠覆传统受讯者(receiver)的被动角色，主动形成各种发讯者(sender)构成的粉丝(fans)圈群，对各种品牌体验自动出击表态，形成舆论社群，全面摆脱企业主通过广告发布话语控制权。⑤也就是说，在新媒体环境下，原来只是理论上的受众导向变得更为现实，成为广告信息需求者、品牌信息的搜

---

① 舒咏平.广告互动传播的实现[J].国际新闻界，2004(5).
② ［美］沃纳·塞弗林.传播理论：起源、方法与应用[M].北京：华夏出版社，2000：4.
③ Rust，R.T.and T.W.Oliver.(1994).The death of advertising.*Journal of Advertising* 23 (No.4)：71-77.
④ 马文良.网络广告经营技巧[M].北京：中国国际广播出版社，2001：30、31.
⑤ 刘国基.新媒体广告产业政策的应对[J].广告大观综合版，2008(6).

索者、需求信息的发出者。

由此，作为强调双向互动沟通的新媒体广告，则不再是由广告主、代理广告主利益的广告公司、广告媒体为主导方，而是让位于兼为潜在消费者的受众来主导。其产品开发的目标市场调查、针对消费需求的产品开发、品牌市场定位与个性、品牌即产品信息发布、企业文化的深层建构、满足受众信息需求的咨询答疑等企业传播行为，无一不彰显消费者及受众的主导性，而强调互动沟通的"新媒体广告"，也必然地体现出鲜明的受众导向的互动性。

三、品牌信息的聚合性

对应于消费者关于品牌信息的深度需求，新媒体广告主体：广告主或曰品牌主则自然地进行品牌信息的聚合性的传播供给。如果说，在广告主的整合营销传播中，是根据消费者的需求，通过广告、公关、新闻、营销等渠道，统一地发出一个声音；那么，新媒体广告由于本身就具有多重品牌信息服务的在线链接性，其一方面有着丰富的品牌信息呈多形态、多页面的碎片化体现，另一方面又通过链接路径形成品牌信息的统一聚合。

新媒体广告的品牌信息聚合既包括阶段性的、以营销目标实现为主的整合营销传播所涉及的各类信息，更包括相对稳定、战略性的品牌信息，如品牌历史、品牌实力、品牌理念、品牌信誉、品牌的产品线、品牌动态、品牌服务等。从而使得新媒体广告既具有眼前的广告促销功效，又具有从长远着眼的品牌形象建树之意义。

在现代社会及市场环境中，兼为消费者的受众高度"碎片化"，即因职业、收入、文化、年龄、性别、区域、个性、喜好、心境等方面的差异，由消费者构成的市场形成了无数的碎片。如此，各品牌商则需针对不同的"碎片群落"，细分市场、细分产品，乃至进行媒体细分性地选择，并碎片化地负载品牌信息，以求进行相对应的满足。根据市场碎片化需求"细分"、又进行品牌信息碎片化服务固然是大势所趋，但现代生产又是规模性、集约性的，即需要在生产、营销、传播上形成新的规模性。而"数字新媒体的发展则迎合并推动了消费者的分化和重聚的进程"，"消费者因此又被重新黏合"，"再次形成规模化的消费市场"①；基于在线链接的新媒体广告，其品牌信息的聚合性由此产生。

随着互联网主流媒体地位的确立、消费者网上互动意识的增强，以及品牌主依赖新媒体广告的力度加大，以 Marketing2.0 时代为基准的品牌传播或新媒体广告，演变为一种鲜明的信息"聚合"模式。这种品牌信息的聚合传播，首先是正视信息的供给与接受呈"碎片化"的前提，其次是基于网络在线可以迅速让碎片重聚的功能；如此则必然地描述出这么一个"散—聚"的基本事实：其一头碎散在单个的消费者或客户，另一头则聚合在商品品牌。而这一事实是由在Marketing2.0条件下，消费者或受众主导的、即时性地互动而发生的，其形象化的表述则成为图1-3中的"孔雀开屏模型"。②

在图1-3中，单一的消费者或客户所接触到的品牌信息，总是品牌主或广告主通过广告、公共关系、营销、新闻等企业行为所派生出的内容、继而通过各种媒体终端的物质形式，而达成耦合。而在双向互动中，任一的客户又总是可以通过新媒体的终端链接，迅

---

① 中国传媒大学广告主研究所.新媒体激变[M].北京：中信出版社，2008：序.
② 舒咏平.品牌聚合传播[M].武汉：武汉大学出版社，2008：122-123.

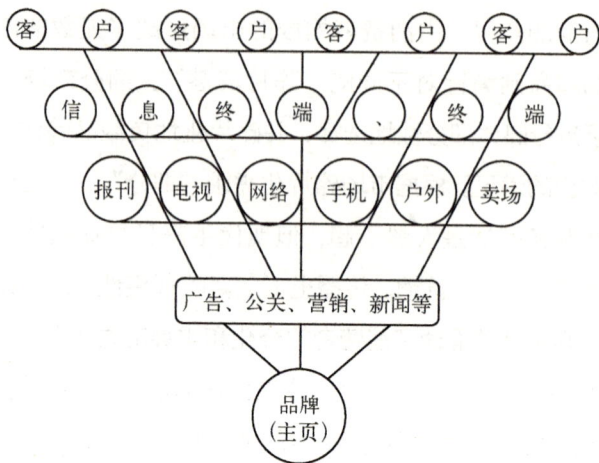

图 1-3　品牌传播聚与散的"孔雀开屏模型"

速进行品牌主页的访问，深入认识品牌。此时，品牌最真实的体现已经不是品牌总部，也不是品牌标志，而是其品牌网上社区；以至于在客户心目中形成这样的认识：品牌主页就是品牌，品牌最权威、最集中的体现即其品牌官网主页。在这一模型中，单一客户与品牌信息终端的接触总量，是随着品牌传播的范围领域大小而决定的，越是国际性的著名品牌，其接触总量越大、形式也更为多样。但可以肯定的一点则是：其品牌的主页只能是聚合为一的！如此，便形象地构成一个"孔雀开屏模型"：品牌主页成为孔雀的头冠，而扇状散入客户的接触点，则成为孔雀开屏所张开的美丽尾翼。可以肯定：在 Web2.0 时代，品牌聚合传播演绎的就是这样的一个"孔雀开屏模型"。

　　借助新媒体广告的这个品牌聚合传播"孔雀开屏模型"，品牌信息聚合性得到鲜明的突出，新媒体广告深度信息传播服务的优势也就得到凸显。

四、信息管理的即时性

我们在认识新媒体广告之时，一定要有一种颠覆传统广告的心理准备，即新媒体不再仅仅是静态的一种品牌或商品信息作品方式的存在，而是互动的、由消费者可以主动掌控的品牌或商品信息的获得。如此，根据具体受众、而不是泛泛的大众的具体需要，进行相应的信息供给、以满足一个一个受者的信息需要。而个性化的信息供给，不但需要前面所述及的各类深度信息的聚合传播，还需要进行即时性的信息沟通管理。这种即时性的信息沟通管理主要体现为：

1. 个体咨询答疑

即对个体消费者接触品牌主的新媒体广告信息之后，以帖文、邮件、电话、短信等方式发来的有关咨询，进行即时、真实、坦诚的沟通答疑。应该说，倘若不断有个体消费者发来咨询，恰恰说明了新媒体广告有了前导性效果，因为消费者如果没有关注到新媒体广告上的品牌信息、没有对品牌信息的深度了解、没有产生对品牌产品消费的意向，他是不可能花宝贵的时间、并提出他所关心的咨询问题的；而品牌的信息管理员针对咨询进行答疑沟通，则无疑是新媒体广告效果的有机组成部分。

2. 受众投诉处理

倘若有受众通过新媒体广告的沟通渠道进行投诉，则需要建立一个如此基本的联系与思考：其一，该投诉的受众要么是对本品牌商品进行了消费、要么是对本品牌的信息进行了深度的关注，且结合自身需求与利益，产生负面的影响，故就此具体问题或信息提出投诉；其二，该投诉的受众依然对品牌是存在信心与希望的，他期待着该品牌针对投诉进行相应的改进与完善。有如上两点基本思考，那么就需要品牌传播管理员即时性地与投诉者沟通，获取详情，采取对策，并将对策落实过程与结果反馈投诉者，从而获得良好的新媒体广告口碑效果。

3. 受众发帖管理

这里的受众发帖，一是指受众在品牌自身网站的论坛上发帖，二是指受众在相关网站的社区及论坛上发帖，三是受众通过微博给予评论。而任何发帖，均存在对新媒体广告的品牌或产品正面或负面的传播效应。如在有关社区，会有潜在消费者向其他网民咨询某品牌详细信息，随后就有热心的"专家"提供权威的回帖。其回帖内容往往很有说服力，有的是该品牌实际消费者，将很有体会地解说该品牌产品的优点与不足；有的是该行业的关注者与研究者，他也会提供比较客观的解说意见。对于这种最为真实、客观的帖文信息，显然品牌传播管理员应很乐意地采纳；即使存在激愤性的负面信息，也需冷静对待，在采集其中有益成分后，再以品牌责任承担者的身份进入论坛进行相应的安抚与沟通；倘若在帖文信息中发现有关品牌危机的信号，则需按照危机管理的预案进入危机处理程序。

4. 品牌危机公关

新媒体本身，一方面为新媒体广告提供了便利，另一方面也为可能酿成危机事件的信息传播提供了渠道，同时，也为及时展开品牌危机公关提炼的最为迅捷的媒体工具。如，在"三聚氰胺"引发的牛奶行业危机、因旗下高端子品牌"特仑苏"的OMP成分超标引发的品牌危机，蒙牛品牌网站均快速地进行了回应，表明态度，采取对策，及时与消费者及公众进行了沟通。显然，没有新媒体广告的信息沟通管理特点与功能，及时化解品牌危机则要困难得多。

新媒体广告所具有的信息管理即时性，让广告主或品牌主获得了前所未有的主动权，但也挑战了其信息管理的理念与水平。如对各种信息沟通管理不仅需要秉承公开、透明、公正、坦诚等原则，还需因事而异、因时而异地采取具体对策，同时还有一个基本的特性是需要坚守的，那就是"即时性"。因为新媒体广告所依赖的新媒体本身，是一个可以迅速放大信息，既可造成负面影响、也可造成正面效应的"即时通"的媒体网络；在信息管理中遵循即时性无疑可为新媒体广告的品牌传播带来主动。

第三节 新媒体广告的传播形态

新媒体广告建立在新媒体基础上，按理其形态分类也应对应于新媒体的形态。但目前新媒体即使以网络在线的前提来审视，其自身多种多样至今也没有统一的标准，如常见的门户网站、品牌官网、专业网、电子商务网、网上商店、数字电视、网络电视、手机电视、搜索引擎、网络视频、网络游戏、网络论坛、博客、微博等。但如仔细推敲，却可发现它们并不在同一层次，且多有交叉。如换一思路进行推敲，则又可发现它们实际上又将通过宽带网、电视网、通信网的"三网合一"，而在同一网络上形成融合。显然，新媒体广告的分类就无法简单地以新媒体为标准，而需另辟蹊径。

这里，我们且将思维的出发点回归于广告本身，即以广告主如何以新媒体广告信息作用于消费者，为自身的品牌与产品进行正向的传播，而将其形态进行如下分类：品牌形象展示传播、推荐性旁证传播、产品虚拟展销传播广告、人格化沟通传播广告、提示性引导传播广告、一对一服务传播广告。

一、品牌形象展示传播广告

犹如奔驰的"驱动人类精神"、杜邦的"化学让生活更美好"、海尔的"真诚到永远"、万科的"建筑赞美生命"的品牌形象广告语在户外路牌上做广告一样，所谓"品牌形象展示"类新媒体广告，即指广告主或品牌主自身所建立的、可向受众提供较全面、完整品牌信息的媒体平台。其主要体现形式即企业的品牌网站。美国公共关系学家迈克·莱文曾说道："在 1995 年，为宣传品牌而开设网站是一个难以想象的事情，而如今这却是必不可少的一项措施。如果一个品牌没有网络宣传，它就不会被人认真对待，没有网络信息支持的产品或服务，根本不可能变成一个品牌。消费者也会这样认为。如果一家企业没有网站，消费者就不会认真对待它。"①

企业网站作为企业的自有媒体，是企业进行对外品牌宣传、信息和产品发布的窗口。其主要功能有：产品展示，是企业网站的最主要功能，企业网站要向消费者展示企业产品和服务，使消费者了解企业概况；信息发布，及时更新企业新闻、行业动态，宣传有利的企业形象信息；互动服务，企业利用网络平台开展网络营销，利用信息交流的功能，开展在线交流、意见反馈等，与消费者进行沟

① ［美］迈克尔·莱文.品牌化世界［M］.上海：格致出版社，2008：139.

通，根据用户需求，完善公司产品及服务，增进企业与消费者的关系。据学者的统计分析，两个不同网页之间平均间距为 8.9，也就是说只需要经过 9 次链接点击后，就可以从一个网页找到任何另一个网页。[①]这说明企业网站作为品牌形象展示传播的新媒体广告形态，富有良好的传播效应。

例如，可口可乐公司的英文网站主要包含公司的基本情况，含公司年史、企业文化、品牌列表、管理投资、对外媒体等栏目。提供公司 400 多种品牌在世界范围的分布情况及网站服务，着重介绍公司在美国的分布。而针对中国市场，可口可乐建设了以年轻人为诉求对象的集音乐、电影、聊天、游戏等频道为一体的中文网站（coca-cola.com.cn），既突出了互动与娱乐的品牌个性，又很好地展示了品牌文化。参见图 1-4。

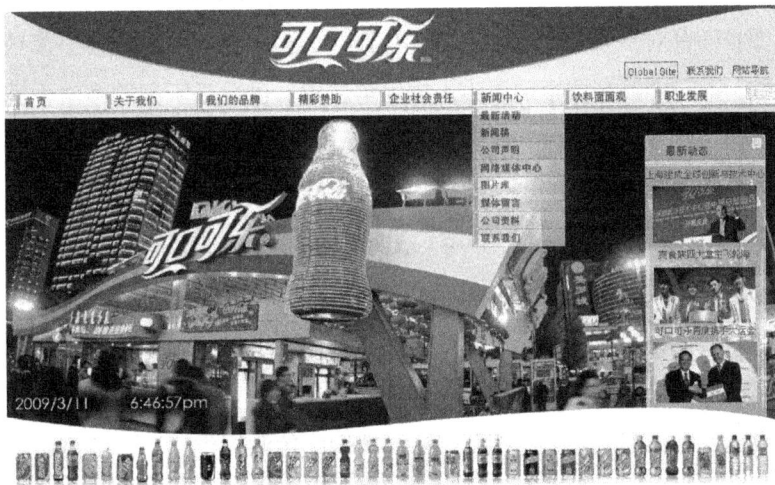

图 1-4 可口可乐中文网主页

---

① 瞿彭志.网络营销[M].北京：高等教育出版社，2001：264.

二、推荐性旁证传播广告

所谓推荐性旁证传播广告，指的是通过新媒体可以进行相互链接的特点，新媒体广告展开有目的、有重点、有目标的品牌信息推荐服务，从而将相关信息送达到有需求的消费者或受众，并让消费者或受众能在这些来源广泛的信息中获得比较与旁证，从而对广告主的品牌或产品产生信赖与认可。

在该类广告服务展开的流程中，一般由三个环节构成：

1. 推荐的信源优化

即在消费者进行消费信息检索中，最终推荐给消费者深度知晓的信息来源的不断优化。这里又包含两个方面：其一是自身品牌网站优化建设。如网站 SEO(Search Engine Optimization)技术，就主要是指针对搜索引擎工具而使得网站内容能够容易被搜索引擎获取，同时能够在搜索结果中占据优势位置，也就是所谓的搜索引擎最佳化结果。SEO 是依据长期摸索、观察得出来的网络技术与经验，利用搜索引擎的工作原理和关键词检索规则，对网站的整体构架、布局、导航、分类、内容等进行优化，进而实现网站在搜索引擎过程中的优化。经过 SEO 优化的网站建设，能够实现信息的科学条理化，使庞杂的信息显得井然有序，便于检索获取。其二是第三方提供的品牌信息来源优化。如各类专业论坛、网络社区，以及数据挖掘推荐网站，这些各式各样的网络信源提供平台，多是由专业的意见领袖来主持，或基于民意的大数据支撑来运营的，其具有很强的权威性与公正性；由此，就需优化自身的正向品牌信源，并努力进入第三方信息平台。

2. 推荐旁证的中介渠道

既然是"推荐与旁证",其信息的中介渠道,则只能是由第三方提供。目前,最普遍、影响最大的中介渠道有三类:

1) 搜索引擎

对于受众或消费者而言,他因需要获得产品信息或品牌信息借助这一中介渠道,就能满足他的信息搜索需求;而对于新媒体广告的广告主而言,他则成为向受众或消费者提供产品信息或品牌信息的推荐者。

搜索引擎作为新媒体广告中介渠道有一个其他广告媒体无法比拟的特点是: 它能使广告增值。如果广告主所设的关键词为产品名称或品牌名称或与之密切相关的词语,那么受众在搜索这些关键词时,搜索结果可能会出现广告主已经付费了的关键词网页链接,这一般排在搜索结果的前几位。然而,受众一次搜索的结果往往有上千条,除了前几位,其他信息都是广告主所设关键词的相关信息,一般出现在新闻、行业动态、别人的评价文章中。这些信息往往成为影响受众对产品或品牌态度的主要因素。这就是搜索广告的信息附加值。比如输入关键词"联想",搜索结果除了有联想的品牌网站,更多的是有关联想的新闻信息和各种渠道的网络信息。受众往往在这些信息的参照比较中来接受。

目前世界上的搜索引擎数量甚多,但在信息服务效率上做大做好的几家搜索引擎已经基本形成,即"谷歌"(google)、"雅虎"(yahoo)、MSN、百度、搜狐、新浪、网易。越强势的搜索引擎媒体越容易赢得用户,并形成集群效应。目前,搜索引擎的排序一般是竞价购买,即在同一个关键词的搜索下,谁出的钱多,谁的网站排名位置就靠前。此外,也还有由点击率来计算付费、并进行排序的方法。

2）专业论坛

针对消费者或受众的具体信息需求，在庞大的网络空间存在着根据市场高度细分而建有形形色色的专业论坛。这些专业论坛，多依托于各类网站，在细分的子频道、子栏目之下而建立，如汽车论坛、房地产论坛、家具论坛、旅游论坛、健康论坛、车友论坛、装修论坛、美容论坛、美食论坛、图书论坛等。在这些论坛上，既有权威的专家进行有理有据的言论，也有资深的消费者消费体验与心得，还有一些新手的虚心求教，当然也不排除一些潜水的品牌推手或黑手；其提供的各类信息在信息公开的网络环境下，总体上是具有参考与旁证价值的。

3）专业口碑网

当消费者与受众在现实中接触品牌与产品，每每会利用网络空间给予由衷肯定、或直言质疑、或辩证评价，这就形成了网络口碑。这些网络口碑基于庞大网民的消费体验，往往具有极高的可信度。由此，专业的口碑网运营商也就应运而生，如"口碑网"，其正是有机整合了消费者消费的口碑，把消费者的真实评价转换成了第三方的品牌推荐旁证信息资源，并由此而得到了欢迎。

3. 推荐的目标受众

如果说，通过搜索引擎上的排名推荐、相应的关联性网页信息推荐、论坛权威信息供给、以及消费者口碑的整合旁证，尚主要是对广大的受众或消费者而进行的信息推荐与旁证，那么，建立客户数据库，点对点地进行相对应的产品信息推荐，则是对目标受众或消费者锁定的精准推荐。

有学者认为：如果说 20 世纪 70 年代以前的营销属于以广告为主的大众营销时代，那么自当时兴起的直效营销，直至发展到 90

年代的数据库营销，则成为分众化的营销时代。这种变革不但来源于市场和消费者的变化、企业的变化，而且受到计算机领域、数据库领域和数据计算领域的技术进步的影响，是信息时代大潮向各个领域渗透引起的变革之一。相对大众营销，数据库营销与之区别参见表1-1。①

表1-1　数据库营销与大众营销的区别

	大 众 营 销	数 据 库 营 销
营销对象	典型客户	个体客户
对客户的认知	匿名客户	客户特征描述
生产	批量生产	按需定做
配送	大宗分配	单独配送
信息	大众广告	个性沟通
价格/优惠	统一价格	差别定价
信息传递	单向沟通	互动沟通
盈利手段	规模经济效益	范围经济效益
目标	市场份额	客户份额
营销策略出发点	所有客户	盈利客户
战略方向	发展客户	挽留客户

由表1-1可以看出，数据库营销已经不仅仅是一种营销工具，而是一个个活生生的"消费者导向"的营销理念，更是新媒体广告的定向品牌传播方式。美国宾州大学商学院的克斯等人曾经提出一个分析框架：发展新客户的边际效益应该等同于保持现有客户的边际效益。这种边际效益的产生，主要体现在产品信息传播的精准与有效性上。毕竟，成功的营销一大半是传播与沟通，当推荐性旁证

---

① 罗茂初等.数据库营销[M].北京：经济管理出版社，2007：1、6.

的新媒体广告锁定了目标消费者，且有针对性地进行了产品信息的推荐且跟进沟通互动，营销成交就是水到渠成的了。

三、产品虚拟展销传播广告

美国经济学家约瑟夫·派恩等人把"体验经济"看作一种经济的新形态，因为"一方面技术的高速发展，增加了如此多的体验；另一方面，因为竞争越来越激烈，驱使商家们不断追求独特卖点。但是最有力的原因在于经济价值的本身，以及它趋向进步的本性——从产品到商品再到服务。"①即体验经济是从消费者的心理感受出发，为消费者设置特定的体验场景，以使消费者在具有切实产品消费体验中促进销售。比如星巴克咖啡厅、耐克运动城、宜家家居、全聚德老店、淑女屋、谭木匠等各种主题终端层出不穷，它们以其新奇、个性的情景设计，独特、生动的氛围营造刺激消费者的感官，带给消费者与众不同的情感和心理体验，产生着巨大的终端吸引力和消费力。

而产品虚拟展销性的新媒体广告，则是利用新媒体广告可以营造虚拟、逼真的消费场景之特点，达到客户与消费者能更多地获得广告产品的真切体验，导向相应的购买与消费。其一般设置于品牌终端店的视频、品牌网站上的产品陈列室、网络上的品牌商店，以及数字电视商业频道的品牌专栏或品牌商店。如在美特斯邦威的网站上，由各款产品的展示、模特穿着效果、设计理念、面料质地说明、标价等构成的体验空间，还可供消费者进行互动沟通，从而形成了一个立体虚拟性的体验性场景。参见图1-5、图1-6。

---

① ［美］B.约瑟夫·派恩等.体验经济[M].北京：机械工业出版社，2002：12.

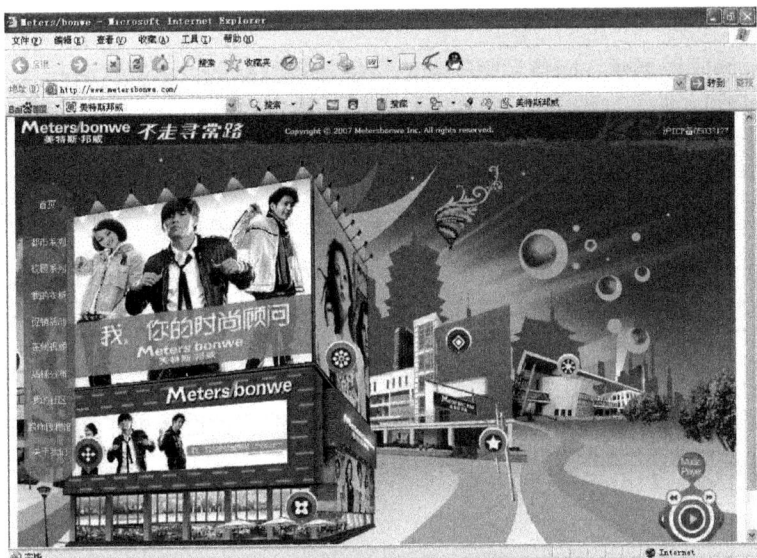

图1-5　美特斯邦威网上终端截图一

图1-6　美特斯邦威网上终端截图二

我们知道，现实中的各类展销会，由于集中了同行业最优秀的品牌同场展示，而各品牌的展位又每每各显神通，尽量营造产品体验营销的氛围，因此其效果甚好。但不同行业展销会却往往总是有限的，同时参加展销会每每需要不菲的成本，如展位费、布展费、人工成本、差旅费、现场促销费等。但在新媒体环境中，广告主却可以借助虚拟的空间、自主地搭建"永不落幕"的展销平台，并营造虚拟的体验氛围；在这一体验氛围中，不仅有着大量的品牌与产品的广告信息，而且有着维护平台的人员在线与你交流，回答你希望得到的一切答案。显然，这样的产品虚拟展销性传播广告，正是新媒体广告的主流形态之一。

四、人格化沟通传播广告

虽然广告与生俱来的使命就是为企业、为产品进行宣传推广，但其前提却是品牌的信誉，因此品牌传播成为广告的重要内容。但任何品牌的背后却是活生生的人，而优秀的品牌总是由富有高尚人格追求的人在打造、在维护的，由此让具有品牌印痕的人、通过新媒体介质来进行品牌人格化的沟通传播，则必然使得品牌负载起人格的力量，使得品牌更具有良好的形象。这种人格化沟通传播的广告形态，具体地说就是博客与微博客。

"博客"，是现代媒体环境下由个人撰写、在网络上传播的网络日记。一定意义上，"博客传播"颠覆了现有的新闻媒体，彻底改变了目前新闻传媒的"点对面"的、单向的垄断传播或精英传播，形成一个交互的、"集市式"的、由大众控制的传播时代。任何个人的博客文章，均可以通过博客网主页推荐、个人网页链接式、博客文章转载、网络搜索、人际交流互动、社区圈子接受、纸媒二次出版等方式获得传播。由此，博客也就必然成为营销的传播工具，并形成博客营销。也就是说，任何企业或者企业中的个人，利用博客这种网络交互性平台，直接或间接发布各类广告信息，并且给予答疑咨询，从而为企业零成本获得品牌传播，并引发相应的销售。由于绝大部分的博客，其内容必须真实具体，具有可读性以及个人色彩，品牌传播的因素隐藏其中，故此也就成了人格化沟通传播的新媒体广告。如 SOHO 中国总裁潘石屹在新浪博客安家，基本上一周更新一篇博客，其日点击量 10 万、点击总量已经达到 6 000 多万，相当于一份报纸的发行量。参见图 1-7。

在潘石屹博客的左端，还有许多与 SOHO 中国相关的链接。比方说有"SOHO 热线"，是 SOHO 中国进行土地和项目信息的招募广告；"SOHO 视频"中有关于 SOHO 建筑和 SOHO 公益

图 1-7 潘石屹的博客

活动视频，体现 SOHO 社会公益性的一面；"SOHO 播报"中链接着最新的有关 SOHO 中国的媒体报道，让博客浏览者通过大众媒体更多的了解 SOHO 中国；"SOHO 在线阅读"中还为读者提供了 SOHO 出版的《我用一生去寻找》在线阅读版，这更是对 SOHO 的价值观、企业文化的一种无形宣传。过去，企业家想发出自己的声音，只能通过企业内刊或请求记者以发表在大众媒体上，但现在

他只需要在电脑上敲出文字，直接传到博客上，就能"万人瞩目"，并活生生地对企业品牌进行了人格化的传播。

根据 Semiocast 数据显示，截至 2012 年 7 月 1 日，全球微博巨头 Twitter 实现注册用户 5.17 亿，全球月活跃用户量高达 2 亿多；同样在国内，根据中国互联网络信息中心（CNNIC）发布的《第 30 次中国互联网络发展状况统计报告》显示，截至 2012 年 6 月底，中国微博用户数达 2.74 亿。目前已有 80% 左右的世界 100 强企业在 Twitter 平台上开通了账户。实际上，不仅企业开设了品牌官方微博，很多企业家也开设了个人微博，如 TCL 董事长李东生的新浪微博，有 400 多万粉丝关注，其发布的微博多是基于他作为一个家电企业掌门人的理性思考，但又具有其人格化的个性色彩，其为 TCL 品牌进行的传播，效果不可小视。参见图 1-8。

图 1-8 李东生的微博

阅读李东生的个人微博，可见其既有对家电业和 IT 业已经混业竞争的思考，也有对 TCL 电视机连续七年担任全国"两会"报道指定产品信息的转发，还有对 TCL 奥博（天津）环保项目投产的介绍，更有代表 TCL 全球六万员工向全国人民拜年的新春祝福等。

阅读如上内容中，我们会自然而然地从内心升腾出对于民族家电品牌 TCL 的敬重，而且还深度地对 TCL 产品及理念予以人格化的了解；而 400 多万粉丝如此"微效应"的叠加，无疑将产生数字时代任何品牌传播均期待的理想效果。

五、提示性引导传播广告

在互动的新媒介环境下，各种提示性的产品引导、需求引导的发布类新媒体广告，每每在吸引着、提示着光顾者，但又引导着光顾者进行点击、进而导向互动沟通。可以说这样的新媒体广告，既具有传统广告的特点，即在受众所关注的特定空间与时间进行产品或品牌信息的发布，以引起注意、记忆及好感；但它们同时又是网络在线技术予以支持的，其连线的是数字化支持的互动系统，因此其本质归属于新媒体广告。

提示性引导传播性广告，主要的呈现方式是网络横幅广告、游动广告、按钮广告、旗帜广告、电子贺卡、标题新闻、动画视频、电子邮件等。它们既具有广告信息创意性、简短性发布的特点，又因为前面所述及的链接性，以及是个体面对终端 PC 机、手机屏接受的特点，而使得具有鲜明的即时互动性。接受者可以对自身所感兴趣的此类新媒体广告，进行点击，并层层进入，逐次浏览，并转换为其他的新媒体广告形式，如品牌网站、网上商店、网络游戏，进行网上互动咨询，或游戏娱乐。

需要说明的是，为提高这类提示性引导传播广告的效果，广告主每每根据自身目标客户的特性，建立其数据库，以实现更为精准的信息广告。所谓"数据库"，即以某种文件结构存储的一系列的数字化信息表，这种文件结构使用户能够快速访问这些信息表，通过计算机处理获得对表中数据的各种统计结果。随着新媒体营销的发展，广告主对营销传播过程控制与效率追求的要求不断提高，科学和定量的理念在营销活动中被广泛接受。将数据库技术运用于营销传播领域是近年来营销传播科学化与定量化的具体表现。如果说，传统大众营销思维更多的将消费者当作整体对待，而数据库营销则可以对消费者个体信息进行更为科学的记录、管理和统计，针对消费者个人制定更合理的营销方案，实现点对点营销服务。由此，点对点的、有针对性的广告信息提示与引导，自然派生出数据库支持的新媒体广告。数据库中存储的大量现有和潜在消费者的数据资料可以为企业提供针对性客户服务，由此，数据库导向的提示性引导的传播广告则无疑更具有精准的传播效应。

六、一对一服务传播广告

由于我们前面已经强调，互动性乃是新媒体广告的标志性特点之一；如此，任何的新媒体广告最后均将落脚到互动沟通环节。而这一环节，又多是一对一的且具有个性化的信息服务性质，但同时这些信息服务依然属于传播行为，因此它既是营销的一个前奏，更是新媒体广告的一个有机的环节。这正是前面我们对新媒体广告形态所列出的"5＋1"中的那个"1"；如果新媒体广告形态还将不断发展，那么则将是"N＋1"中的"1"；这是我们理解、运用新媒体广告所需特别认识的！

实际上，由广告引导而转向营销环节，体现到电子商务之上，无论是 B2B——企业对企业、B2C——企业对个体，还是 C2C——

个体对个体，其最核心的一个环节，即一对一的个性化服务沟通。它既是营销的组成部分，同时也是新媒体广告的构成部分；自然在本新媒体广告传播中则无法回避。

基于新媒体之上的一对一服务沟通，其主要体现有两类：

其一，是以论坛主持人或专家的身份来进行品牌及产品的知识解答，其口吻往往是第三者的身份，其沟通服务的内容则主要是以科学、客观的角度来审视品牌与产品，并给予消费者以建议；即使涉及有关消费的案例，也多以自身的亲身经历或某消费者的真实体验的转述，来验证品牌与产品的品质与特点，这样的一对一服务沟通，才能起到广告的正向作用。

其二，则是在广告主的电子商务或互动空间，以广告主的客服人员的身份来回答客户的咨询。在线客服人员类似于线下的人员推销，但又不同于人员推销；人员推销带有强制性的特点，而客服人员是在消费者主动咨询情况下的一种参与，不会引起消费者的反感，因此，更利于对产品或服务进行宣传。一般来说，客服人员与消费者一对一沟通中，最需要的是以最大化的亲和力来建立良好的互动关系，而"淘宝体"的诞生则正是这一要求的产物。"淘宝体"是在线说话的一种方式，最初见于淘宝网卖家对商品的描述。最常用的字眼是：亲，是对"你"的淘宝体称呼，说话结尾常带"哦"，给人以亲切之感。如："亲，熬夜不好哦"、"包邮哦"等。"淘宝"是一个 C2C 的购物平台，在这里消费者可以直接与店主或客服进行在线交流，可以询问关于产品的任何信息，而网络购物中店主的服务即对消费者的态度则成了影响其店铺销售量以及星级参评的重要因素，如果一个店主服务很好，消费者就会给好评，如果不好，消费者可以毫无顾虑的给差评，而消费者的评价好坏又直接影响到产品的销售。在实体店购物，如果我们对一个店的产品服务不满意，我们没有途径将这个信息传播给更多的该店消费者；而在网络店铺，任何一个消费者的评价都会显示出来，因而网店的店主对消费者的态度与服务就尤为重要，这就催生了"淘宝"特有的以消费者为导向的"淘宝体"。由于"淘宝体"是网店以消费者为主导，以消费者的满意与评分评价作为最具有说服力的传播资源，并因此获得生存的，因此"淘宝体"的本身就是珍惜一对一服务互动传播的机会，以一言一句的正向羽毛效应，为自己累积着信任与信誉，打造着自己的品牌与产品信誉，并由此完成互动性新媒体广告的最后环节。

第二章

新媒体广告的传播模式

传播的真谛是以受众为导向的,体现到广告传播上,其受众即以消费者为核心的信息受众。这一质的规定在新媒体广告传播上体现得更为充分,如关键词搜索是为受众需求设定的,如企业微博则一方面想黏住受众同时还想实现营销沟通,如微电影总是希望受众能点击感兴趣此后才有广告主的信息植入。由此,新媒体广告传播模式的揭示就需要从受众对广告信息传播的接受探索开始。

第一节　广告信息传播接受规律

一、实物呈现的现场性接受

实物呈现,是交换推销商品的一种最原始、也是最具有生命力的商品传播方式。在古代的埃及、巴比伦、印度、希腊、罗马和中国等国家，都是比较普遍使用的。在以货易货的古代市场上，实物呈现与交换双方在场交流，是最普遍与权威的商品信息传播与接受。商代的"牵牛车，远服贾"及后来在殷都朝歌出现的"九市"经营贸易，都是这种实物呈现与现场沟通的记载。《诗经·氓》中记载的"氓之蚩蚩，抱布贸丝"说的就是有一个满脸堆笑的汉子，抱着布来与我交换丝。这里的布是交换实物，"蚩蚩"而笑则是现场的信息交流。

　　配合实物呈现与现场交流，辅助性的品牌广告也就应运而生。由于交换的进一步发展，使商业作为一种特殊的职能从生产中独立出来，成为专门从事商品交换的部门。商品交换始于直接的以物易物，买与卖的时间空间是一致的，后来出现货币，货币作为媒介把买与卖分为两个过程，买卖时间和地点也可以分立了，这使商品交换的形式发生了很大变化。商人居间买于此而卖于彼，从中取小利以营生。便有商贾之分。贾是有固定营业场所的坐商，他们常用的广告形式是招牌和幌子。这便是招幌广告的来源。招幌广告又叫招牌广告，是由实物广告演变而来的，是招牌以及幌子的统称。它是广告初始时期另外一种户外广告形式，它比口头广告更进一步，表现在时间和空间上的延展性，可以常年悬挂在店门口、街头，成为商市的一道独特风景。

　　招牌最初是一种无字的布帘，以后帘上题写了店铺名号。继而又以木牌代替布帘，在木牌上题写文字，多用以指示店铺的名称和字号，可称为店标。当商业贸易出现了比较繁荣的局面时，城市的商业活动促进了广告的发展。商人可沿街设店，店铺的招牌一般以店铺主人的姓名或者其经营的商品命名。如我国古代商铺，酱园门口写着"酱园"两个大字，茶店写着"茶"字。比较高级的餐馆门口写着"正店",比较大众化的小吃店写着"脚店"等。店铺的招牌就是一种品牌的信息告知,主要表示经营商品的类别或不同的服务项目,可称为"行业的标记"。但它们都属于早期商业所属的群体传播的一种媒介工具。

围绕实物呈现,买卖双方的现场性交流乃为商品及原始传播最主要的方式。即当时的人们信息交流多是通过语言来实现的,并逐步演变为口头广告的形式。据记载,最早的口头广告产生于商业贸易比较发达的地中海地区。地中海沿岸的迦太基人为了交换商品,把叫卖的语言编成歌曲、小调,并配以能发出声响的工具,组成一曲叫卖交响乐,以吸引顾客。1141年,法国国王路易七世批准成立了贝里州内唯一的由12名巴黎浴室工人组成的叫卖团体。他们站在十字路口,高声喊叫:"洗热水澡",专门接待沐浴者。到1258年,法国政府又颁布了一项叫卖人赦令。大致内容是:"巴黎的叫卖人可以到任何一家酒店为其担任叫卖工作,店主不得拒绝,但已雇叫卖人者例外。"可见当时法国叫卖广告已经得到政府保护,由此盛行。

而事实上,这种实物呈现与现场性交流,对于品牌传播来说,不仅最为原始,也最为本质。如今的大大小小商场、商店、市场,以及各种展销会、订货会,其实与古代的商贸并无二致,依然是以"实物呈现"、"现场交流"为本质特征的。只不过这种商品传播与商品贸易融为了一体,也受到此时此地的局限,并为营销学所重点关注,而没有更多地进入广告及传播学的视野中。但我们这里予以提出与强调,乃在于我们需要认识到,后续的、脱离实物与现场的品牌传播,其实一切均是以"实物呈现"、"现场交流"为基点的。

二、信息告知的说服性接受

随着社会与生产力发展，品牌经营走向规模化，其市场的开拓与品牌信息的告知也相应需要走出实物呈现与现场交流的限制，于是借助媒体、借助符号的品牌传播应运而生。其典型的方式就是报纸广告。报纸广告大约出现在 13 世纪。当时欧洲出现了世界上最早的报纸雏形——新闻信。它是应一些远离城邦的贵族、富商为获得城邦消息而写的，内容是报道市场行情和商品信息。15～16 世纪，地中海沿岸威尼斯出现了最早的手抄报纸。一些人将该城船舶起航、到达日期、市场行情和道路交通状况等抄录在报纸上卖给需要的人。这已经具备了报纸广告的雏形。16 世纪以后，欧洲经历了文艺复兴的洗礼和工业革命的风暴，资本主义经济得到进一步发展，德、英、法、美等经济发达国家陆续出现了定期印刷报刊。由于报纸一次印刷成百上千份，发行量大，头脑机敏的商人很快发现并开始大力使用这一最佳广告媒介。以报纸广告为核心，各种利用大众媒体进行商品与品牌信息告知的广告形式越来越多样，如杂志广告、路牌广告、灯箱广告、广播广告、电视广告等，并使广告行业得以独立发展。

可以说，整个现代广告就是随着大众传媒的发展而发展的，正如"麦迪逊大道"之所以成为广告高地的代名词，乃在于在它短短 1 英里的街区有 CNN 等两大广播暨电视网的总部，《时代》、《时尚》等几十家杂志的编辑部，以及数千位电台、报纸全国业务代表的办公室的所在地，于是有了 BBDO、达彼思、麦肯、扬雅、智威汤逊、奥美、李奥贝纳等无数广告公司集中与此，并花费了全美约一半的广告费，由此可见广告对于媒体的依赖性。在整个 20 世纪，广告人从不同方面进行了广告要义的强调，如"印在纸上的推销术"、"独特的销售主张"（USP）、"定位论"等，但其强调都是广告"说什么"的问题。而提供"说什么"的广告，其本质乃是借助单向度的媒体向消费者与大众告知商品信息，并进行相应的说服。

在 20 世纪前 20 年代，以约翰·肯尼迪、克劳德·霍普金斯、A.拉斯克尔为代表；他们均是长期在广告公司供职的撰稿人，后者还逐步成为公司董事长。他们的观点体现于霍普金斯的《科学的广告》、拉斯克尔的《广告历程》；而肯尼迪最早提出的"广告是印在纸上的推销术"，则成为他们共同的理论主张。

霍普金斯认为：广告多元化的推销术，要采用科学的广告，并提出"预先占用权"。而预先占用权，即普遍的产品特征谁首先拥有，谁就拥有了它，一份广告只能围绕一个销售要点来制作，如"我们的啤酒瓶子是真用蒸气清洗"。他还主张：要用推销员的标准而不是娱乐的标准衡量广告，广告不是写来取乐的；在可能的时机，我们将有个性的人物导入广告内，在使那个人成名的同时，我们也使产品出名；好的广告显得很利他，实际上它也是建立在对人性的了解基础上的。

而在广告信息告知性说服中，最负盛名的是达彼思广告公司董事长 R.瑞夫斯。他同时是记者、诗人、短篇小说家、艺术品收藏家、游艇赛手、国际象棋棋手，他曾帮助艾森豪威尔竞选总统成功，开创了广告推动总统竞选的先河。但他更重要的贡献是他提出了"广告要有先于他人的一个明确的销售主张"之 USP 广告观。"总督牌香烟有 2 万个滤泡"、"棕榄香皂使肌肤更美好"、"神奇洗衣粉没有臭味的清洁剂"、"奇妙面包含有丰富的矿物质"、"高露洁牙膏：清洁牙齿，口气清新"等产品卖点创意，就是他实践 USP 理论的结果。USP 广告观，使广告信息得以聚焦，契合了消费者"接触—好感—态度—行为"的心理逻辑。

但 USP 理论依然是以生产者为中心、以产品为中心、以传者为中心，而没有从消费者出发；其基本原因是因为当时广告依凭的媒体大众媒体是单向度的。

1969 年 6 月，美国广告经理艾·里斯和屈劳特在《产业行销杂志》上发表文章《定位是人们在今日模仿主义市场所玩的竞赛》，首次提出"定位"。此后，他们在《广告时代》发表系列定位论文，宣称："现在创造性已一去不复返，麦迪逊大街玩的新名词是定位。"1981 年，他们将其主张及案例整理为《广告攻心战略：品牌定位一书》，并正式出版。

因定位作为"对未来潜在顾客心智上所下的功夫，即把产品定位在未来顾客的心中"，成为"一种改变了广告本质的观念"，"一种新的传播沟通方法"，其理论被公认为 20 世纪营销界影响最大的理论。"定位论"提出：我们所在的社会有史以来头一回变成了传播过度的社会。年复一年，我们说的太多，听的太少。而定位则不是你对产品要做的事，而是你对预期客户要做的事。换句话说，你要在预期客户的头脑里给产品定位。如"七喜，不是可乐"，这句广告语就叫做定位口号。由于在这个传播过度的丛林里，获得大成功的唯一希望是要有选择性，缩小目标，分门别类，这就是"定位"：争当第一。

当 USP 理论、定位论，先后解决了广告需"说什么"的问题，于是"怎么说"的广告创意系列主张就成为广告人的理论武装，李奥·贝纳强调产品本身具有与生俱来的戏剧性，广告创意就是把它发掘出来并加以利用的戏剧性创意理论；韦伯·扬强调广告创意就是旧元素的新组合，其取决于洞悉其间关联性的广告创意"混血儿说"；伯恩·巴克认为好的广告必须具备相关性（Reldvance）——与商品及消费者相关、原创性（Originality）——与众不同、冲击力（Impact）——强有力地渗透入消费者心理三特质的广告 ROI 理论。

　　而由大众媒体广告派生的这些理论主张，其最终还需将广告内容负载于媒体之上；由此"媒体选择与组合"成为广告核心业务，"媒体的接触率"、"媒体的到达率"、"千人成本"等术语则成为衡量广告效果的基本指标。

　　对于这种媒体广告为主导的信息告知并予以说服，其本质揭示的是这样一种现实：广告首先告知消费者有某种产品提供消费的信息，既然告知，则必然包含着说服消费者进行消费的目的与导向。但由于消费者通过大众媒体广告获得产品信息、并产生一定说服接受，其具有极大的不确定性，效果总是模糊，难以测量的。由此也就有了广告主这句著名的感叹："我知道我的广告费一半浪费了，却不知道哪一半。"

三、信息需求的搜索性接受

　　以广告为主的商品信息传播，不断地向消费者告知信息，不断地进行着说服。但并不能解决厂商与消费者之间存在着不对称的信息。作为厂商，对于自身的产品可以说是了如指掌；但作为消费者，他们需要购买的商品种类很多，对每一种商品只可能有一个大致的了解，因为他们把知识、时间和精力分散在无数的消费品市场上。

在信息不充分的情况下，消费者在商品购买中就需要进行相应的商品搜寻。但同质商品在不同的生产和出售地点价格可能相差很大，不同质量的商品之间的价格差异与质量差异也可能完全不相对应。可以说，消费者是不可能掌握商品质量与价格全部信息的，其根本因为是了解这些信息需要不菲的成本，而且由于其背后的商业机密特性而令消费者无法成为商业间谍。但消费者总是在寻找价格低、质量高的商品及其出售地点，直至形成一个可以达成相对满意消费，其过程即"消费者搜寻"。

寻寻觅觅中，消费者在每一次最后购买之前均有着不同搜寻过程，其所带来的收益和成本是不断变化的。如果消费者只进行粗略的市场搜寻，那么只要抽出一些业余空闲时间即可以实现相对满足，时间的机会成本很低。倘若消费者想要进一步搜寻的话，则需牺牲本来有重要事情安排的时间，单位搜寻的时间成本是递增的；另一方面，消费者搜寻的范围通常是从附近地区或中心商业区开始的，随着搜寻范围的不断扩大，消费者搜寻成本也相应递增，甚至使得这种消费者搜寻得不偿失。由此，各种媒体提供的广告信息也就应运而生。

但随着各种大众媒体的广告铺天盖地般地向消费者袭来，随着媒体碎片化及传播的过剩，以广告来进行消费者的信息搜寻满足已经无法实现。由于受众对于媒体接触的碎片化，其接受的信息也自然纷繁杂乱。美国学者戴维·申克在《信息烟尘：在信息爆炸中求生存》中对这种信息超载的现象阐述道："说到信息，人们会发现，好东西带来的后果往往无法预料。当输入达到某种程度，收益递减法则就开始起作用了；信息过剩一旦发生，信息就不再对生活质量有所帮助，反而开始制造生活压力和混乱，甚至无知。如果信息超出人类的承受能力，它就会破坏我们自我学习的能力，使作为消费者的我们更容易受到侵害，使作为共同体的我们更缺乏凝聚力。这种状况使大多数人控制生活的能力一点点削弱；但那些已经大权在握的人其地位却更加稳固了。……尽管信息革命创造了诸多奇迹，但是一股黑压压的'信息烟尘'已经飘了过来。"在此背景下，处于"信息烟尘"中的商品信息也必然是弥散分化、纷杂无序的。

相对于"信息烟尘"袭来，接受者则必然产生"注意力稀缺"。20世纪80年代，注意力稀缺现象引起了人们的关注。1990年，一位名叫桑盖特的心理学家发表文章，对注意力经济和心理学的发展作了专门的探讨，首次提出了"注意力经济"概念①。1994年美国研究图书馆协会的第124届年会上，加州洛杉矶大学的理查德·莱汉姆发表了《注意力经济学》一文，他认为：根据常识，经济学是"研究人类如何分配稀缺资源以生产各种商品和如何分配这种商品"的，如此，我们的社会正从物质经济走向信息经济。而经济学研究的稀缺资源分配则是指信息。但在信息经济时代，由于信息传播过剩，又导致人们的注意力稀缺——人类利用数据信息行为的稀缺②。而英特尔的总裁格鲁夫也指出："整个世界将会展开争

---

① W. Thorgate: "The Economy of Attention and the Development of Psylogy", By *Canadia Psychology/Psychologie*, Vol. 31, pp. 262 – 271. 1990.

② The economics of Attention, by Richard A. Lanham, in the Proceedings of the 24th Annual Meeting of the Association of Research Libraries(1994). http: //sunsite. herkeley. edu/ARL/Proceedings/124/ps2econ. html.

夺眼球的战役，谁能吸引更多注意力，谁就能成为下个世纪的主宰。"于是，"争夺眼球"、"争夺注意力"、"眼球经济"等词语也就成为人们口头的流行语。

尼古拉·埃尔潘在《消费社会学》中提出："在媒体大战中，所有的商品都显得难分上下。如果购买低档商品，普通消费者只是暂时牺牲了商品的品质，这无关紧要。相反，如果生产商在产品的研发方面投入了资金，他们则采取这个相对的策略。他们必须减少投入。新产品通常价格高昂，因为其品质优良。因此，品牌广告与大规模行销产生了冲突。这种状况是广告市场上一个永久的特征，尽管市场的要求越来越高，消费者面对的是一堆充满结构性矛盾的信息。如果消费者对商品质量没有信心，不管该商品的档次如何，都会对商品的销售产生不良影响。这种状况不利于消费乐趣的感知。实际上，没有什么能够使理性的消费者认为自己能够购买的商品是低档货。"①

消费者为了克服信息劣势给自己带来的不利状况，消除或减少商品不确定性带来的消费风险，并使自己的搜寻成本支出控制在一个效益递增的理想界点上，往往在搜寻上会采取一些相应措施，主要有以下三种：

1. 搜索备选品牌的信息

消费者启动一次新的消费，一般首先从过去长期积累的消费经验中搜寻信息，如果经验不足无法做出消费决策，则会从事外部信息搜集活动。消费者获取信息的来源或渠道多种多样，主要为：亲朋、同事等个人来源；大众媒体、政府机构、消费者组织等公共来

---

① ［法］尼古拉·埃尔潘.消费社会学［M］.北京：社会科学文献出版社，2005：76.

源；广告、推销员等商业来源；以及经验来源。一般来说，消费者经由商业来源获得的信息最多，其次是公共来源和个人来源，最后是经验来源。但从消费者对信息的信任程度看经验来源和个人来源最高，其次是公共来源，最后是商业来源。研究表明，商业来源的信息在影响消费者购买行为时只起"告知"作用，而个人来源则起"评价"作用。购买知觉风险越高，消费者越有可能依赖于个人信息来源和从口头传播获取的信息。

2. 购买高价品牌产品

价格常被消费者作为产品质量的指示指标，当购买风险比较高、消费者对所购买产品的商标不太熟悉时，消费者倾向于用价格作为质量判断的线索，寻求商家保证。研究表明，厂商的商品保证条款方面的信息，对消费者减少质量方面的认知风险具有重大影响。如果商家通过包修、包换、包退、包赔等方式对产品或服务提供保证，那么消费者的风险就部分或完全地转移了。而高价品牌产品一般来说，在科技含量、工艺质量、售后服务承诺等方面会对消费者形成物有所值的心理印象，从而也成为商品信息的构成部分而作用于消费者。

3. 感知品牌指示符号

由于商品的极大丰富、品类繁多，普通消费者往往无法具备判断、评价产品内在质量的技能和知识。当消费者缺乏消费经验和对产品的内在质量不了解时，会进行信息搜集。但如果信息搜集成本过高，超过获得信息所得到的收益，或一些消费者不愿意为获得信息支付成本，或有些信息难以获得，消费者对购买又缺乏信心时，基于不完全信息，消费者会更多地借助产品的外在指示符号来对产品质量做出整体推断。这些外部指示符号是能被消费者察觉到且能指示或判断另一类不易观察属性的属性，是内在质量的替代指示指标。消费者常用来判断产品质量的替代指示指标有厂商的声望、品牌知名度、价格、产地、保证等，另外，包装、色彩、样式也会影响消费者对质量的知觉。

如上三种使消费者对商品信息的搜寻成本合理控制的措施，有助于将搜索成本控制在效益递增却尚未对递减转化的理想界点上。而这三点措施却均聚焦于品牌本身的社会信誉之上。当企业将其质量与服务信誉凝结于品牌，并进行有效的传播，则使消费者随着对品牌的熟悉程度提高，特别是忠诚度的提高，搜集其他品牌的活动将会减少。消费者一旦成为企业的忠诚型消费者，很难为竞争品所打动，甚至对竞争品采取漠视态度；忠诚型消费者在购买产品时对价格的敏感性也相对较低，这可以削弱竞争对手所采用的诸如奖券销售、折扣销售等方式的吸引；同时，忠诚的顾客极可能现身说法对该产品进行正面的宣传，从而进一步扩大品牌的影响。显而易见，商品信息的不对称，使得消费者搜寻成为必然，而为了保证消费者搜索能正好处于其效益递增的理想界点上，品牌则理所当然地成为可以使购销双方，尤其是购方的消费者相对满意的消费"协议"。

第二节　新媒体广告的沟通原则

一、信息真实性原则

新媒体广告作为品牌传播的重要方式，离不开包含沟通内涵的传播；但任何品牌传播，却均离不开信息的真实。我们可从百年老品牌"同仁堂"的经历上获得启示：

"同仁堂"于1669年创办同仁堂药。1706年，同仁堂传人乐凤鸣把各类剂型配方分门汇集成书，名为《乐氏世代祖传丸散膏丹下料配方》，在该书序言中特别强调了这样一句话："炮制虽繁必不敢省人工，品味虽贵必不敢减物力。"此话堪称中国最早的质量宣言，也成了此后每个同仁堂人必须信守的"圣经"。同仁堂还制定了祖训家规：不许子孙经营当铺去赚穷人钱、不许经营饭馆而有杀生习性、不许开分号而有假冒伪劣之机会。中药的生产过程是极其复杂的，同仁堂生产的中成药，从购进原料到包装出厂总有上百道工序，每道工序都有严格的要求。药料投放误差每每要控制在微克以下，天然牛黄、珍珠等要研成最细的粉末并灭菌；一种中成药中的苏合香则要用多层纱布裹着卫生药棉滤净后投料。由此，同仁堂提出了中成药修合生产的训诫，即"修合无人见，存心有天知"；并用此自励自勉、不逊分毫。可以说，"同仁堂"在数百年前尚没有现代传播媒体的时代，却树立出一个百年品牌，其实正是立足于用料用工的真实可靠，通过治病的效果所产生的口碑效应来获得最有说服力的传播。

实际上，品牌传播所依凭的营销、口碑、广告、公关、新闻等手段，其实均在各自的理论上强调信息的真实性，而新媒体广告则由其信息来源的开放性与信息本身的高监督性，则更需遵循信息真实性的原则。

二、全面坦露性原则

任何局部的、特定形态的信息真实性传播，却往往经过选择加工，乃是局部的、艺术化的真实。这也是每每有广告做得响亮，新闻报道得勤的企业，其产品或服务却会曝出问题的原因。进入新媒体广告传播层面，我们考虑的就不仅仅是局部的真实，而是需要对品牌涉及的方方面面进行全面的坦露传播，以期获得受众在品质、真实、信誉上由衷的信赖。

澳大利亚的马克斯·萨瑟兰认为：广告的大多数效应并不总是有着非常明显的体现，就如一个小孩很难衡量在 24 小时内长高了多少一样，而是非常细微的，以致无法引起我们的注意。但是，"广告产生的即使很小的效应对我们选择商品品牌也会产生影响，特别是在所有其他的因素相同，以及所选择的品牌相差无几时。"此时，"在天平的一端加上一根很轻的羽毛即可使天平发生倾斜"。因此"我们在探究广告效应时，更加看重的是羽毛，而不是沉重的砝码"。即"应该探究那些微小的效应，亦即羽毛效应"。①可以说，任何一次广告或品牌传播，其实都是从不同的局部积累着品牌信任的"羽毛"重量，在影响着消费者心理中的品牌排序。而这种不断累积的"羽毛效应"，换句话来说，则应是"信任叠加"：即任何一次引发消费者信任的小小传播，就是一个羽毛效应，当信任不断叠加、羽毛效应不断累积，实际上就从不同角度、全面地对品牌进行了坦露性的传播。这或许可以在"海底捞"的经营奥秘中得到最为充分的验证——

"海底捞"是一个火锅连锁餐饮品牌，它不仅在竞争极为激烈的餐饮连锁行业中生存下来，而且被不少餐饮企业暗中考察学习，甚至国际快餐巨头百胜公司也将年会聚餐地点选到海底捞，以便

---

① ［澳］马克斯·萨瑟兰.广告与消费者心理［M］.北京：世界知识出版社，2002：7.

"大象向蚂蚁学习"。北京大学的黄铁鹰教授为此进行了"海底捞的管理智慧"案例编写，并发表在《哈佛商业评论》上，随后又出版了《海底捞你学不会》一书，该书把 62 个感人小故事串联起来，向读者展示了"海底捞"品牌的奥秘所在。其中有：

故事 1：一位顾客不小心崴了脚，海底捞的员工立即找来白酒用火烧着了，用手蘸着酒给客人揉脚；

故事 2：顾客很想买海底捞的三鲜汤给住院的母亲，海底捞的员工主动表示第二天将炖好的汤给送去。第二天，她把熬好的汤，以及特意买的水果送到医院；

故事 3：一位老爷爷腿脚不灵活，吃完火锅想去厕所，海底捞的员工就把老人家背到洗手间；老爷爷回到包间后，告诉儿子与媳妇，今后吃火锅不许到别的店；

故事 4：雅间的客人点了牛肉丸子，并问：一盘是几个？海底捞的员工意识到客人是怕不够吃，立即问清楚了客人有 10 位，就一边告诉客人一份是 8 个，一边说她可以做主让厨房做 10 个；

故事 5：一对刚谈恋爱的客人来到海底捞，能看出来男孩正在追女孩，女孩顺口说了一句：天真热，要是能吃凉糕多好。海底捞的员工看在眼里，马上与主管打了招呼，并打出租车去为他们买回凉糕。结果，这对恋人结婚时给海底捞的员工送来了喜糖。

在类似的一个个小故事、小细节中，海底捞的品牌在最有说服力地传播着，并在累积着羽毛效应，一点一滴地传播着品牌。海底捞的这些具有羽毛效应的传播，源于具有真正主人翁精神的员工。海底捞的员工大多数是知识水平和社会地位都相对较低的农村务工人员，但"海底捞"给了他们一个体面的就业平台，给了他们自尊、自信和自强的机会，而且还给了他们自由创造、发挥、获取成功的空间。所以，这才有了用心来为消费者服务的海底捞的员工，才有了朴实无华地传播海底捞品牌的点点滴滴。相比起广告、公关、新闻等经过乔装打扮的传播，类似海底捞这样原生态的、坦露性的传播，一定意义上更为真实、更为可靠，也更让人信赖。

这里同时就涉及一个面对品牌危机，企业如何面对、如何进行危机传播的问题。而实际操作上，几乎所有遮遮掩掩、吞吞吐吐、想以谎言欺骗舆论的企业最终均陷入欲盖弥彰的窘境，如"亚细亚"、"秦池"、"三鹿"。由此，危机传播则一再告诉我们：坦诚认错、控制危机、公布实情、积极改进、承担损失这"五步曲"乃是化解危机的必由之道，而其中体现的就是坦露性传播的原则。

三、多元旁证性原则

如果说有谁在看了一则广告、读了一则新闻、旁观了一次路演活动，就认准某品牌进行消费，并成为该品牌的粉丝，恐怕谁也不会相信。事实上，包含我们每个人在内的消费者对任何产品的消费、对任何品牌的信任，均是通过多种不同渠道，获取不同的信息，并多是正面进行彼此验证之后，才逐渐形成的。

且以笔者在《中国大品牌》一书上阐述的一位私车车主的购车

历程来看他是如何进行多元旁证的吧：

　　这位消费者的购车预算是在 20 万～30 万之间，其意向是买一辆既能在城市跑，又能便于旅游的 SUV。他曾向车友们打听，知道自主品牌 SUV 价格主要集中在 10 万～15 万，主打性价比优势。他也在汽车专业网站上获知，自主品牌的 SUV 目前还是靠"高仿"或高性价比去争市场，尚没有强有力的品牌基础和产品竞争力，车友的打分总在 6～8 分之间，而且不推荐的比例往往达到 1/3。虽然作为国人，确实期待能驾上一辆值得骄傲的自主品牌 SUV，但对于个人来说，这一辆车就是自己人生最大的抉择之一，且与身家性命联系在一起；于是在心理博弈权衡中，该车主毅然放弃了自主品牌的选择。在他购车的价格区间，他还通过网络上各款车公布的信息进行了多项指标的比较，也在身边与网上征求了多种意见，于是，他的选购目标也渐渐集中，最后有四款车成为他需要进行比较抉择的，这就是：本田 CRV、丰田 RAV4、日产奇骏、大众途观。前三款是日系车子，后一款则是德系车。日系车美观、省油无疑具有很大的诱惑性，但德系车的坚固、精细同样是最需要考虑的因素。而舆论中，德国的国家形象胜过日本，使得他对"大众途观"形成明确倾向。随之，大众途观的"途有境，观无垠"的形象广告语传递的人生境界，也吻合了该车主努力上升、且行且观的价值观。该车主还注意到了"途观"的市场表现，发现这款车已在多个市场上成为 SUV 销量王，而且还要加价才能提车；而且据消费者在口碑网上评价，途观一是依托"大众"品牌的影响力，二是外观、技术指标、操控、舒适性构成的产品力，赢得了持续 80 分以上的满意度好评。在经历了如上系列的、复杂的、多方验证的心理历程之后，该车主最后选择了大众"途观"。

　　显然，成功的品牌传播，不可能是依凭广告或公关一招致效，而是需要多方面信息共同对消费者的心理起作用，而在新媒体广告传播的视野与实务中，这却完全可以通过新媒体的彼此链接而得以实现，这就更需遵循多元旁证的原则。

四、即时沟通性原则

　　在产品营销中，购销双方面对面的即时性沟通是实现营销的必要环节。营销大师科特勒曾经说："人员销售是一种人与人之间直接接触进行推销的方式。广告是单向的、同目标消费群体进行的非人员交流。相反，个人销售是双向的，在推销员和每一个消费者之间进行的个别交流——无论是面对面的，还是通过电话，通过电视会议，或是通过其他方式。"[①]这里，他强调了达成销售的人际传播实际是推销员与消费者之间双向交流沟通。这种营销的即时性沟通在商店的终端中体现最为典型，如有学者提出终端服务一般有八个步骤(见图2-1)。

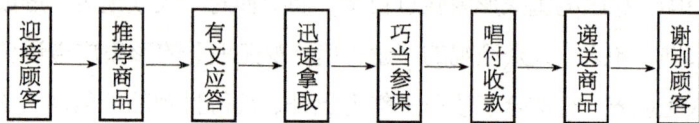

图2-1　终端服务步骤[②]

　　显然，如上终端服务的步骤，其实均建立在实现销售的具体环境内购销双方的即时沟通基础之上。由于面对面的即时性沟通受到

---

①　[美]菲利普·科特勒.市场营销导论[M].北京：华夏出版社，2001：417-418.
②　赵龙.情境终端[M].北京：中国发展出版社，2005：210.

空间与时间的限制，借助媒体来进行沟通的延伸就成了双方必然的选择。特别是新媒体得到广泛应用之后，跨空间的即时性沟通变得触手可及，其典型体现就是网络购物对话。而这种无法近距离面对面沟通，却还要实现网络上的购销，为了彼此取得信任，"淘宝体"便应运而生。前文我们介绍过，淘宝体是说话的一种方式，最初见于淘宝网卖家对商品的描述。最常用的字眼是：亲，是对"你"的淘宝体称呼；说话结尾常带"哦"，给人以亲切之感。如："亲，熬夜不好哦"、"包邮哦"等。

"淘宝"是一个 C2C 的购物平台，在这里消费者可以直接与店主或客服进行在线交流，可以询问关于产品的任何信息，而网络购物中店主的服务即对消费者的态度则成了影响其店铺销售量以及星级参评的重要因素，如果一个店主服务很好，消费者就会给好评，如果不好，消费者可以毫无顾虑的给予差评，而消费者的评价好坏又直接影响到了产品的销售。由于"淘宝体"是网店以消费者为主导，以消费者的满意与评分评价作为最具有说服力的传播资源，并因此获得生存的，因此"淘宝体"的本身就是珍惜网购中即时沟通互动的机会，以一言一句的羽毛效应，为自己累积着信任与信誉，打造着自己的网店品牌。而这种网店品牌信誉的累积，可以说完全是按一种"马太效应"来演绎的，即：你产品"宝贝"越好、你运用"淘宝体"沟通得越好，你的消费者越满意，也越给你高分好评；而高分与好评又使得你的生意越好！

可以说，营销终端的对话服务与网络购物的"淘宝体"沟通，最典型地演绎了新媒体广告传播其实是双向沟通才能达到最佳效果，也由此验证了新媒体广告传播需遵循即时沟通的原则。

第三节　新媒体广告传播的基本模式

一、信息邂逅的广告模式

可以说，整个现代广告就是随着大众传媒的发展而发展的，而基于大众媒体环境下广告模式的则是以"信息邂逅"的提示与告知为本质的。因为，大众传媒环境下，广告主对广告受众的媒体接触判断是模糊的，单向度的广告信息发布本身追求的也只是信息邂逅的高概率，即：希望目标消费者能高概率地接触本广告信息，或希望所发表的广告信息能高概率地引发媒体接触者关注。美国学者曾指出："全美大约有 1 750 家日报、450 家电视台、3 300 家广播电台、600 种普通杂志、32 万座看板，还有几百万公共交通车上的车厢广告。……广告主的问题是一个属于选择的问题，站在密集的行列中，等待着帮助他做哪种选择的，是成千上万带着许多真实和未证实的事实与数字的媒体推销员。"[①]在如此多的媒体选择中，以及每一媒体丰富的时间空间选择中，追求消费者对广告信息的接触概率显然是最明智的标准。可选择的媒体信息可以说是无穷大的，而无论多么财大气粗的广告主其发布的广告信息也是非常有限的，如此，任一消费者对于具体广告信息的接触则只能是"信息邂逅"的浪漫一遇。

在"信息邂逅"广告传播模式中，相对于广告主的刻意传播，

---

① ［美］马丁·迈耶.麦迪逊大道[M].海口：海南出版社，1999：153.

消费者邂逅广告信息无疑是被动的，是无意识中的乍然相遇。如此，又导致消费者与广告信息邂逅之后的两个层面的接受：

一是广告信息的无意识接受。正如麦克卢汉所说："广告把借助鼓噪确立自身形象的原理推向极端，使之提升到有说服力的高度。广告的作用与洗脑程序完全一致。洗脑这种猛攻无意识的深刻原理，大概就是广告能起作用的原因。""广告不是供人们有意识消费的。它们是作为无意识的药丸设计的，目的是造成催眠术的魔力。"①也就是说，让消费者的无意识多次邂逅广告信息，从而在大脑皮层留下印记、产生对广告信息的识记与好感。

二是无意识过程中意识乍然唤醒后的接受。广告心理学认为："优秀的广告作品不仅能引起消费者注意、理解和使消费者产生肯定的情感和态度，而且还应当使消费者'过目不忘'；能将宣传的商品牌子和商标牢牢记在心上。"②这里，实际上指出了一个消费者对广告由无意注意转为有意注意的前提，即广告作品的"优秀"。我们知道，当今的社会是一个传播过度的社会，据统计，每个生活在都市中的市民每天要通过各种媒介途径被迫接触 2 000 多条广告信息。如此，广告人就需要考虑"广告是否完成告之、劝服和提示这些基本任务，创意在其中起着重要作用。"③如此，在传统的信息邂逅广告模式中，广告创意就成为广告信息无意识向意识接受转化最关键的因素。即便如此，"人们可能都在纷纷谈论一则有轰动效果的新广告：客户可能喜上眉梢，广告代理洋洋自得。但

---

① ［加］马歇尔·麦克卢汉.理解媒介——论人的延伸［M］.北京：商务印书馆，2000：282、283.
② 欧阳康.广告与推销心理［M］.北京：中国社会出版社，2000：75.
③ ［美］威廉·阿伦斯.当代广告学［M］.北京：华夏出版社，2000：349.

是，这条广告或许是个美丽而空泛的外壳。事实上，它甚或正在赶跑顾客"[1]。因为，广告创意艺术上轰动性的审美接受与其刺激消费的功能性说服接受，往往会彼此消解，消费者的理解中会因为创意艺术的杰出而使其意识上邂逅的却是审美的愉悦信息，其想约会的"情人"——营销信息——却失之交臂。

根据如上所述，传统的"信息邂逅"广告传播模式可图示为（见图 2 - 2）。

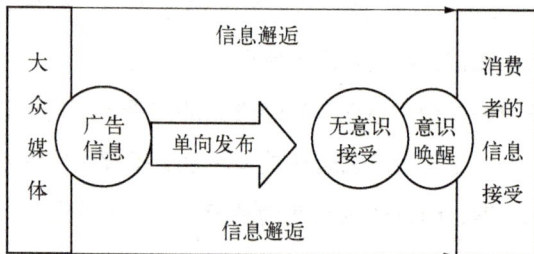

图 2 - 2　"信息邂逅"广告传播模式

在如上图示的信息邂逅广告模式中，我们可以很清晰地看到，消费者接受广告信息所处的被动地位以及广告信息发布的单向特性，由此也可认识到一方面由于大众媒体对于消费者信息邂逅的重复而给广告带来强大的效能，另一方面则由于媒体信息的庞杂与消费者主体意识参与不足而使得"信息邂逅"广告传播模式效率相对低下。

二、搜索满足的品牌传播模式

随着以网络为代表的新媒体迅速发展，我们所需要正视的现实

---

① [美] 罗瑟·瑞夫斯.实效的广告[M].呼和浩特：内蒙古人民出版社，2000：33.

是：传统的大众媒体依然主流性存在，而数字化的新媒体强势崛起势不可当。当我们将关注的目光投向基于新媒体的新广告模式，可以发现"技术的转变已经威胁到广告业对于媒介和受众的控制力"。正如李奥贝纳广告公司的斯皮特勒所说："以前我们认为自己无所不能。我们可以使用大众媒介……对于所有人我们意味着一切。但新的媒介稀释了那样的努力。"①黄升民教授对于新媒体环境下的广告传播则说道："广告从简单的传播工具，向集多种交流渠道和多类交流方式于一体的沟通平台演化，实质是广告媒体化的一种功能推演。平台的搭建对于捕捉分散与聚合的需求和市场而言意义非凡，'多媒体'与'泛媒体'潮流为广告传播的平台化提供了必要的条件，我们可以凭借其定向、精准、互动等特征，向消费者和企业充分传递各自所需的有效信息，从而填平企业与消费者的信息鸿沟，消除二者之间的信息不对称。"②

在此背景下，一直处于被动地位的消费者受众从"信息邂逅"广告模式中获得觉醒，诚如黄振家所指出：消费者拒绝传统广告，却可以在新媒体环境中选择想观看的广告类型、品牌信息③。这也正是丁俊杰所指出的"消费者不再相信单一的信息来源，他们需要不断地'搜索'、'分享'和'比较'，从而获取自己更需要和更满意的信息。这就又提出一个命题：在信息泛滥的今天，怎样才能吸引消费者主动出击去搜索并分享广告信息？我们的回答是'广告传播平台化'，以网络技术和数据库技术为内核，将原来对于消费

①　[美]约瑟夫·塔洛.分割美国：广告与新媒体世界[M].北京：华夏出版社，2003：14、17.
②　黄升民.分聚之间的危情与转机[J].国际广告，2007(9).
③　黄振家.广告产业的未来[J].广告大观理论版，2008(3).

者的'轰炸式'的传播方法演化为'尊重本体需求下的吸引'模式"①。简言之,即为"搜索满足"广告模式。由于这种向消费者主动供给包含新闻、网上产品展销、专家推荐等多种形态信息已经超越了传统的广告内涵,因此更准确地应该称"搜索满足"的品牌传播模式。

"搜索满足"品牌传播模式的出发点,是视受众为主动的——即消费者受众出于消费信息的需要,不再只是被动的且主要依凭无意识接受来获得广告信息,而是主动进行搜索,且在搜索中不断比较、求证各类品牌信息,以满足消费决策最基本信息的需求。其图示见图 2-3。

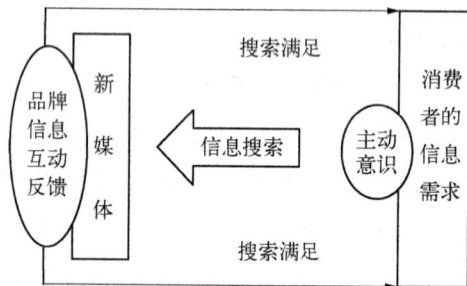

图 2-3　"搜索满足"广告传播模式

在如上模式中,我们可以看到,一方面消费者搜索品牌信息不仅是主动的、理性的,而且是以"满足"为标准、为旨归的;另一方面,消费者与品牌信息的相遇并非是一种随机性的邂逅,而是他在新媒体的信息世界中自主搜索到诸多信息,且进行了多方比较、咨询、甄选出来,甚至是获得双向性互动反馈的。也就是说,这里

---

① 丁俊杰.中国广告业的动力与动向[J].山西大学学报(哲学社会科学版),2008(5).

的"品牌信息"不是"信息邂逅"中具体特指的广告作品所包含的信息，而是一个信息由少到多、又由多到简、由泛而专的动态的信息结构。而要使具有如此内涵的"品牌信息"实现消费者的"搜索满足"，其途径主要有如下两种方式：

1. 全面、客观、互联的数据库平台

是一个由行业数据、品牌数据、产品数据、消费数据等构成的庞大社会化数据库平台；其直面消费者的终端体现形式为：电脑终端、家庭数字电视、3G 手机。而其背后则是一个庞大的商业内容行业：包括品牌网站及虚拟商店、行业网站、专业商场网站、网上消费者社区、数字电视广告频道等。媒体经济学家布鲁斯·欧文曾说道："我对自己提出的最重要的问题是：怎样使广告成为人们不仅愿意容忍而且乐于获得的东西？"①当广告或曰品牌信息的数据库足够庞大且分类清晰、实时更新、链接快捷，消费者所需要的品牌信息应有尽有，等待消费者点击、遥控、浏览的各类品牌信息，显然就是他们"不仅愿意容忍而且乐于获得的东西"了。

2. 即时、具体、人性化的互动平台

该平台是由品牌网站或虚拟商店的咨询员、行业网站值班专家、商场网上导购员、网络社区专业领袖、有消费经验的热心人、数字电视广告频道主持人等操作，能即时、有针对性回答消费者的具体咨询，且程序互动、充满人性化的服务平台。在这个平台上，广告已"由劝服、诱导向告知与沟通的功能回归"②，回归于能即时互动沟通的品牌信息。而这种互动沟通，在传统的大众传播是无

---

① ［美］鲍勃·加菲尔德.大混乱，2.0 后广告时代来临［J］.国际广告，2007(11).
② 张金海.20 世纪广告传播理论研究［M］.武汉：武汉大学出版社，2004：181.

法实现的，但"现在我们拥有能力来集中进行浪费程度最小的传播，我们将使用新颖独特的方式与美国社会中较小的阶层进行沟通，每次一个"①。即"一对一"的品牌传播信息服务，在网络平台上已是家常便饭。而随着具备双向互动功能的数字电视普及，设置专门的广告专业频道或曰品牌传播频道，使广告摆脱依附于其他频道的从属地位，走专业化之路，拓展发展的空间，构建"碎片化"的消费受众得以重聚平台，与网络实现无缝融合，这不仅是数字电视品牌传播服务的基本走向，更是"搜索满足"品牌传播模式中互动平台拓展的一次飞跃。

由上可见，如果说"数据库平台"是对消费者品牌信息搜索"量"的满足，那么"人性化互动"则是信息搜索"质"的满足。正是新媒体技术实现的这种量与质的信息满足服务，新型的品牌传播模式核心"搜索满足"则得到了确定。

三、两种模式融合的新媒体广告传播操作

上文论述的两种广告传播模式的差异是如此的鲜明，我们不妨从表2-1的对比中得到更为清晰的认识：

对于以上两种广告传播模式，我们需从实际出发，建立互有长短、并行不悖的认识。因为，一方面新媒体强劲崛起，另一方面传统媒体活力依然。这就启发我们，立足于新旧媒体上的两种品牌传播模式虽然在演绎着此消彼长的历史变革，却将长期并存，需要广告人由此进行着如下两方面的实践自觉：

---

① ［美］约瑟夫·塔洛.分割美国：广告与新媒体世界［M］.北京：华夏出版社，2003：16.

表 2-1　两种品牌传播模式差异对比表

对 比 项	"信息邂逅"模式	"搜索满足"模式
出发点	消费者是被动的	消费者是主动的
媒体特征	单向度的	双向性的
代表性媒体	报纸	网络
广告代表形态	平面、电视短片	关键词＋品牌网站
广告形态特征	相遇告知的	邀请引导的
信息含量	有限而模糊的	丰富而清晰的
接受行为	邂逅、注意	搜索、点击
接受反应	好感记忆	实时互动
作用于消费	好感记忆唤醒	理性比较、求证
广告重点	广告的创意高下	品牌信息数字路径
广告策略核心	个性化信息告知	整合性信息满足

1. 在"搜索满足"的新媒体广告传播模式中寻求创新

我国《广播电视有线数字付费频道业务管理暂行办法（试行）》规定：付费频道不得播出除推销付费频道广告之外的商业广告，但经批准的专门播出广告或广告信息类服务的频道除外。显然，其传递的明确信息是：付费频道不得播出除推销付费频道自身广告之外的商业广告；"专门播出广告或广告信息类服务的频道"可以播出商业广告。也就是说数字电视普及导致了电视这一最具影响力的传统媒体蜕变为新媒体，其一直沿用的"信息邂逅"广告模式也将由"搜索满足"品牌传播模式所取代。数字电视的收费固然成为电视媒体稳定的收入源，但更具市场潜力的品牌信息"搜索满足"的传播服务，则需要遵循模式规律的创新。随着"搜索满足"导向的品牌传播模式渐成主流，对应消费者的品牌信息需求以及广告主所提供的信息搜索满足服务，整个广告及品牌传播产业进行创新探索，开发新颖的品牌信息搜索满足服务形式，已是当下品牌传播业的重心所在。

2. 在媒体融合中寻求广告传播模式整合

"媒体融合"（Media Convergence）是美国麻省理工学院媒体实验室创始人尼葛洛庞帝提出的[①]。随后，美国的罗杰·菲德勒、托马斯·鲍德温等学者均指出了媒体在宽带技术与政策导引下"大汇流"、"大融合"的趋势。在这种媒体融合的趋势中，传统媒体不仅获得了新质——如"报网互动"中报纸版面的网络呈现，而且还在人们生活空间依然扮演着不可或缺的"信息邂逅"模式的主体角色。因为在全新的"搜索满足"品牌传播模式中，其实还隐匿着一个前提：消费者进行的是有目的、有对象的搜索。而消费者品牌搜索目的，尤其是搜索对象的确定，往往就有着传统媒体"信息邂逅"服务的功劳，如路牌广告、报刊广告对于品牌形象的树立与品牌网站的告知。也就是说，在新旧媒体并存的社会，消费者对于品牌及产品信息的搜索满足，往往依循的是二步接受规程：邂逅品牌及产品门类的基本信息——根据消费需要进行相应品牌信息的搜索满足，可参见图 2-4。

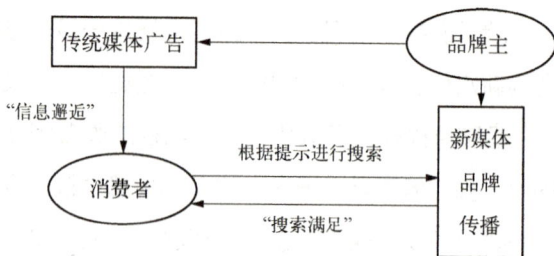

图 2-4　消费者接受中两种模式的融合

① Quoted in Stewart Brand. *The Media Lab: Inventing the Future at MIT*. New York: Viking Penguin, 1987. p. 11.

如此，"信息邂逅"与"搜索满足"两种广告传播模式构成具互补性的"两程传播"，并由此而得到融合，并因此一方面达成合作，另一方面则各自焕发出无限的生机。

第三章

新媒体广告传播的接受行为

第一节　受众理论与广告接受观

一、传播学视野中的受众观

通常来说，"受众"即各类媒体"内容或表演的读者、听众或观众"。但在实际运用中却呈现出多元化与复杂化的现实，但可以肯定的是，"受众是社会环境——这种社会环境导致相同的文化兴趣，理解力和信息需求——的产物，也是特定媒介供应模式的产物。"①而对于广告传播来说，其对象虽然通常被界定为消费者，但其首先是传播的受众。由此，在新媒体广告传播这一特定的领域，对其受众进行研究、分析与把握就显得尤为重要。

①　[英]丹尼斯·麦奎尔.受众分析[M].北京：中国人民大学出版社，2006：2.

1. 作为大众的受众

受众一般指的是一对多的传播活动的对象或信息的接受群体。如广场表演的围观人群、戏剧演出的观众、会议报告的听众、体育比赛的观众、布告通告的读者。但在我们所处的大众传播时代，受众概念的形成更多的是大众媒介诞生的对应性产物。大众媒介的受众主要随着印刷书籍的出现而产生，而19世纪工业革命之后，报纸、电影、广播、电视日益成为人们社会生活信息的主要来源，也由此而创造出了真正意义上的作为大众的受众。

大众社会理论认为，随着传统的社会解构、等级秩序与统一的价值体系被打破，社会成员失去了大一统的行为规范，而形成了孤立、分散、个体性的存在，其整体性的称谓则为"大众"。而对于广告传播受众而言，他们首先就是作为大众存在的。他们可以对任何广告信息进行接受、评点、欣赏、批评或者指责。无论是CCTV黄金段位的广告还是美国纽约时代广场的LED广告，无论是高速路旁的路牌广告还是城市道路上悠然呈现的公交车体广告，也无论是街区店头的海报招贴还是自家信箱中的传单名片，作为大众的受众，你无法阻止他们接触到这些广告信息；因此，对于广告受众的认知首先需遵循大众化接受的规律。

作为广告传播受众的大众，主要有这么一些特点：

● 人数众多

几乎具有基本接受能力的人均可称之为大众，其自然人数众多，超过任何进行界定的社会群体。得人心者得天下，人数众多的大众未必均成为特定广告产品的消费者，但他们对于广告的评价以及广告产品与品牌的舆论却往往具有巨大的影响力。

- 高度分散

大众总是按照自身的生活规律进行着各自的工作、生活，由此则必然广泛分布于生活的各个阶层，其由不同的社会学标准分类则有着明显的不同社会属性，因此总呈一种高度分散的特性。

- 匿名隐蔽

众多而分散的大众，彼此之间往往没有必然的交往发生，由此则使得互相不认识，使得各种传播主体要把握他们的生活轨迹、对他们施加影响总是存在着难以把握的困难。

- 流动变化

大众总是由无数个体构成的，每个个体总会因自身的变迁而存在一种流动与变化，如此则必然构成大众总是处于流动变化之中。

- 个性自我

由于大众没有严格的组织性，也就没有一个统一的标准与规范进行约束；而构成大众的无数个体，则均是有着不同的自我意识与自我约束的，并按照自身的个体意识在进行着思维与活动，由此则必然呈现出个性自我的特点。

- 易于趋同

大众固然人数众多、分布范围广泛，成员之间处于陌生关系，同时又总是处于变动之中，这就使得他们可以由于特定信息的引导而形成意见与行动的易于趋同；也正是这一特性，使得各类社会组织均想对大众施加影响，以引导大众形成对于自身发展有利的趋同性。

2. 作为目标群体的受众

受众，是就传媒或特定的传播主体而言的。而由特定传媒与传播主体的运转所决定，他们关注的并不是泛泛的作为大众的受众，而是有着特定目标的受众群体；因为这些目标受众，对于一个组织才有实际意义，这些目标群体往往被称作为"利益关系人"——即对于彼此的利益有着互惠互利性。目标群体的受众有着如下鲜明的特性：

- 碎片化

"碎片化"，是 20 世纪 80 年代由后现代主义研究者提出的，至 90 年代，"碎片化"之说延展到社会学、广告学，如美国传播学者约瑟夫·塔洛就在其 1997 年出版的著作中写道："一种共识很快取得影响，即因为美国社会比以往任何时候都更为支离破碎，广告主需要各种视听形态以吸引比以往更狭窄和更确定的受众。"[①]近年，学术界更认为："碎片化"已经成为一个社会学、消费行为学、传播学界的热门概念，指的是社会阶层的多元裂化，并导致消费者细分、媒介小众化。[②]"碎片化"是描述当前国际消费社会，尤其是准确认知消费者群体一个形象性说法，是一个社会由传统向现代过渡时期的基本特征，表现在目标受众上则是：随着社会人群的细分、随着新兴媒介与传播通路的激增、随着每一个个体需求的受尊重，目标受众不再是一个刻板印象的僵化群体，而是需要碎片化认知并进行针对性传播与服务的对象。

- 多重性

多重性，指的是特定群体的成员往往具有多个群体的特性。在文明社会及现代社会，每个人均处于一定的社会细胞——家庭以及社会运转的组织——团体中，在社会转型期，由于生产关系、社会

---

① ［美］约瑟夫·塔洛. 分割美国：广告与新媒体世界［M］. 北京：华夏出版社，2003：33.

② 黄升民，杨雪睿. 碎片化背景下消费行为的新变化与发展趋势［J］. 广告研究，2006(2).

变更、多元观念猛烈地冲击着每个人，这就使得家庭中、团体中扮演不同角色的主体，在相应的传播主体的视角中，也就会按照不同标准进行不同样的群体归类。如一个刚刚大学毕业上班的白领一族，如果从收入上基本可以较统一地归于中等收入群体，从文化程度上归于大学本科的群体；但从性别、居住地、行业、性格、观念、兴趣、爱好等角度上归类，则会出现各种各样的差异。而对于不同的媒体、不同的组织团体来说，则可按自身的需要来进行目标群体的确定；而其间的群体成员便往往构成了被不同的主体关注的多重性目标群体。

● 聚合性

如果说，目标群体既呈现碎片化趋势，同时又具有多重性特点，那么对于特定的媒体与传播主体来说，则需要按照自身的发展目标来对特定目标群体进行重新聚合。也就是说，碎片化、多重性构成了目标群体的重新聚合的可能，而只有特定媒体与传播主体有了自身的需求，并按照需求设定目标，这样聚合的可能就变成了现实。而这种聚合总是因为明确的目标才形成群体，才定义为目标群体受众。比如说，江苏卫视的"非诚勿扰"节目的开播，是认识到社会上大量的大男大女的婚恋信息不畅而难于寻觅到中意的异性朋友，并因此而延误了自己的终身大事，也拖累了关爱他们的亲人，并一定程度上酿成了社会问题。为此，节目的目标受众群体则主要为适婚男女以及家有儿女未婚的父母。无数的"碎片"因此而得到了重聚。

3. 作为消费者的受众

这里，作为消费者的受众不是广告产品的消费者，而是就媒介市场而言的信息消费者，即把受众作为市场、作为消费者而言。这多是从媒介所有者和经营者角度审视的。作为媒介消费者的受众可以被界定为是一个"具有已知社会经济特征的、媒介服务和产品的实际与潜在消费者的集合体"。①随着大众传媒的迅猛发展，尤其是以互联网为代表的新媒介在世界范围内的快速推进，今天的受众已不再只是游走于不同媒介之间的读者、听众或观众，也不再是单纯的信息接收者，而是具有自主话语权的信息发布者了，这是尤其需要认识到的。而作为广告传播而言，其信息消费者同时又是指对于不同品牌产品存在着消费行为或可能产生消费行为的受众。因为按照行为心理的逻辑，任何人只有在接收到广告信息之后，并产生一系列的心理变化，这才可能产生相应的消费行为。把消费者首先当作受众来认识，这是信息社会的一大进步，即更加尊崇消费者的主体地位，按照其心理需求与逻辑来传播品牌信息，从而进行消费方面的满足。从这一层面进行作为消费者的受众认识，其特性主要有：

- 两重性

即指作为消费者的受众具有这两重身份，一是广告信息的消费接受者，二是广告产品的消费者。这个信息消费者首先是受众，是广告信息的接受者，同时还是通过特定媒介积极主动的"觅信者"与特定广告产品的消费者。虽然在一定程度上，消费者与受众是一致的，但不同的表述与强调，却体现了不同的指导观念：将广告传播的对象表述为"消费者"，强调的是消费者对产品的消费，体现的是在营销上获利的功利观念；而将广告传播的对象表述为受众，强调的是受众对广告的接触与接受，体现的是传播上的信息分享观

---

① ［英］丹尼斯·麦奎尔.受众分析[M].北京：中国人民大学出版社，2006：9.

念。因此，与广告传播合理对应便只能是受众。

- 动态性

广告传播作为传播活动的一种，其对象只能是受众。虽然从营销角度上看，广告是营销的延伸，广告主最关注的是目标消费者，因为投入巨资发布广告的宗旨是为了打动消费者、让消费者带动销售；但从传播角度上看，广告的传播最关注的是目标受众，因为广告传播打动受众、受众则会产生正向相应广告信息的行为，包括直接带动销售以及还引发各种各样的间接行为，如意见领袖会对广告信息进行二次传播、潜在消费者将转化为知晓消费者。[①]正是在广告传播与接受中，首先是作为受众产生了种种心理上的微妙变化：知晓、好感、倾向、行动；当然对应的也有消费者的角色变化：潜在消费者、知晓消费者、倾向消费者、实际消费者、忠诚消费者等。但实际均指明了一个事实，即其具有着动态性的变化。

- 变异性

如果说"动态性"指的是作为消费者的受众一般性的"信息—行为"正向的渐次变化，那么"变异性"则指的是作为消费者的受众对于特定广告接受负向的态度转变。其既包括对于广告产品品牌原来是好感的，甚至产生具体消费行为的，由于品牌产品质量、品牌客户服务、传播信息失误而导致对于广告态度产生一百八十度的大转弯，往往会对该广告进行负面评价；同时也包含该广告产品品牌原来存在不足，是被消费者的受众予以负面评价的，但由于该品牌产品进行了改进与优化，并通过广告传播传递出正面信息，则又可能使得作为消费者的受众重新对其产生信任，发生态度上的

---

① 余明阳，舒咏平. 论品牌传播[J]. 国际新闻界，2002(3).

变化。

4. 作为权利主体的受众

受众在接受与消费各种传媒信息的同时，更是参与社会管理和社会公共事务的公众。作为公众不仅有着各自社会角色的分工以及法律赋予的各种权利，即具有着神圣的主体性。而且就传播而言，更显示出作为主体的如下基本权利：

● 信息知晓权

麦奎尔曾认为，受众是这样一种大众的集合，通过个人对愉悦、崇拜、学习、消遣、怜悯或信仰的某种获利性期待，而自愿做出选择性行为，在一给定的设计范围内形成。[①]即受众是为了自身的获利期待，而对信息进行选择接受、知晓的权利。因此，信息知晓权在广义上来说，指的是社会成员获得自身所处的环境及其变化的信息、保障社会生活所需的各种有用的信息的权利，从这个意义上来说，也是人的生存权基本内容之一；从狭义上来说，知晓权指的是公民对国家的立法、司法和行政等公共权力机构的活动所拥有的知情权，这是公民的基本政治权利。

● 传媒接近权

所谓传媒接近权，即社会公众中的任何一位成员利用传播媒介阐述主张、发表言论以及开展各种社会和文化活动的权利，同时，这项权利也赋予了传媒应该向受众开放的义务和责任。传媒接近权，是进入垄断阶段，传媒越来越大型化和独占化、越来越集中在少数大资本家手中的状况下，矛盾越来越激化的背景下提出来的。

---

① 参见 Danis McQuail，*Mass Communication Theory*（third edition，London：SAGE，1996）的第六章。

1967 年，美国学者 J. A. 巴隆在《哈佛大学法学评论》上发表了《接近媒介———项新的第一修正案》，首次提出了"媒介接近权"概念。1973 年，他又出版了《为了谁的出版自由——论媒介接近权》一书。提出：在广大受众越来越被排斥在大众传媒之外的今天，已经"到了把第一修正案的权利归还给它的真正拥有者——读者、视听众"的时候了。传媒接近权，其实质或核心内容是"要求媒介向受众开放"。该权利的提出，已经在三方面产生了影响：第一是"反论权"的提出，即受到传媒的攻击时，有权要求传媒刊登或播出反驳声明；第二是接受"意见广告"的刊登；第三是随着网络平台的社会化使得社会公众可以自如自主接近与使用媒体。

- 传播自主权

传播权是构成社会的每位成员所享有的基本权利之一，即传统表述上的言论自由权利。社会成员是社会实践和社会生活的主体，他们有权将自己的经验、体会、思想、观点和认识通过言论、创作、著述等活动表现出来，并有权通过一切合法的手段和渠道加以传播，这就是我国宪法所规定的"中国公民享有言论、出版自由"的传播权。而在 Web2.0 时代，社会化媒体给每一位社会成员提供了自主传播的平台与渠道，其传播自主权显然尤为明显。

Web2.0 的概念产生于 2004 年，蒂姆·奥莱利（Tim O'Reilly）在与工作伙伴的脑力激荡中提出了此概念，并推动全球第一次 Web2.0 大会于 2004 年 10 月在美国旧金山召开，Web2.0 概念由此迅速传播开来。狭义上，Web2.0 是指 Web2.0 站点，具体类型主要包括论坛、博客、Twitter、BBS、SNS、维基、微博、视频或图片共享等网站。其与 Web1.0 站点的本质区别是信息发布模式不同：Web2.0 站点本身不生产和提供内容，只是一个信息交互平台，只提供框架和规则，信息内容由受众生成（UGC，User Generated Content），站点运用特定的技术模块将受众生成的信息分类以对应其他受众的搜索行为，最终让受众与受众之间便捷地横向交流，即实现"所有人对所有人的传播"。广义上，Web2.0指代一种"互动共享"精神，"由原来的自上而下的由少数资源控制者集中控制主导的互联网体系，转变为自下而上的由广大用户集体智慧和力量主导的互联网体系"①。Web2.0时代的互联网已经变得正如克莱·舍基在《未来是湿的》一书中所描述的那样，分享与合作的工具交到了普通大众的手中，打破了人与人之间原来的地域、学识、阶层等"干巴巴"的束缚，人们可以基于共同的喜好和经历等重新组成社会群体，分享信息、发起行动，可以凭兴趣聚合，这是一个湿的世界。"湿世界"颠覆了传统意义上的"受众"概念，网络受众超越了单一的信息接受者的客体身份，成为网络信息的生产创造者、聚合排序者与互动传播者，传统传播者的中心地位逐渐消弭，作为网络节点的受众正充分地显示出其传播的自主权。

二、受众的"使用与满足"

一定意义上可以说，受众虽然是以"众"的集合体来被界定、被认识的，但具体行为上又总是通过一个个活生生的、具有不同特性的个体来实现的。因此，对于受众心理与行为的把握，更需要从微观的个体来进行审视与把握。而从具体受众成员出发的"使用与

---

① 李良荣.西方新闻事业概论[M].上海：复旦大学出版社，2006：304.

满足"理论，恰是解读受众个体心理与行为奥秘的钥匙——

1. 从受众动机出发的视角

20世纪40年代，广播媒体在美国得到迅速兴起与普及，收音机家庭已经达到80%以上。但有关数据显示，为社会精英所看好的、格调高雅的启蒙、教育类的节目并不被受众欢迎，而那些格调低下的轻喜剧、肥皂剧、娱乐节目却收听率甚高。为此，哥伦比亚大学的学者对广播肥皂剧的听众进行了调查研究，发现人们的收听节目动机多种多样：有的是为了逃避日常生活烦恼，有的是寻求与剧中人一体化的角色幻觉，有的是希望获得生活的知识与经验。[1]显然，此研究是受众的心理动机与需求出发，也就更能切准受众个体的心理。

2. 实现"使用满足"的形态

从对受众收听广播媒介的动机研究开始，其他媒介形态的使用满足研究也得到了重视。如贝雷尔森对于读者阅读书籍的动机研究，就指出鲜明的四种动机：实用动机——追求书籍内容对于学习、工作、生活的参考利用价值；休憩动机——消除疲劳、获得休息；夸示动机——能在谈论书籍内容中获得他人的赞赏；逃避动机——转移日常生活的烦恼。而贝雷尔森对于报纸读者的调查，其结果则显示：人们对于报纸的利用有"获得外界消息"、"日常生活工具"、"休憩手段"、"获得社会威信"、"利于交际"、"充实生活"六种形态。在20世纪60年代，"使用满足"结合当时新兴的电视媒介研究，又进一步揭示出人们收看电视节目的四种基本

---

[1] Lowery, Shearon A. and DeFleur, Melvin L. *Milestones in Mass Communication: Madia Effects*, Third Edition, Longman Publishers USA. 1995. 93－111.

形态与效用，即：心绪转换效用、人际关系效用、自我确认效用、环境监测效用等。①

在如上多种媒介使用满足的调查研究基础之上，传播学家 E. 卡兹等人则将人们接触使用媒介的行为，在理论上概括为"社会因素＋心理因素—媒介期待—媒介接触—需求满足"的因果连锁过程，从而提出了"使用与满足"过程的基本模式。而日本学者竹内郁郎则对该模式充实、优化为如图 3-1。

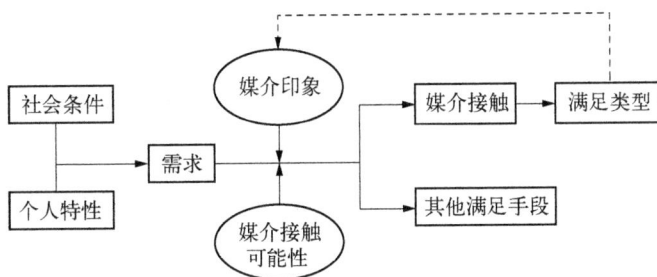

图 3-1　"使用与满足"过程的基本模式②

上图很清晰地显示：首先人们接触媒介需求是由个性与社会条件驱动的；其次以特定媒介印象以及接触的可能性为条件；再次则是通过媒介接触而获得需求的满足或不满足，并据此来修正对既有媒介的印象。

3．"使用满足"的局限与突破

"使用满足"理论提出的本身，其最具有意义的就是强调了受众的主体能动性，并具体观照了个性的媒介接触使用的心理，纠正

① McQuail，Denis．*Sociology of Mass Communication*，Penguin，Books，London，1972，Chapter 2.
② ［日］山根常男．社会学讲义．载日本《大众传播》，6 卷，113．东京：有斐阁，1977.

了当时大众社会论中的"受众绝对被动"的观点。但其理论的局限也是明显的，即：在大众媒体环境下，所考察的仅是受众的媒介接触行为，无法通过媒介内容的生产与提供过程来揭示受众与传媒的社会关系；同时所揭示的受众对于传媒的使用也非常有限，只能是一种媒介的选择以及相应内容的选择性接触；在今天新媒体时代再来进行反观，显然受众在网络媒介上，通过邮件、论坛、电子商务、微博等的使用，已对传统的"使用满足"进行了大大的突破与拓展。

三、从广告侵入到广告搜索

由"使用满足"理论所决定，消费者受众对于广告媒体与信息的接触使用，归根结底是以产品的消费为本质需求的。可以说，没有专门为接触广告而使用广告的受众，而只有为消费而使用广告的消费者。诚如传播学者麦克卢汉所说："广告把借助鼓噪确立自身形象的原理推向极端，使之提升到有说服力的高度。""广告不是供人们有意识消费的。它们是作为无意识的药丸设计的，目的是造成催眠术的魔力。"①如此，就严格意义上的、可识别的广告而言，受众也就几乎不可能有具有自觉的广告接受观，而仅有无奈地接受被强制性广告并对广告产生多为负面感觉的广告观。可是在新媒体广告的视野中，由于新媒体广告呈现形式更多的不是可识别的广告，而是品牌信息，这恰恰对应了消费者的消费需求，由需求驱动的主体意识得以明确的彰显，自觉的新媒体广告接受观这才可望形成。对此，我们则进一步作如下界分与认识：

---

① ［加］麦克卢汉.理解媒介——论人的延伸[M].北京：商务印书馆，2000：282-283.

1. 广告侵入的被接受观

诸多的广告效果调查，其实所获得的仅是无意识接受的效果呈现。正如美国学者米切尔·舒德森曾说道："广告效果的测试往往是'回忆'式测试。市场研究人员只要能确定接受调查者达到一级水平(对一种思想观念有所了解)，就判断广告'有效'。广告主当然对四级(该观念的地位渐显突出，渗透到人们的'行为环境'中)和五级(观念内化)更感兴趣，但是他们衡量成功级别的能力十分有限。"①也就是说，广告信息侵入消费者总是趁其不备而悄悄注入的。因此，舒德森认为广告对于消费者说服的艰难，恰恰就是在猛攻消费者无意识中，也未见效果，只得转向；而转向的对象即为经销商、投资者，以其提高他们的信心，并间接地产生广告效果。但经销商、投资商，一定意义上恰是广告主发布广告的同谋者，严格说来不是受众、不是消费者。也就是说，在舒德森的眼中，广告对于消费者的说服效果非常有限。

在考察公众接受广告的历程中，最突出的则为"反应层次模型"，其描述的是：公众对生产商及品牌产品，最初是一无所知；通过广告反反复复的信息侵入，公众心理经历了注意、了解、喜欢、偏好、确信、购买这一系列的心理历程，并最终引发购买。而这个由表及里、由无知到知晓、由无意识到有意识，无疑正演绎了一个反应层次渐次深入的模型。对此，法国学者古斯塔夫·勒庞说道："……从长远看，(广告)不断重复的说服会进入我们无意识的自我的深层区域，而我们的行为动机正是在这里形成的。到了一定的时候，我们会忘记谁是那个不断重复的主张的作者，我们最终会

---

① ［美］米切尔·舒德森.广告：艰难的说服[M].北京：华夏出版社，2003：138.

对它深信不疑。广告所以有令人吃惊的威力，原因就在这里。"①可以说，在大众传播时代，并不为公众意识所注意的广告，却往往借助反复鼓噪，形成了对公众潜移默化的信息侵入，并达成了一个好效果。

当然，所需正视的是，由于广告信息是一种渐进性的信息侵入，其效果在不知不觉中形成了羽毛效应的力量，这正形成了广告独有的效果。同时，广告信息也会在信息侵入停止而渐次消失其传播力量。Gerard J. Tellis 列举了四条广告被接受效果有限的理由：① 公众对广告没有什么兴趣；② 公众对广告的说服企图存在抵制；③ 公众常常误解广告信息；④ 成功广告的有效传播总是很快就被复制和模仿，会导致这种基于原创性和独特性的有效性迅速消失。②这种广告信息侵入有效性的迅速消失，使得广告主唯有不断投放广告、反反复复地提示消费者，这才保持着广告的效应。但显而易见的是，这种广告对于受众被动的、无奈的、潜意识状态下的信息侵入，其效果固然明显，但建立在偷袭性基础上的效果又是脆弱的，这也正是商家总弄不明白广告效果是如何产生，其广告费又是如何被浪费的。

2. 广告搜索的自觉接受观

一个奇怪的现象是：当人们在进行其他各种社会活动实践时，通过已经被严格定义为"广告"接收到商品信息，这个时候商品信息与广告信息画上了等号；而人们在有意识地搜索商品信息，甚至

---

① ［法］古斯塔夫·勒庞.乌合之众：大众心理研究［M］.北京：中央编译出版社，2004：102 - 103.

② Gerard J. Tellis. *Effective Advertising: Understanding When, How, and why Advertising Works*. pp. 29 - 37. Aage Publications, 2004.

明确为自己的消费来进行商品信息的收集，这时的商品信息不再被看作广告，哪怕该商品信息背后就是商家有意的设置与提供。

如此，就形成了这么一个基本的事实：受众不屑于对于简单的、直线的、几乎是嘲笑智商的广告信息接受，当然这里是指有意识的接受，而不是潜意识被动的接受。但作为消费者的受众，却无一例外地需要自觉地搜索商品信息，其包含：亲友间的咨询、商场中的考察、逛街时的比较、电话询问、媒体查阅等。由于这个搜索过程，消费者呈有意识的主体状态，其搜索的成果能证明他的智慧与能力，他往往会津津乐道，具有一种成功感。这个基本事实，如果概括为一句话，那就是"消费者拒绝广告，但乐于进行商品信息搜索"。

当以互联网为代表的新媒体迅速崛起、渗透到人们的生活之中，便捷而实用的网上商品信息搜索，不仅给消费者带来了便利，还带来了一种游戏的快感。如，通过搜索引擎一层层链接，最终获得想要的商品信息以及品牌信息；如通过 QQ 群、论坛、微博获得网友、或论坛专家、或粉丝如亲友般的商品信息告知；如在淘宝或京东的网店，终于找到自己青睐的"宝贝"，且与商家沟通融洽；如通过大众点评网或蚂蜂窝网，获得诸多经历者的指点，而顺利地在网上订餐或形成了自己的出游计划。……显然，这一切的过程，均是由消费者主动发起的，充满乐趣与成功感的搜索。

在这种搜索构成的现实背景下，商品信息虽然不被看作广告，如果强行视作广告，不仅运用别扭，而且因受众心底下的拒绝，也绝对无法被普遍使用。如此，网络上诸多的商品信息，也只能在目前的过渡时期、暂时地为我们理论界视作为广告；而消费者对于网络上商品信息的搜索，在本书中也就暂时地视作广告搜索的自觉接受。

　　消费者基于新媒体的广告搜索接受行为，一方面按照自身的消费需求理性地、自觉地进行商品信息搜索，另一方面并不可能孤身封闭搜索的消费者主体，却往往受到他并不刻意关注、却回避不了的纯广告信息的影响或提示。于是，新媒体广告的接受行为就呈现为复杂的现象，为此我们进行了实证调查。

第二节　新媒体广告接受行为实证分析

一、新媒体广告的接受行为模型

1. 受众接受行为

　　对于受众（消费者、广告受众等）接受心理与接受行为在不同领域都有相关研究，有关于信息接受程度演变而来的接受行为研究，有消费者行为学方面的研究，有广告受众的心理与行为研究，也有传播学领域的信息传递与信息互动方面的研究，其主要观点为：

● 理性行为理论

　　该理论 1975 年由 Fishbein 和 Ajzen 提出，当时用于解释与预测受众行为，理性行为理论即 Theory of Reasoned Action，简称 TRA（见图 3-2）。理性行为理论认为"个体行为由行为意向决定，行为意向受个体持有的行为态度和主观标准影响，态度受个体持有的行动后潜在收益信念和个体感知结果相对重要性影响"[1]。

---

[1] 丁学君.BtoC 模式下移动商务用户接受行为研究[J].电子商务，2010(09).

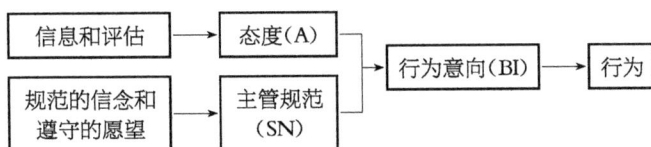

图 3 - 2 TRA 模型

Ajezn 于 1985 年又提出了计划行为理论,计划行为理论即 Theory of Planned Behavior,简称 TPB(见图 3 - 3),源于理性行为理论,该理论用于预测用户的行为。TPB 认为行为由行为意向决定,而行为意向又受到用户态度和主观标准的影响,计划行为理论比理性行为理论多了一个感知行为控制,感性行为控制也会影响到行为意向,进而影响行为。

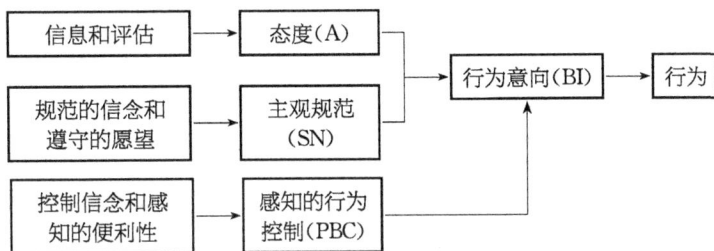

图 3 - 3 TPB 模型

● 移动商务用户接受模型

我国学者丁学君则构建了 BtoC 模式下移动商务用户接受行为模型(见图 3 - 4)。在模型中,行为意向是消费者对于使用移动商务的主观概率判定;感知有用性是指用户是否相信使用移动商务会显著地改善其工作效率或生活质量;用户感知的易用性指一个人认为利用一个系统的容易程度;感知的有用性、社会影响与使用态度是影响行为意向的主要因素,同时人口统计变量对使用意向起到调节作用；而使用态度又受到感知有用性、感知易用性、感知趣味性、感知安全性、个性化需求、经济成本、社会影响等的影响。[①]

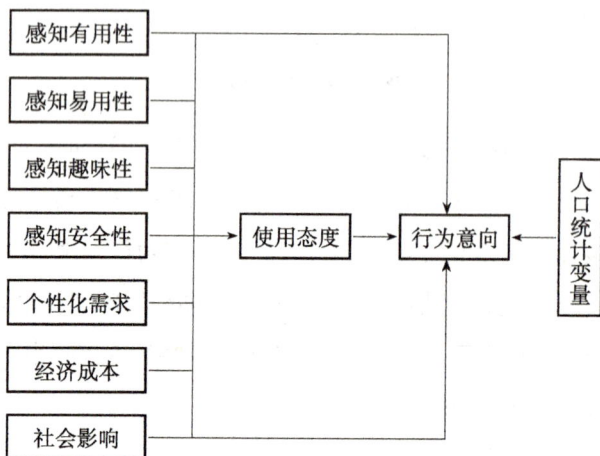

图 3-4　移动商务用户接受模型

● AISAS 模式

中国传媒大学的邵华冬、杜国清则在他们合作的论文中提出了AISAS 模式（attention 注意、interest 兴趣、search 搜索、action 行动、share 分享）。在 AISAS 中，消费者会主动在互联网络上进行信息搜寻，并且信息搜寻也是通过较为复杂的途径（包括门户网站、搜索引擎、企业官网、购物网站、网络社区等）。"一个完整的企业官网系统实际上是一个包括企业网站、产品网站、活动网站、企业社区媒体和网络销售网站等企业官网广告传播媒体群。消费者可以通过企业官网完成信息搜集—互动参与活动—实现在线购买—发表评论信息反馈的一系列活动。这一系列的活动都搭建在企业自有媒

① 丁学君.BtoC 模式下移动商务用户接受行为研究[J].电子商务，2010(09).

体平台上，可以为企业维护大批用户，避免了客户流失。"①

仅如上介绍的几种消费者对于广告接受的观点，我们也可清晰地看到，消费者对于商品信息、品牌信息的接受总体上是呈理性倾向的，其主动觅信、搜索行为乃是一种主流的观点。

2. 广告接受的理论模型

结合既有广告接受观点，再根据在新媒体上，实际也存在着"信息邂逅"与"搜索满足"的两类广告接受形态，为此，我们进行了如下模型的建构（见图3-5）。

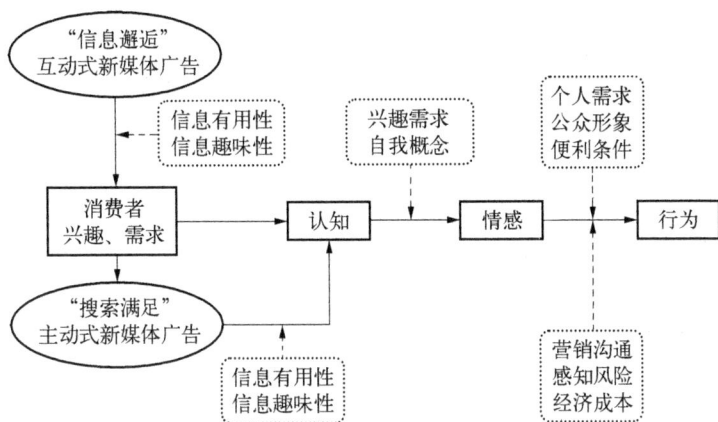

图3-5　新媒体广告传播接受行为模型

如上模型图所示，新媒体广告受众接受行为的主线是：消费者兴趣需求→认知→情感→行为。即该模型是消费者为主导，消费者偶然邂逅新媒体广告，广告中信息激发消费者兴趣，或消费者有需求主动进行广告搜索，从而对广告、品牌产生一定认知；当广告与

① 邵华冬，杜国清. 中国企业数字新媒体广告传播平台研究[J]. 国际新闻界，2010(11).

品牌传达信息与消费者的兴趣需求与自我概念吻合时，消费者对其产生一定情感，进而考虑到消费者的个人需求、公众形象、便利条件、营销沟通、感知风险与经济成本等，消费者会产生相应的行为。

由于我们将新媒体广告分为"信息邂逅"互动式新媒体广告和"搜索满足"主动式新媒体广告，两种不同类型的新媒体广告与受众的互动形式是截然不同的。"信息邂逅"式新媒体广告指消费者在浏览相关信息时偶然邂逅、可实现即时互动的广告，受众是被动接受信息，有时会引起受众的反感，但如果广告内容或形式在受众可接受的范围内，有一定的传播效果。而"搜索满足"式新媒体广告指消费者对某一广告、产品品牌产生需求或兴趣时主动进行搜索得到的广告信息，受众是主动搜索信息的，在此种情况下，消费者的记忆度会大大提升，也更容易对品牌产生好感进而产生行为。搜索引擎、品牌网站在这种情况下作用显著，消费者搜索到的信息将直接影响消费者的行为。

新媒体广告传播过程受众接受行为受到广告信息与消费者个人因素的影响。其中，广告信息有用性与趣味性在受众接受行为中会产生直接的影响。信息有用性主要指与消费者需求相符，对消费者是有用的。如春天到了，笔者正缺一双鞋子，在浏览网站恰巧看到A品牌鞋子的促销广告信息，此时笔者点击广告进一步了解的可能性就非常大。反之，如果笔者正在浏览网页，我并不需要鞋子，而这时邂逅的A品牌鞋子的促销广告对笔者影响就非常低，但若A品牌鞋子的广告信息是关于如何保养鞋子选择鞋子的，那么笔者相对于促销广告更可能点击进一步了解，因为保养鞋子等信息对笔者日常生活是有用的，由此可见，广告信息的有用性会直接影响到广告的传播效果。信息趣味性指信息内容激发受众兴趣，其可能并无此方面需求，但仅是出于兴趣、爱好、好奇或感觉等，对其发生进一步了解的行为。如笔者对汽车并无需求，但在看电视剧时看到前置贴片广告中有关于 B 品牌汽车的广告信息，广告中有一句话非常具有哲理，笔者可能就会点击广告，进一步了解该系列广告，甚至可能进一步了解该品牌的理念文化产品等，或者广告画面、配乐、文字等具有吸引力，都非常容易引起消费者的兴趣与关注，这就是广告信息趣味性对受众的影响。

　　而消费者个人的兴趣需求、自我概念、公众形象、便利条件、营销沟通、感知风险、经济成本等都会对消费者的接受行为产生各个层次的影响。在消费者对广告或品牌产品产生一定认知后，若消费者进一步了解到的广告信息与品牌理念文化等与消费者的自我概念与兴趣需求一致时，消费者会对品牌产生较为正向的积极情感。自我概念主要指个人想法与情感的综合体，可理解为个人的世界观、人生观、价值观的在生活中的体现，处理事情时的想法与情感等；而兴趣需求则是自我概念的具体体现，在自我概念的指导影响下，所流露出的生活兴趣与物质精神需求。在广告传播接受行为过程中，消费者的自我概念已然固定，当广告传递的信息、品牌或产品传达的信息与消费者的自我概念和兴趣需求没有冲突矛盾较为符合时，消费者会对广告、品牌产生积极的、正向的情感。当消费者对某一广告或品牌产生极为正向积极的情感后，以下几个方面对于消费者最后的行为会产生一定影响。个人需求，即是否对此产品有需求；公众形象，即购买该品牌产品是否符合我的公众形象，是否会影响到我的形象品位，让他人对我产生误解；便利条件，即我购买该品牌产品、传播分享该广告是否方便，是否有阻碍因素，如我确定要购买该产品，付款、售后、物流等是否便利；营销沟通更多针对电子商务，当我确定购买某一品牌产品时，我是否能够与客服进行友好的沟通；感知风险，即在传播或购买行为中有无风险或风险是否可承受，购买的产品是否真的适合我，产品质量、规格是否符合我的预期想象，在购买过程中是否会发生意外等。在以上几个或多个条件都满足时，消费者可能才会做出进一步行为。

二、新媒体广告接受行为的分析

1. 数据采集研究的设计与验证

- 研究方法

我们主要采用定性与定量相结合的研究方法，以定量研究为主、定性研究为辅。在相关文献整理分析的基础上，构建相应的新媒体广告传播接受行为理论模型，在理论模型基础上进一步展开研究。结合新媒体广告的分类（"信息邂逅"互动式新媒体广告与"搜索满足"主动式新媒体广告）与新媒体广告传播接受行为理论模型设计问卷，并在网络上进行分发调研。调研问卷数据使用spss17.0软件进行分析，得出相应结果。通过对数据的统计分析再对理论模型进行微调整。

- 研究对象

研究对象为新媒体广告传播中的受众，即受众对新媒体广告的接受行为过程。而新媒体广告的受众主要指活跃在网络上的广大网民，而互联网用户又以中青年为主，因而本文调查对象以青年网民为主，年龄分布应集中在18至30岁。

- 问卷设计与调查实施

根据新媒体广告的含义分类与新媒体广告传播接受模型，问卷中的问题均为封闭式问题，根据问题的具体情况，采用了多个量表，分别测量受众对新媒体广告的态度、受众对新媒体广告产生兴趣的情况、受众对新媒体广告进行了解的情况、受众对新媒体广告发生行为的情况、新媒体广告信息对受众的影响情况、受众网购的影响因素等。问卷主要分为三部分，第一部分主要是针对"信息邂逅"互动式新媒体广告，第二部分主要是针对"搜索满足"主动式新媒体广告，第三部分则是被调查者的个人相关信息。问卷设计完成后进行了预调研，并根据反馈进行了问卷的调整优化。为扩大问卷的区域范围，问卷通过线上线下进行了发放与数据采集。问卷回收率与有效率均为100%，问卷总数为313份。

- 问卷信度与效度分析

本文数据分析软件为spss17.0，信度分析选用的是spss中的可靠性分析，采用学术界较为认可的Cronbach's Alpha值进行检测，克隆巴赫系数小于0.3是不可信的，0.3～0.4是勉强可信，0.4～0.5代表稍微可信，0.5～0.7代表可信，0.7～0.9代表很可信，大于0.9代表十分可信。一般认为，Cronbach's Alpha值大于0.6就是可信的，问卷信度是有保障的。

问卷信度分析结果如表3-1所示。

表 3-1　问卷信度检验

总 变 量	变 量 细 分	修正后题项总相关系数	删除题项后Cronbach's Alpha 值	总变量Cronbach's Alpha 值
"信息邂逅"互动式新媒体广告接触率	文字链接广告	0.474	0.758	0.780
	动态广告	0.460	0.760	
	弹出广告	0.503	0.753	
	社区广告	0.483	0.756	

（续　表）

总变量	变量细分	修正后题项总相关系数	删除题项后Cronbach's Alpha 值	总变量Cronbach's Alpha 值
"信息邂逅"互动式新媒体广告接触率	电子邮件广告	0.606	0.732	0.780
	互动游戏广告	0.453	0.765	
	病毒式广告	0.571	0.738	
"信息邂逅"互动式新媒体广告态度	文字链接广告	0.354	0.691	0.709
	动态广告	0.462	0.667	
	弹出广告	0.408	0.680	
	社区广告	0.503	0.660	
	电子邮件广告	0.382	0.685	
	互动游戏广告	0.467	0.664	
	病毒式广告	0.417	0.685	
"信息邂逅"互动式新媒体广告兴趣认知影响因素	广告信息有用性	0.506	0.742	0.771
	广告内容新奇	0.686	0.685	
	广告形式	0.622	0.702	
	广告信息吸引力	0.469	0.759	
	广告内容互动	0.461	0.757	
新媒体广告情感影响因素	广告内容	0.709	0.827	0.863
	信息需求	0.759	0.805	
	广告理念	0.756	0.808	
	广告风格	0.626	0.859	
新媒体广告行为影响因素	兴趣需求	0.520	0.819	0.829
	形象品位	0.598	0.801	
	便利性	0.639	0.793	
	成本	0.669	0.787	
	风险	0.602	0.800	
	沟通	0.577	0.806	

（续 表）

总变量	变量细分	修正后题项总相关系数	删除题项后Cronbach's Alpha 值	总变量Cronbach's Alpha 值
"搜索满足"主动式新媒体广告情感影响因素	信息有用	0.535	0.763	0.791
	信息可信	0.538	0.762	
	品牌理念文化	0.702	0.715	
	品牌网站风格	0.527	0.767	
	品牌广告风格	0.573	0.751	
"搜索满足"主动式新媒体广告网购影响因素	形象品位	0.601	0.755	0.799
	便利性	0.603	0.754	
	价格	0.624	0.753	
	风险	0.546	0.772	
	沟通	0.554	0.772	

由上表可知，各个变量的 Cronbach's Alpha 值都大于 0.6，且 80%都大于 0.7，因而问卷的信度是有保障的。修正后题项的相关系数也基本大于 0.4，而且每个题项删除后 Cronbach's Alpha 值均小于改善之前 Cronbach's alpha 值，表示题项删除后问卷可信度没有删除之前高，表明问卷信度是较好的，所以该问卷具有较高信度，因而问卷数据统计分析结果是可信的。

本问卷主要测试受众新媒体广告接受行为中影响因素，各影响因素之间的相关性则充分体现了问卷的效度，因而研究中我们运用 spss 中因子分析进行结构效度的验证，进行 KMO 系数测试并进行 Bartlett 球形检验。一般而言，KMO 值越大越好，一般大于 0.7 表示相关性较好，问卷效度较高。而 Bartlett 球形检验则主要关注相关系数的不同，若显著则相关系数满足要求。

表 3 - 2　问卷效度检验

总　变　量	KMO	Bartlett 球形检验		
		近似卡方	自由度	显著性
"信息邂逅"互动式新媒体广告态度	0.701	411.677	21	.000
"信息邂逅"互动式新媒体广告兴趣认知影响因素	0.711	540.164	10	.000
新媒体广告情感影响因素	0.794	607.772	6	.000
新媒体广告行为影响因素	0.763	741.549	15	.000
"搜索满足"主动式新媒体广告情感影响因素	0.719	511.296	10	.000
"搜索满足"主动式新媒体广告网购影响因素	0.782	287.785	10	.000

由上表可知，各变量的 KMO 值均大于 0.7，Bartlett 球形检验也是显著的，所以，问卷的效度是较高的，问卷数据分析结果也是有效的。

信度与效度检验结果表明，本问卷的信度与效度都是较高的，本问卷的所有数据都是真实可靠的，因而得出的分析结果也是可信有效的，同时保留所有问卷问题选项。

2. 数据呈现与分析

● 被调查者基本信息

本次调研样本量为 313，主要针对被调查者性别、年龄、文化程度、居住地、职业、收入以及网龄进行了调查，主要信息统计如下：本次调研男性为 144 人，占 46%，女性为 169 人，占 54%，总数为 313 人。总体而言，男女比例比较平衡，排除了性别比失衡所导致的结果不准确。因本研究是新媒体广告传播接受行为，所以调研对象主要为中青年，而样本年龄分布也较为集中，30 岁以下有 306 人，占 97.8%。本次调研样本文化程度较为集中，多为大专、本科及以上学历，高中以下仅有 8 人，大专、本科及以上有 305 人，具有一定文化水平的被调查者在进行问卷作答时更能理解题目，其所填答案信度与效度也较高。被调查者有 225 人居住地为地级市以上城市，占 71.9%，县级城市有 40 人，城镇及农村有 48 人，这与被调查者多为青年人且学生占有很大部分相关。我们知道，电子商务在地级以上城市较为发达，因而样本超过 80% 被调查者居住地为县级以上城市，这正符合本研究对"搜索满足"式新媒广告研究的需要。样本中有 197 人是学生，一方面学生是互联网的主要使用者，另一方面，学生有更多时间进行问卷填写，因而学生填写数据是更为真实可靠的。样本中 32% 的调查者是从事公务员、文教工作者、企业管理者、公司职员、普通工人、农民等工作，职业分布较为广泛，增加了本次调研的可靠性与有效性。由于本次样本中学生占有很大比重，所以月收入低于 1 000 元的占有较大比重，而 1 001～2 000 元、2 001～3 000 元、3 001～4 000 元、4 001 元以上分布则较为平均，分别为 11.8%、11.8%、9.6%、11.5%。本次样本总数 313，有 293 人网龄为 3 年以上，占 93.61%，网龄较长的人对互联网接触更多、了解更深，新媒体广告受众正是此类网民，因而样本其正符合调研需求，具有代表性。

● 受众对"信息邂逅"互动式新媒体广告认知情况较好

本次调研选取其中具有代表性的文字链接广告、动态广告、弹出广告、社区广告、电子邮件广告、互动游戏广告与病毒式广告进行调研。对这七个类别广告的了解情况及认知情况进行了问题设计，主要检测受众接触新媒体广告的情况，调研结果显示，弹出广告接触人数有 259 人，占 82.75%，紧接其后的是动态广告和文字链接广告，接触人数分别有 253 人、252 人，占 80.83%、

80.51%，其次是电子邮件广告和社区广告，分别有 244 人、229 人接触过，接触率为 77.96% 和 73.16%。接触率较低的两类广告是互动游戏广告和病毒式广告，分别为 52.08% 和 55.27%。

互动游戏广告接触率较低是因为被调查者中有相当一部分人是不玩游戏或对游戏不甚了解，所以互动游戏广告接触率与认知率相对较低。病毒式广告接触率相对较低由于很多人接触到而并不知道，因为所谓病毒式广告就是在人不知不觉的情况下接触到广告却并不觉得它是广告，所以其认知率相对较低也是可以解释。弹出广告接触认知率最高，显而易见，弹出广告给受众的冲击感最强，最易察觉。文字链接广告、动态广告是大家在浏览网页时常会碰到的，电子邮件广告也是非常常见的广告形式，有时会招致受众的反感，笔者就经常收到各类电子邮件广告，好在邮箱有拒收功能，可以将此类广告屏蔽掉。社区广告是近年崛起的广告形式，其作用正在被开发中，现在随处可见社区广告，微博、人人、天涯等社区更是有不少此类广告。

● 受众对不同类别"信息邂逅"互动式新媒体广告态度有较大差异

受众对"信息邂逅"互动式新媒体广告的态度选用了量表进行测量，主要分为 5 个选项，完全不能接受、比较不能接受、无所谓、比较能接受、非常能接受，分别赋予分值 1 分、2 分、3 分、4 分、5 分，此外本量表还添加了一个选项"不知道"，该选项视为数据缺失，不计入最后统计结果。

本问题主要运用均值进行分析，最终均值越大代表受众对于该广告类型越能接受越为认可。从最后得出结果（见表 3 - 3）可以看出：① 文字链接广告、社区广告的均值超过 3，代表受众对于这两

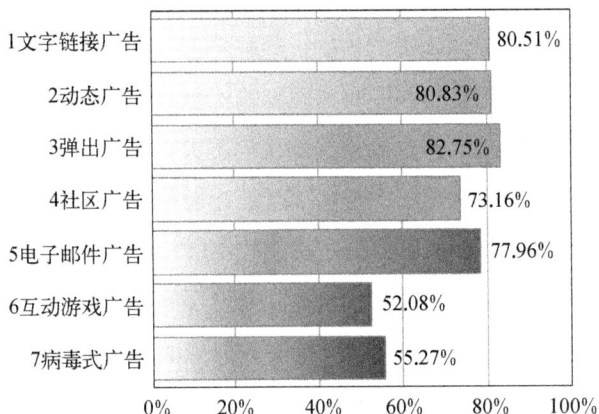

图 3 - 6 广告接触率

类广告"比较能接受"；② 动态广告、电子邮件广告、互动游戏广告均值在 2.5～3.0 之间，受众对这三类广告持无所谓态度；③ 病毒式广告和弹出广告的均值分别为 2.00 和 1.95，表示受众比较不能接受这两类广告。

表 3 - 3 邂逅式新媒体广告的态度

	均值	程度选项-人次					
		完全不能接受(1分)	比较不能接受(2分)	无所谓(3分)	比较能接受(4分)	非常能接受(5分)	不知道(缺失)
文字链接广告	3.31	15	49	109	100	37	3
社区广告	3.18	19	48	126	91	25	4
动态广告	2.96	23	96	79	93	19	3
电子邮件广告	2.70	49	94	91	54	22	3
互动游戏广告	2.55	69	75	75	52	16	26
病毒式广告	2.00	171	30	33	38	21	20
弹出广告	1.95	120	129	29	27	7	1

由于文字链接广告与社区广告对受众网络行为影响较小，所以受众是比较能接受这两类广告的；动态广告的动态与画面感等对受众有一定影响，但是其并没有实质影响到受众的网络行为，电子邮件广告和互动游戏广告对受众影响也均不大，所以受众对此两类广告持无所谓态度；病毒式广告名字可能让被调查者望而生畏，加之受众对其了解较少，所以受众对其比较不能接受；弹出广告影响到了网民的网络生活，所以其分值最低毫无疑问，受众对弹出广告基本是不能接受的，但弹出广告的传播效果虽消极却能让受众印象深刻，在广告研究中，这种类型的广告处于进退两难的境地，现如今消费者信息接收量极大的情况下，部分人认为让消费者记住才是最关键的，声望、美誉度在知名度建立之后再塑造，其实，笔者认为如果将此类广告做得创意十足，那消费者对其反感也会降低，这样既可以提高知名度，同时也可以建立维系美誉度，那才是真的有意义有价值。

● 受众对"信息邂逅"互动式新媒体广告兴趣倾向有较大差异

受众对"信息邂逅"互动式新媒体广告的兴趣因素选用了量表进行测量，问题为"以下几种情况下，您是否容易对新媒体广告（包括文字链接广告、动态广告、弹出广告、社区广告、电子邮件广告、游戏广告、病毒式广告）产生兴趣"，其每个维度测量均分为5个选项，完全不会、比较不容易、一般、比较容易、非常容易，分别赋予分值1分、2分、3分、4分、5分。其具体统计结果如下：

结合新媒体广告传播接受行为模型，受众在对新媒体广告产生兴趣与认知时有两大影响因素，即"信息有用性""信息趣味性"，该问题主要围绕该两个影响因素展开，广告信息直接有用、广告中有降价中奖等信息、广告有互动内容均属于信息有用性，而广告内容新奇有趣、广告形式有吸引力则属于信息趣味性。分值越高，表明此类信息越容易引起消费者的关注与兴趣，越能刺激消费者的需求。由表3-4可以看出，广告内容新奇有趣、广告形式有吸引力分值较高，分别为3.66与3.48，由此可见在吸引消费者兴趣之时，"信息趣味性"影响较大。而"信息有用性"影响相对较小，广告信息直接有用分值为3.39，表明受众对其感觉一般，而广告中有降价中奖等消息、广告有互动内容，分值更低，分别为2.69与2.75，均在2.5～3.5之间。

表3-4 邂逅式新媒体广告的兴趣

	均值	程度选项-人次				
		完全不会（1分）	比较不容易（2分）	一般（3分）	比较容易（4分）	非常容易（5分）
广告信息直接、有用	3.39	25	48	52	157	31
广告内容新奇、有趣	3.66	15	32	47	168	51
广告形式有吸引力	3.48	23	45	54	141	50
广告中有降价、中奖等信息	2.69	61	99	58	67	28
广告有互动内容	2.75	44	92	90	71	16

- "信息邂逅"互动式新媒体广告情感倾向较为积极

受众对"信息邂逅"互动式新媒体广告的情感倾向选用了量表进行测量，问题为"当您对广告信息产生兴趣与相应认知后，以下几种情况下您是否会进一步了解广告中品牌或产品内容"，其每个维度测量均为5个选项，完全不会、比较不容易、一般、比较容易、非常容易，分别赋予分值1分、2分、3分、4分、5分。其具体统计结果（见表3-5）。

表 3 - 5　邂逅式新媒体广告的情感倾向

	均值	程度选项-人次				
		完全不会 （1分）	比较不容易 （2分）	一般 （3分）	比较容易 （4分）	非常容易 （5分）
广告内容引发共鸣	3.42	26	43	50	163	31
广告信息与需求相符合	3.76	13	35	33	166	66
广告信息与生活理念、价值观相符	3.61	11	37	61	159	45
广告风格是所喜欢的	3.54	15	42	61	150	45

　　该量表与上题量表紧密相关，兴趣倾向产生受众才会进一步了解广告，进而因广告中某些因素产生一定情感，进而会搜索了解广告中品牌或产品，因而此题主要测量受众对广告产生情感引发进一步行为的影响因素，以理论模型"兴趣需求"与"自我概念"为中心展开。由表 3 - 5 可以看出，"广告信息与需求相符"、"广告信息与生活理念价值观相符"、"广告风格喜欢"等三个维度的分值超过 3.5，表明当广告内容含有以上信息时受众比较容易对品牌产生情感并采取进一步行动，广告内容引发共鸣分值为 3.42，其影响相对低一些。由此可见，广告内容与受众兴趣需求相关、与受众生活理念相一致时，受众更容易对广告产生情感，并可能采取进一步了解的行动，主动进行相关信息搜索了解品牌产品。

　　● 受众接受"信息邂逅"互动式新媒体广告行为中相关因素影响程度不同

　　受众对"信息邂逅"互动式新媒体广告的行为意向选用了量表进行测量，问题为"当您对广告中的品牌或产品有一定的情感倾向后，以下几种情况是否会促使您分享传播广告或购买广告中品牌产品"，其每个维度测量均分为 5 个选项，完全不会、比较不容易、一般、比较容易、非常容易，分别赋予分值 1 分、2 分、3 分、4 分、5 分。其具体统计结果见表 3 - 6。

表 3 - 6 邂逅式新媒体广告接受的关联因素

	均值	程度选项-人次				
		完全不会（1 分）	比较不容易（2 分）	一般（3 分）	比较容易（4 分）	非常容易（5 分）
对广告或广告产品有兴趣有需求	3.45	24	43	54	152	40
广告或品牌产品与形象品位相符	3.35	17	51	73	149	23
传播或购买是非常方便的	3.10	19	67	104	109	14
传播或购买品牌产品成本可接受	3.29	17	53	85	138	20
传播或购品牌产品风险可承受	2.93	29	80	105	83	16
与品牌客服代表沟通良好	2.92	37	75	100	78	23

该量表主要测量消费者的行为意向，包括传播和购买两个方面，结合本研究理论研究模型，在情感-行为过程中的影响因素主要有个人需求、公众形象、便利条件、营销沟通、感知风险和经济成本等，受众在对广告产生兴趣→通过了解品牌发现符合自己需求与价值观相符→对品牌产生好感感→产生进一步购买或传播行为这一系列行为过程中，影响因素众多，在产生行为意向时，消费者内心的考虑因素是比较多的，本量表主要测量各因素的影响情况。由表 3 - 6 可知，对广告或产品有兴趣需求、广告或产品与形象品位相符、成本可接受、传播购买方便等因素影响较大，其分值分别为 3.45、3.35、3.29、3.10，而紧接其后的是风险可承受 2.93、与品牌客服沟通良好 2.92。由此可见，个人需求、公众形象、经济成

本、便利条件对于受众传播和购买行为影响较大，而感知风险和营销沟通对受众影响较小。在受众对品牌已经有一定情感之后，其对品牌信任度提升，风险与营销沟通对其行为影响也自然相对降低了。

● 受众倾向于主动搜索其有兴趣的品牌、广告与产品信息

消费者在看到"信息邂逅"式新媒体广告或生活中对某一品牌或产品产生认知、兴趣，其是否会主动进行相关信息搜索呢？此问题的结果直接影响到"搜索满足"式新媒体广告的未来发展。因而，本次调研设置了"当您对某一品牌或产品有兴趣时，您是否会主动进行相关信息搜索？"一问题对此进行检测，结果显示（见图3-7），有82.43%的被调查者会主动进行相关信息搜索，由此可见，"搜索满足"主动式新媒体广告

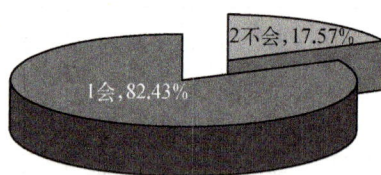

图3-7　广告搜索的主动率

有相当大的市场，我们知道被动接受信息的记忆程度是很低的，而主动搜索到的信息对我们的影响则是较大的，显然，"搜索满足"式广告富有深厚的受众基础。

● 受众对"搜索满足"主动式新媒体广告情感倾向较为积极

受众对"搜索满足"主动式新媒体广告的情感倾向选用了量表进行测量，问题为"对于您主动搜索到的品牌或产品信息，以下几种情况您是否容易加深对其好感"，其每个维度测量均分为5个选项，完全不会、比较不容易、一般、比较容易、非常容易，分别赋予分值1分、2分、3分、4分、5分。另外，为保证问卷的效度，本题设置了跳转逻辑，即不会主动搜索信息的被调查者直接会跳过

此题，具体统计结果见表3－7。

表3－7　"搜索满足"式广告的倾向性

	均值	程度选项-人次					
		完全不会（1分）	比较不容易（2分）	一般（3分）	比较容易（4分）	非常容易（5分）	跳过
搜索到的信息有用	3.77	9	22	28	160	39	55
搜索到的信息可信	3.83	2	22	34	159	41	55
品牌理念文化相符合	3.78	2	15	60	143	38	55
品牌网站风格喜欢	3.35	10	41	76	111	20	55
品牌广告风格喜欢	3.42	8	41	67	119	23	55

由表3－7可以看出，搜索到的信息可信是受众最为看重的，分值为3.83，其次品牌理念文化与受众相符合、信息有用分值也较高，分别为3.78、3.77，品牌广告风格与品牌网站风格也会影响到受众对品牌的好感，其分值分别为3.42、3.35。由此可见，搜索满足式新媒体广告应注重信息的真实性有用性，同时品牌应构建自己的理念文化，有自己的风格，这样才能吸引更多的受众，提升品牌的美誉度。

● 受众接受"搜索满足"主动式新媒体广告行为中相关因素影响显著

"搜索满足"主动式新媒体广告包含了电子商务平台广告，其作用与效果更为明显，因而本次调研对网购进行了单独调查，主要针对网购人群进行了分析。首先对样本进行了筛选，样本中最近三个月网上购物次数超过 3 次的有 192 人,占 61.34%,剩下的 121 人只有 2 次以下的购物经历。最近 3 个月网购次数超过 3 次的人表明其对网购较为了解,因而对只有 2 次以下网购经历的 121 人设置了跳转逻辑,他们没有参与网购影响因素的调研。受众对"搜索满足"主动式新媒体广告的行为意向——网购选用了量表进行测量,问题为"以下几种情况是否容易促成您网上消费",其每个维度测量均分为 5 个选项,完全不会、比较不容易、一般、比较容易、非常容易,分别赋予分值 1 分、2 分、3 分、4 分、5 分。为保证问卷的效度,本题设置了跳转逻辑,121 位被调查者直接会跳过此题,具体统计结果见表 3-8。

表 3-8　"搜索满足"式广告的关联因素

	均值	程度选项-人次					
		完全不会(1分)	比较不容易(2分)	一般(3分)	比较容易(4分)	非常容易(5分)	跳过
品牌产品符合形象与品位	3.76	9	15	27	104	37	121
购买品牌产品方便	3.76	9	16	21	113	33	121
品牌产品价格在可接受范围	4.02	5	4	17	122	44	121
购买品牌产品风险可以承受	3.63	4	17	49	99	23	121
与品牌客服沟通快捷方便	3.48	9	25	48	85	25	121

由表 3-8 可以看出,产品价格是受众最为重视的因素,其分值超过 4,表明品牌产品价格是影响网购的非常重要因素。而品牌产品符合受众形象品位、购买产品方便、购买产品风险可承受分值也

分别为 3.76、3.76、3.63，表明这几个因素对于促成消费者网上购物也有较大作用。与品牌客服沟通分值相对其他几个因素较低，为 3.48。由此可见，网上购物中价格影响最大，其次产品符合消费者形象品位、购买产品方便（包括付款程序以及物流等方面）、购买产品风险（包括产品质量、规格等方面）影响也较大，与品牌客服进行交流影响相对较小。当网购品牌产品在价格、便利条件、风险方面都符合消费者预期之时，自然对于客服交流的要求降低，所以与品牌客服交流的影响较小。

三、新媒体广告接受行为的启迪

通过对样本数据的分析，对于新媒体广告传播接受行为我们可以得出以下几方面启迪性的结论：

1. 受众对"信息邂逅"式新媒体广告认知与接触情况较好

有 50% 以上网民接触过信息邂逅式新媒体广告。弹出广告、动态广告和文字链接广告认知接触率在 70% 以上，互动游戏广告和病毒式广告相对较低，但也在 50% 以上。

2. 受众对"信息邂逅"式新媒体广告态度有一定差异

总体而言受众更容易接受互联网体验影响较小的广告，对于互联网体验影响较大的广告受众相对难以接受。文字链接广告、社区广告、动态广告、电子邮件广告、互动游戏广告受众相对可以接受，病毒式广告和弹出广告受众比较不能接受。

3. "信息邂逅"式新媒体广告的信息趣味性更容易吸引受众

"信息邂逅"式新媒体广告的信息趣味性更容易吸引受众，而信息有用性影响相对一般；当广告信息与受众兴趣需求、生活

理念相符时，受众易对广告品牌产品产生好感，并会进行进一步
了解品牌；当品牌产品满足受众兴趣需求、符合受众形象、产品
成本可接受、传播购买产品较为方便时消费者会发生购买传播的
行为。

4. 当受众对广告、品牌或品牌产品有兴趣时，受众会主动进行
信息检索

82.43%的被调查者有搜索主动式新媒体广告的行为。"搜索
满足"主动式新媒体广告更容易被受众接受，但受众比较看重"搜
索满足"主动式新媒体广告的可信度、品牌理念文化、品牌风格等
因素。

5. 网购的消费行为受多重信息影响

网购的影响因素主要有产品价格、产品符合受众形象、购买产
品便利性条件、购买产品风险可承受等几个因素。

第三节　接受行为对于新媒体
广告的导向

郭庆光曾经对人类社会传播的特点归纳出五点，即：社会传播
是一种信息共享活动；是在一定社会关系中进行的、又是一定社会
关系的体现；是一种双向的社会互动行为；传受双方必须要有共通
的意义空间；传播是一种行为、一种过程、一种系统。①新媒体广
告作为一种典型的传播，其受众无疑既是新媒体广告传播的出发

---

① 　郭庆光. 传播学教程[M]. 北京. 中国人民大学出版社, 1999. 5-6.

点，同时又是新媒体广告传播的信息归宿点。因传播由受众导向所决定，新媒体广告受众的接受行为无疑是一切新媒体广告的出发点与传播过程展开的核心依据。

一、从"读报"到"读屏"

如果说传统广告是由 19 世纪报纸媒体的诞生而正式成为一个成熟的行业，那么新媒体广告的兴盛无疑则是由互联网兴起而予以标志的。几乎是在 2010 年前后数年间，人们一报在手的阅读习惯，已经让位"一屏在眼前"的现实。这里的"屏"，可以具体为手机屏、电脑屏、电视屏。

新媒体发展给传媒格局带来剧烈冲击，首当其冲的便是传统报业。一方面报纸经营成本持续上升，另一方面读者群迅速萎缩，以广告为主要支柱的单一盈利模式已面临严峻挑战。虽然社会商业信息传播需求快速增长，但是由于消费趋势的个性化要求，企业营销也向个性化、多元化和细分化方向发展。特别是新的媒体业态出现后，对年轻群体的分流速度惊人，且分流量巨大，传统报业出现滑坡已成不可逆转态势。报纸需要读者，报业广告需要受众，而随着受众群的"新媒体化"，消费主力人群阅读习惯的"新媒体化"，报纸的广告市场不断萎缩、广告收入大幅下滑。

虽然报纸媒体也努力进行经营方式的变革，如主办或协办媒介活动，以获得更多的新闻传播源，同时加大具有吸引力的"软文"传播服务。但媒介活动是受行业主体、注意力资源限制的，一旦泛化就缺乏了传播价值。而"软文"传播服务，广告主们无疑最关心其价格。广告主们认为，媒体给出的软文报价太高了，而且媒体运作软文的方式也过于复杂，再一次抬高了软文推广的成本；相对性价比更高的网络信息推送，也缺乏应用的竞争力。

世界媒体趋势报告，统计了 70 多个国家的每日报纸发行量，已经从 2008 年的 5.37 亿份，下滑至 2012 年的 5.3 亿份。2008 年以来，美国的每日报纸发行量，已经大幅下滑了 15%，跌至 4 100 万份，与此同时，广告收入更是大幅缩水了 42%。而欧洲报纸的发行量和广告收入，均下滑了 25% 左右。

在中国媒体市场，电视媒体仍处主导地位。其得益于庞大的观众群，2013 年中国电视广告花费达到 2 200 亿元人民币，占所有广告花费的 51%。不过我们所需正视的是，电视的信息接受，已经不仅仅是电视屏前的接受，而开始更多地转移到在线点播上，即转移到电脑与手机屏上。而面对已达 6 亿的网民，近年的互联网广告增幅持续保持在 30%～36%。其中，网络视频保持了良好的发展态势，在国内几乎所有高品质电视节目在视频网站中都可看到，并渐渐有攫取电视媒体份额的势头。数据还显示。截至 2012 年底，手机网民规模达到 4.2 亿，手机用户中的 3G 用户规模达到 2.3 亿，较 2011 年增长了 81.3%。移动互联网的普及，使品牌传播与品牌体验不再泾渭分明，品牌传播、体验与销售已经交织成一张网。

2013 年的一项调查结果显示，80% 的受访者在睡觉时会将手机放在伸手可及的范围之内；73% 的受访者每天通过手机闹铃起床；95% 的受访者在入睡前平均要使用手机一个小时，并因此推迟了入睡时间；且绝大部分智能手机用户们睡前都忙于在微博或者微信上收发各类信息。曾经的睡前"独处"时刻，现在变成了"社交"时刻。有了智能手机的加入，线下的世界和互联网世界得以打通，其中 73% 的受访者扫描过 QR 码，50% 的受访者会通过智能手机与电视节目进行互动。①当手机屏作为网络的移动终端，让受众随时随地地自由接受信息，且自由、互动性地与世界沟通，这种不可逆转的"读屏"接受趋势，无疑将决定性地影响新媒体广告的传播。

二、接受行为的质化导向

"质化"是相对"量化"而言，强调研究者深入到社会现象之中，通过亲身体验了解研究对象，并依据所搜集到的各种资料来做出总体判断的思维方法。质化研究方法论学者陈向明曾写道："质的研究是以研究者本人作为研究工具，在自然情境下采用多种资料收集方法对社会现象进行整体性探究，使用归纳法分析资料和形成理论，通过与研究对象互动对其行为和意义建构获得解释性理解的一种活动。"②基于这一质化的方法，我们对受众新媒体广告接受行为完全可以进行整体性的认识。

如我们通过观察可以看到，一个普通的上班一族，他每天从起床到休息，几乎时时陷于媒体的碎片化的包围中，如图 3 - 8。

早晨起床后，手机一开机，短信、微信就接踵而至，并呈全天候互动状态；

出门上班，走出住宅小区，顺手购买的就是"都市晨报"类的报纸；

在地铁、公共汽车、或私家车上，广播、车载电视、车体广告、路旁广告等信息则不断作用于你；

---

① 中国广告协会.智能手机已成为国人新的"另一半"[J].广告动态，2013(6).
② 陈向明.质的研究方法与社会科学研究[M].北京：教育科学出版社，2000：12.

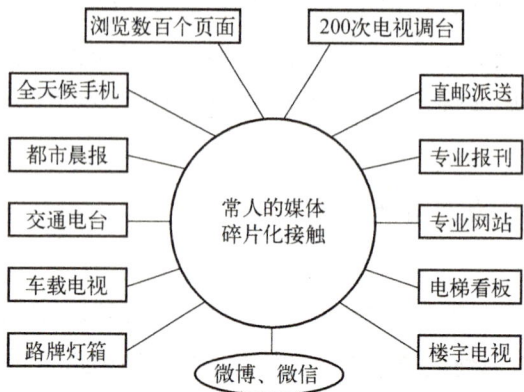

图 3-8　常人的媒体碎片化接触

进入写字楼宇，楼宇电视、电梯看板等又扑入眼帘；

而在办公桌前坐下，单位文件、专业报刊、专业网站、直邮派送来的资讯则会大量涌来；

晚上下班回家，几百次的电视调台、数百个网页的浏览又在等待着你；

而且在整个清醒着的时候，这个上班族还总是通过手机终端不断浏览或发布微博；

……

显然这就是现代普通上班族已经呈现"碎片化"的媒体接触，也成为传播过剩、接受过剩的信息社会的基本写照。由于受众对于媒体接触的碎片化，其接受的信息也自然纷繁杂乱。美国学者戴维·申克在《信息烟尘：在信息爆炸中求生存》中对这种信息超载的现象阐述道："说到信息，人们会发现，好东西带来的后果往往无法预料。当输入达到某个程度，收益递减法则就开始起作用了；信息过剩一旦发生，信息就不再对生活质量有所帮助，反而开始制造生活压力和混乱，甚至无知。如果信息超出人类的承受能力，它就会破坏我们自我学习的能力，使作为消费者的我们更容易受到侵害，使作为共同体的我们更缺乏凝聚力。这种状况使大多数人控制生活的能力一点点削弱；但那些已经大权在握的人其地位却更加稳固了。……尽管信息革命创造了诸多奇迹，但是一股黑压压的'信息烟尘'已经飘了过来。"在这一"信息烟尘"背景下，社会大众接触的是高度碎片化的媒体，且新媒体的比重越来越大。

如今，在地铁上、公交车上、火车上，甚至飞机起飞前的空隙，还有在排队等候的队伍中、会场上、教室里，抬眼看去，大多数的人们几乎都在手机上网，却极少还拿着报纸阅读。而流行的"拍一拍"、"摇一摇"、"扫一扫"，则更成为时尚的信息接受方式。

更让人们已经司空见惯的现象则是那大街小巷、小区门前、单元楼下的各个快递公司的派送员，他们将真正属于长尾市场的各类"宝贝"一一送到无数的"亲"们手中。而每件"宝贝"的成交，无疑均来自新媒体上的"宝贝"搜索、网店店主与"亲"的有效沟通。

据悉，一家名叫 ThirdLove 的服装品牌公司开发出了一项新的技术：让女性在家里借助 iPhone 和镜子，从正面和侧面各拍一张穿着合适内衣和胸罩的照片，如此即能完成对自己身材的测量，找到合适的内衣，省却线下试穿、线上搜索的麻烦。相对应，在街上或电视等地方看到漂亮衣服，用手机拍下照片来，就能立刻在购物网站搜到同款图片并进行购买。过去，"扫一扫"成为人们的口头禅，在购物领域也应用广泛，如扫二维码买特定商品，线下扫商品条码线上购买等。但这种可视化图片搜索，其操作步骤更为简单，对着想搜索的物件拍照，然后界面就出现了找同款字样，点击即进行搜索。据了解，拍购 APP 已经实现了与各淘宝、天猫等平台和移动支付平台的对接，拍购 APP 目前的用户数日均增长达 70% 左右。显然，这种基于对用户购物行为的分析选择图片搜索之路，不能不引起商家的重视。

当这些已蔚然成潮的新媒体接受行为，每一天均在自己的眼前出现，并直接或间接地关联于广告主的商品开发、品牌传播，相信每个广告主都已形成了重视新媒体广告的质化判断。

三、接受行为的量化导向

在社会学家的眼中，"任何存在的事物都是可以测量的"，因为任何事物均是变化的，变化就有"变量"，而只要变量存在，测量就可以进行。[①]正是基于如此的理念，就有了量化的研究方法。但时至互联网发展已经 30 余年的今天，量化的研究方法已经不限于分组实验、抽样调查基础上的数据统计与分析，而是通过数据挖掘来形成更为科学、准确的量化统计分析。这就是所谓的"大数据"。

最早提出大数据时代到来的是麦肯锡："数据，已经渗透到当今每一个行业和业务职能领域，成为重要的生产因素。人们对于海量数据的挖掘和运用，预示着新一波生产率增长和消费者盈余浪潮的到来。"而学者们更是明确地指出："这是当今社会所独有的一种新型的能力：以一种前所未有的方式，通过对海量数据进行分

---

① ［美］艾尔·巴比.社会研究方法（上）［M］.北京：华夏出版社，2000：149.

析，获得有巨大价值的产品和服务，或深刻的洞见。"①相对于传统的量化研究仅仅是利用一小部分数据，那么"大数据"挖掘、利用的则是互联网上以及数据库中大覆盖、大跨度的海量数据信息。其无疑更为科学、准确、富有价值。

大数据的利用，是按实践、理论、技术三个维度展开的，见图 3-9。

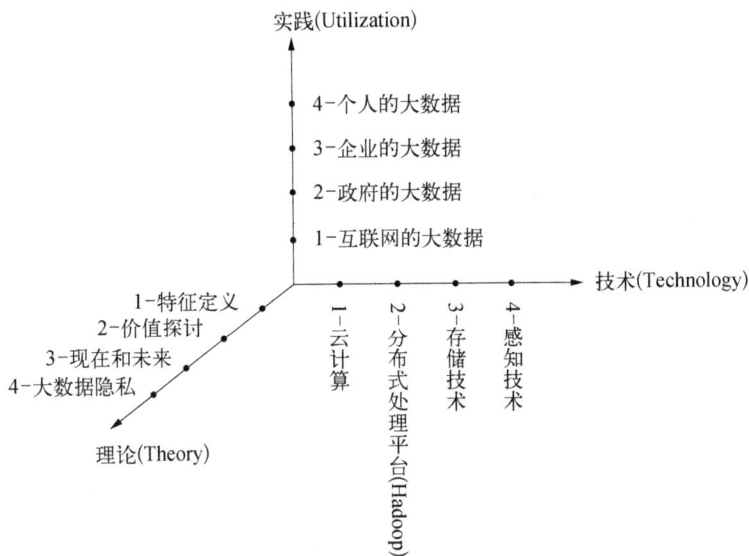

图 3-9 大数据三维度图

随着数据仓库、数据安全、数据分析、数据挖掘等技术的不断完善，大数据为企业带来良好的投资回报率，为企业业务贡献商业价值。而新媒体广告上的表现更为明显，依托海量的数据资源进行挖掘和分析，可在最大程度上帮助广告主进行精准有效地广告投

① ［英］维克托·迈尔-舍恩伯格.大数据时代［M］.杭州：浙江人民出版社，2013：4.

放。IDC 报告显示，预计到 2020 年全球数据总量将超过 40 ZB（相当于 4 万亿 GB），这一数据量是 2011 年的 22 倍。在过去几年，全球的数据量以每年 58% 的速度增长，在未来这个速度会更快。2013年，业界认为应是"大数据的元年"，因为已经有"秒针"、"中科曙光"等本土大数据公司，利用大数据存储和计算技术，帮助企业解决营销、商业、数据计算等问题。

利用大数据来分析客户的信息接触行为、购买倾向，就能有效地针对性地进行新媒体广告，从而实现精准营销。比如亚马逊的推荐系统可以根据客户浏览信息，找到产品的相关性，并快速做出推荐。而美国的"推特"（Twitter），上亿用户每日发送数亿的微博，拥有海量的数据，Twitter 与其他公司达成了协议，该公司通过对微博进行分析，就可以获得客户的反馈或营销活动效果判断，这显然比公司自己发放调查问卷来获得客户反馈更快、更便捷。可以说，大数据在网络营销领域的主要价值就是通过挖掘整合大数据，实现精准化、个性化的传播与营销。

在国内，拥有大数据实力的"BAT"百度、阿里和腾讯具有各自的数据优势：百度掌握搜索数据，阿里掌握购物及社交数据，腾讯掌握社交及关系数据。"BAT"发力大数据广告与营销，可以通过收集互联网用户的各类数据，如地域分布等属性数据，搜索关键词等即时数据，购物行为、浏览行为等行为数据，以及兴趣爱好、人脉关系等社交数据，可以在广告推送中实现地域定向、需求定向、偏好定向、关系定向等定向方式，实现精准化、个性化营销。阿里巴巴拥有交易数据和信用数据。这两种数据更容易变现，挖掘出商业价值。除此之外阿里巴巴还通过投资等方式掌握了部分社交数据、移动数据。而腾讯拥有用户关系数据和基于此产生的社交数据。这些数据可以分析人们的生活和行为，从里面挖掘出政治、社会、文化、商业、健康等领域的信息，甚至预测未来。

可以说，任何有消费能力的个人，只要在购物、储蓄、出行、通信、上网等消费行为或社会行为，他的个人信息就已经被扩散出去了。当你莫名其妙的接到各种邮件、电话、短信的滋扰时，你不会想到自己的电话号码、邮箱、生日、购买记录、收入水平、家庭住址、亲朋好友等私人信息早就被各种商业机构非法存储或贱卖给其他任何有需要的企业或个人了。而且，这些信息你永远无法删除，它们永远存在于互联网的某个角落，甚至在不断被拷贝。如此，用户隐私问题就成为大数据应用难以绕开的一个问题。如被央视曝光过的分众无线、罗维邓白氏、网易邮箱都涉及侵犯用户隐私。目前，中国并没有专门的法律法规来界定用户隐私，处理相关问题时多采用其他相关法规条例来解释。但随着民众隐私意识的日益增强，合法合规地获取数据、分析数据和应用数据，是进行大数据分析时必须遵循的原则。

第四章

广告主对于搜索满足的信息供给

第一节　由概率性供给走向满足性供给

一、广告覆盖中的概率寄托

1. 无所不在的广告

广告，已如空气一般成为人们难以拒绝与抵挡的一种存在。美国传播学者凯瑟琳曾就对此描述道：除非我们试图将自己封闭在黑暗的屋中，戴上耳机度此一生，以隔绝广播声，避免接触到电视、杂志和报纸，否则我们将完全暴露在广告商的游说之下。甚至那些不订阅报纸的人，当他们从一地赶往另一地时会经过书报摊；而在公交车上、地铁里、飞机上、出租车里或在拜访人家的咖啡桌上，无一例外地会看到随意丢在一边的报纸和杂志。人们更为常见的是为载客小汽车、非食品类零售商品、饭店、麦片粥、航空公司、电影、卡车、小货车、香烟及电话公司所做的广告。[1]有人做了测算，一个大学生在其大学期间已经接触过 50 万条广告；而当下的城市人群，每天则要接触到 2 000 条广告。广告泛滥、广告无所不在，已经是不争的事实。

面对如此庞大、海量的广告，任何广告主心底下无疑发虚：自己的产品、自己的品牌要有多大的投资，才能在这广告的海洋中一现身影、才能让自身的广告身影引发消费者的认可与消费。也正是在这种担忧中，广告 USP 理论、广告创意理论、品牌形象理论、广告定位理论、整合营销理论等才层出不穷，以图尽可能多地让自己的广告吸引消费者的注意力。但其前提依然是：你的广告必须在消费者的注意力关注的范围内存在。

2. 无法企及的"广告覆盖"

于是，广告媒体专家登堂入室，他们提出的是针对目标人群进行广告覆盖。正如杰克·Z.西瑟斯等人所言："媒体必须经过精心挑选才能到达产品的最佳目标受众群。媒介企划者们对传统的媒介不满是因为它们是大众传播媒介，而且在文化变迁的年代，这种大众传播媒介正在被细分。因此，与过去相比，我们必须更加精确地定义市场。"[2]也就是说，广告媒体专家替广告主选择的对策则是瞄准目标人群，针对已经限定了的消费者进行有限定的广告信息覆盖。这就是所谓的"小市场大占有"，即在一个限定的"小市场"上进行广告投放，以期实现广告信息的大覆盖。

"小市场大占有"，从理论上当然不错，但具体实施起来却非

---

① ［美］凯瑟琳·霍尔·贾米森.影响力的互动［M］.北京：北京广播学院出版社，2004：209.
② ［美］杰克·Z.西瑟斯等.广告媒体企划［M］.北京：企业管理出版社，2000：5.

常困难。首先，你的"小"如何界定？是一个城市、一个区域，还是一类人群？而且你理论上的"小"市场，却总是相对的。如美国新泽西、法国马赛、中国武汉，就这样一个普通的地区或城市，如果可视作一个小市场，那么任一广告主有多大的投入来做大"大覆盖"？而面对散布在市场各地的某一类人群，或许也确实是个"小众"市场，但你的广告信息能强而有力地送达到他们面前，做到"大覆盖"吗？这恐怕会让每一个广告主不寒而栗，从而降低自己广告效果的期望值。

3. 信息邂逅的高概率寄托

可以说，广告主理性的广告传播期望值只能是：在广告信息与目标消费者的"信息邂逅"中，能尽可能地提高概率。这就有了评价广告效果的各种指标，如曝光率、到达率、阅读率、视听率、注意率、记忆率、好感度、首位提示度等。由此，广告媒体的投放也就必然围绕着广告高到达率而展开，对于具体进行广告媒体投放的业界人士来说："一旦媒介策划人员给出了目标消费群的定义，随之就是广告时段和广告版面的受众要与目标市场消费群相匹配，就是说要把广告费用放在目标市场的定义相吻合的媒体上面。吻合得越好，广告支出的浪费就越少。"①这里强调的就是"相匹配"、"相吻合"，即希望通过精准的广告投放来实现广告能高概率地与目标消费群实现"信息邂逅"。

在广告界，如何让广告信息均指向特定的受众这乃是最基本的追求。美国广告学者雪莉·贝尔吉就曾经说道："广告商根据受众

---

① ［美］A.M.巴尔班.国际4A广告公司媒介计划精要［M］.广州：广东经济出版社，2005：27 - 28.

需求使他们的信息针对某一个受众群……让每一个主顾的产品与一个十分确定的受众群相匹配，这样一来，每一美元的广告费都不白花。"[①]这里，所强调的是广告信息需要对特定的受众群、亦为消费者群体进行匹配，其间的匹配中介即相应的媒体。其寄托的依然是广告代理商对于广告主的广告信息的高概率到达的心理寄托。但这种寄托却往往是一种无法把握的概率，达彼斯广告公司的董事长瑞夫斯曾经一连转述了两位企业总裁的无奈之叹[②]：

"广告对我来说确实是美国企业一个难解之谜。我可以盘点存货、计算工厂成本、算出税额、测算折旧、决定销售成本得出每股收益。但，曾几何时我每年要在广告上花费 1 800 万美元之巨，却弄不清我到底得到些什么。"

"我知道至少有一半的广告费白花了。我的问题是不知道哪一半浪费了。"

可以说，在传统媒体环境下，类似的无奈感叹几乎是无法回避的。因为对于具体广告主而言，有限的广告投放与庞大的媒体总量、有限的广告信息与海量的信息社会、看得见的广告作品与散布的广告受众，乃是永远的、无法消融的矛盾。

高概率寄托的广告告知，虽然未必起着说服的作用，但却有着独特的信息告知功能，其主要体现为：

首先，是对企业的投资商、经销商的心理产生振奋效应。一则广告，或许消费者视而不见，但投资商、经销商却因为该企业的任何信息均对他们事关重大，他们不可能不关注；而他们关注到所投

---

① ［美］雪莉·贝尔吉.媒介与冲击[M].大连：东北财经大学出版社，2000：267-268.
② ［美］罗瑟·瑞夫斯.实效的广告[M].呼和浩特：内蒙古人民出版社，1998：17.

资、经销的企业产品广告，他们的心底就会形成寄托，仿佛打了强心针；他们的资金保障、经销的底气均发生微妙的变化，并必然体现到市场业绩上来。诚如美国广告学家所说："广告即使不劝说消费者购买何种产品，也可能对消费者能接触到的商品发生影响。"因为，"昂贵、制作精良、熟悉的广告能让投资者们相信，公司十分兴旺发达"；而"如果广告投资能让公司的投资者们高兴，公司的运作资金就有可能源源不断而来。"同样的道理，"可以看得见的消费广告使推销员在公众面前代表公司及其产品时充满信心"，"并把这一信息传递给零售商"；而"只要投资者、推销员和零售商相信广告能影响消费者，广告就能影响产品的市面分布状况，光这一点就能影响消费者的选择。"①可以说，该分析是非常精辟的，因为广告所给他们带来的自信与底气，就足以使得消费者受到感染，从而信心满满地消费该产品。

其次，信息邂逅式的广告对于消费者来说，其邂逅性的广告信息其实是作用于潜意识，当消费者进行消费或者进行"搜索满足"时，潜意识中的广告信息就会被唤醒、再提及，作用于消费者头脑中的品牌排序，并由此产生作用。如澳大利亚的广告心理学家萨瑟兰就认为：消费者在面临多种消费选择、消费行为发生之际，哪一种品牌会比其他品牌更快捷地从记忆中被抽取出来，就取决头脑中的品牌排序。"在头脑中的排序越靠前，被引起注意的机会就越大，继而，被购买的机会也就越大。"这就是心理学中的凸显原理。萨瑟兰认为，凸显的定义是"某些事情在任一特定时间内存在于清醒头脑中的一种可能性，而广告通过重复播出可以增加这种可

---

① [美]米切尔·舒德森.广告，艰难的说服[M].北京：华夏出版社，2003：2.

能性。"也就是说，广告任何一次重复均在消费者潜意识中增加羽毛效应，皆在积累着"羽毛"重量，在影响着消费者心理中的品牌排序。即广告"环境的提示可以影响哪些东西将进入涌动，以及该涌动取何方向流动"；起着"广告在提高品牌在人们头脑中排序和凸显方面所起的作用"。广告的羽毛效应因此而得到显示。如"广告剧中对角色的认同感要比在电影中表现得更为肤浅，通常是一闪而过"，但久而久之却可以使"收看者把对剧中角色的认同感与广告品牌有效结合起来，并引发他们效仿的兴趣"；即使不能做到融入角色，也可使观看者的感情出现转移，从对剧中角色的关注转移到品牌上来。而售点广告所产生的羽毛效应，使的"那些竞争品牌总是试图通过'加塞儿'的方式在产品销售地点引诱消费者，并搅乱他们头脑中的系列表"。[①]这种任何人均难以觉察的"羽毛效应"，其实正是广告信息邂逅消费者的潜意识，并产生效果的微妙形态。

　　但广告专家们都承认，"以现有的证据，我们无法计算出广告对销售的独立影响力。我们不应该问广告是否有效，而应该问广告在什么条件下最有可能生效。"而进一步追溯，则可发现，"问题的本质不在于广告如何发挥作用，而是文化如何发挥作用。广告对公众仍然有独特的控制力。这与信息的实质性内容无关，而是因为它在社会背景中所处的地位。这就说消费者购买哪怕一件小商品，也不仅是广告之所为，而是全部文化所起的提醒作用。正常的成本消费者拥有一生的信息资源，形成一个复杂的认知结构，接触任何新广告的时候都会受这些东西的影响。"也就是说，"大部分消费

---

① ［澳］马克斯·萨瑟兰.广告与消费者心理［M］.北京：世界知识出版社，2002：8-19.

者接触一个广告的时候，都有广告、产品和挣钱花钱的背景经验。正常的成本消费者拥有一生的信息资源，形成一个复杂的认知结构，接触任何新广告的时候都会受这些东西的营销。"①如此，广告所产生的效果就需要不断追溯，追溯到消费者的人生信息接受的全部经历与经验之上，广告信息的效果又一次被限定了。

二、品牌信息的丰裕性供给

今天，麦克卢汉的"媒介即信息"、"地球村"、"意识延伸"等预言成为现实，在科技不断推陈出新，信息大爆炸的时代，广告传播模式从单向度传播转变为多向度的网状传播。去中心化、去权威化、消除二元对立，追求多元化，平等对话等后现代主义特点淋漓尽致地体现在当前的新技术潮流上。这种变化体现到广告界，就是广告话语由媒体主导转到广告主主导。

如此，就需要我们超越既往的广告主话语权及其影响、广告策略、媒介资源配置、广告费用管理等基于媒体主导的视野，而是从广告主出发，将广告主视为向消费者提供信息搜索满足服务的能动的主体，来认识广告主在自媒体的传播互动中，通过品牌信息的丰裕性供给，来对于消费者实现信息满足的模式。如此，我们可以通过实证的方法来看看企业是如何运用自主新媒体来进行品牌信息供给的。

1. 研究方法

在对文献阐释的基础上，我们主要采取内容分析方法来对样本

---

① ［美］米切尔·舒德森：广告，艰难的说服［M］.北京：华夏出版社，2003：49-50.

企业的自主媒体进行研究，即通过其官方网站、电子商务平台、移动互联网广告、社会化媒体平台四个维度进行内容分析。其样本是从 2012 年财富中文网所发布的全国 500 强企业中随机抽取的 50 家企业，并按上述四个维度进行类目构建及编码（见表 4-1）。其内容分析的分析的时间起点为 2012 年 11 月 1 日 0：00 点，截止时间为 2013 年 1 月 31 日 23：00。

表 4-1　50 家被抽样企业名录

① 中国石油化工股份有限公司	② 中国移动有限公司	③ 中国工商银行股份有限公司	④ 联想集团有限公司	⑤ 东风汽车集团股份有限公司
⑥ 五矿发展股份有限公司	⑦ 苏宁电器股份有限公司	⑧ 华润创业有限公司	⑨ 万科企业股份有限公司	⑩ 中国粮油控股有限公司
⑪ 华润电力控股有限公司	⑫ 三一重工股份有限公司	⑬ 海尔电器集团有限公司	⑭ 腾讯控股有限公司	⑮ 百度公司
⑯ 光明乳业股份有限公司	⑰ 华晨中国汽车控股有限公司	⑱ 阿里巴巴网络有限公司	⑲ 方正科技集团股份有限公司	⑳ 中国铁建股份有限公司
㉑ 宝山钢铁股份有限公司	㉒ 长城科技股份有限公司	㉓ 中国远洋控股股份有限公司	㉔ 中联重科股份有限公司	㉕ 中信证券股份有限公司
㉖ 中国雨润食品集团有限公司	㉗ 中国长江电力股份有限公司	㉘ 宜宾五粮液股份有限公司	㉙ 广州汽车集团股份有限公司	㉚ 国电科技环保集团股份有限公司
㉛ 中国旺旺控股有限公司	㉜ 海信科龙电器股份有限公司	㉝ 贵州茅台酒股份有限公司	㉞ 永辉超市股份有限公司	㉟ 上海电力股份有限公司
㊱ 江铃汽车股份有限公司	㊲ 深圳华侨城股份有限公司	㊳ 北京王府井百货(集团)股份有限公司	㊴ 首长国际企业有限公司	㊵ 南京医药股份有限公司

（续　表）

㊷ 郑州宇通客车股份有限公司	㊷ 哈药集团股份有限公司	㊸ 中国建筑国际集团有限公司	㊹ 黑龙江北大荒农业股份有限公司	㊺ 河南中孚实业股份有限公司
㊻ 深圳市爱施德股份有限公司	㊼ 京东方科技集团股份有限公司	㊽ 武汉武商集团股份有限公司	㊾ 上海锦江国际酒店集团	㊿ 中国民生银行股份有限公司

2. 类目构建与编码

1）企业官网

内容指标：

（1）消费者咨询留言通道：离线信息咨询，在线信息服务

（2）在线营销：有无电商链接，或者官网直接伴有电商功能

（3）社会化媒体链接：有无微博、微信、论坛等链接

（4）互联网广告：网络广告展示、品牌广告信息资源下载

2）电子商务平台

内容指标：

（1）在线客服：是否有在线客服，能否快速反应客户需求

（2）商品评论：是否有评论功能，产品意见是否被及时回复

（3）留言专区：是否有留言区，能否被及时处理

3）移动互联网广告

内容指标：

（1）手机版/pad 版 Mini-Web

（2）与企业/产品相关的手机应用程序（APP）

（3）特殊图案应用（二维码、电子优惠券）

（4）其他文字图片数字信息

4）社会化媒体平台

内容指标：

（1）社交网站品牌专区：如人人网、豆瓣网、开心网品牌专区等

（2）论坛讨论：百度贴吧、天涯、猫扑等

（3）微博客：新浪微博、腾讯微博等

（4）即时通讯类：QQ、MSN、飞信等

5）编码

表 4-2　编码表

维度	① 官方网站	② 电子商务平台	③ 移动互联网广告	④ 社会化媒体平台
内容指标	1.1　联系我们 1.2　留言窗口 1.3　在线营销 1.4　社会化媒体链接 1.5　互联网广告	2.1　在线客服 2.2　商品评论 2.3　留言专区	3.1　手机版/pad 版 Mini-Web 3.2　与企业/产品相关的手机应用程序（APP） 3.3　特殊图案应用（二维码、电子优惠券） 3.4　其他文字图片数字信息	4.1　社交网站品牌专区 4.2　论坛专区 4.3　微博 4.4　即时通讯类

3. 广告主信息搜索满足服务的数据分析

1）企业官方网站信息满足服务

"在线服务"和"离线咨询"是品牌官方网站上，广告主与消费者互动的两种重要方式。在抽取的样本中，100%的企业都会在官网上设置至少一个联系窗口。形式主要包括"联系我们"、"留言窗口"、"在线客服"、"专家在线"等，从类别上可以分为两类，一类是离线信息咨询，另一类是在线信息服务。其中，选择"在线服务"的有 22 家企业，"离线服务"的 28 家企业，13 家企

业既提供在线也提供离线信息咨询服务（见图 4－1）。

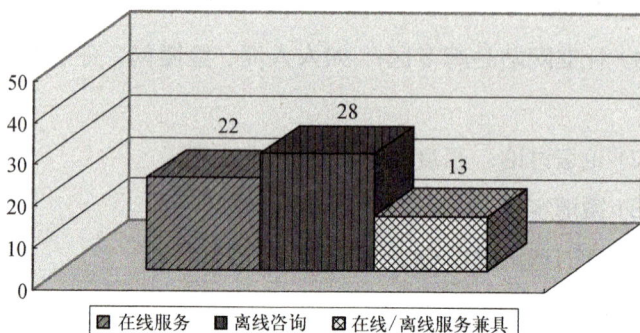

图 4－1　企业官方网站的"在线服务"和"离线咨询"

　　研究发现，"在线客服"比"离线咨询"的互动性更高，更能够满足消费者信息需求。通过广告主对消费者的反馈速度可知，离线服务的反馈速度不理想，一般需要 2～3 个工作日，甚至有的咨询不会被回复；而在线服务的信息咨询反馈速度是即时的，互动性更强，信息满足服务的质量更高。

　　面向大众消费群体的广告主，倾向于在品牌官网上在线销售产品，或者提供电子商务平台的链接。官网上伴有电商功能，是指广告主直接利用官网在线销售产品，消费者只需点击进入品牌官方网站，即可获得产品的详细信息，并能够在线购买。有的企业产品线丰富，品类很多，因此需要一个独立的电子商务平台，此时，广告主往往会在官方网站上附上电商链接，以方便消费者购买到产品。

　　数据显示，有 18 家企业会直接利用官网在线销售产品，或者在官网上提供独立电子商务平台的链接，占全部样本的 36%（见图 4－2）。这些企业是以产品销售为核心业务，并且面向大众消费者的 B2C 企业，主要分布在快消、日用品、农产品与食品、家用电器、银行等行业。

在抽样调查的 50 家企业中，仅有 13 家企业在自己的官方网站上提供微博、微信、社交媒体账号等信息，或使用社交媒体"一键分享"功能，

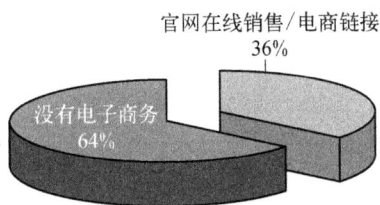

图 4-2 企业官方网站的电商服务

以方便消费者多种渠道关注品牌信息。包括：联想集团、苏宁电器、万科、海尔电器、三一重工、华晨中国、阿里巴巴、中联重科、中国旺旺、郑州宇通、海信科龙、贵州茅台、广州汽车。

数据显示，有 30 家企业拥有社会化媒体，但没有在官网上提供分享链接（见图 4-3）。这些企业尚未意识到，品牌官方网站应与其社会化媒体应紧密联系，配合服务，打通各网络空间的信息传播途径，使得传播力量化零为整。企业不应放弃任何一个与消费者沟通的机会，消费者能够在品牌官网上找到社交媒体信息，同时消费者也会在自己的社交媒体上被鼓励多点击、关注企业的品牌官网，这种官网和社交媒体相互"引流"的行为，也是广告主提供信息满

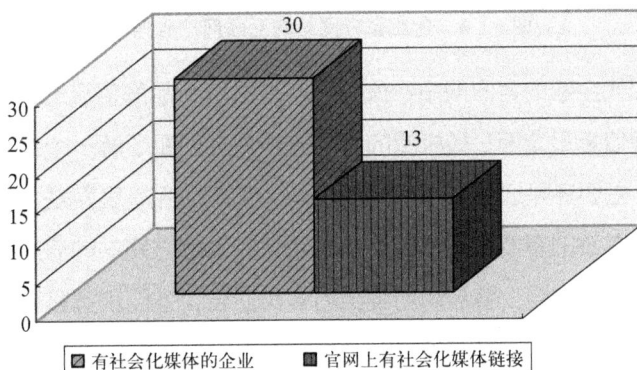

图 4-3 企业官方网站的社会化媒体链接

足服务的方式之一。

14家企业，占抽样企业的28%，在官网上展示品牌的网络广告，包括：联想集团、万科、三一重工、光明乳业、华晨中国、阿里巴巴、中国旺旺控股、海信科龙电器、宜宾五粮液、贵州茅台酒、北京王府井百货、永辉超市、国电科技环保集团、南京医药股份。其中有6家企业还提供趣味性的网络广告下载资源，其形式包括高清广告壁纸、高清视频广告、电子书刊、应用小游戏等（见图4-4）。

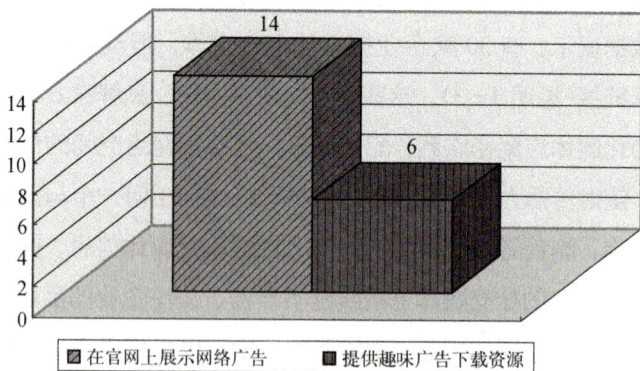

图4-4　企业官方网站的互联网广告信息

现代企业的官方网站，往往是广告主发布品牌信息的大本营，是品牌信息最全面、最权威的官方阵地。人们要了解一个企业及其品牌，主要还是通过官方网站去了解，由此可见，官网是广告主与消费者交流的重要窗口。但广告主还需完善官方网站的信息满足服务功能，在官网上将品牌历史上的各类广告，分门别类整理打包上传，供有需要的消费者下载，这些传播手段最终目的都是指向产品或企业信息的。

2）企业电子商务平台信息满足服务

数据显示，42%的企业拥有电子商务平台（见图 4－5）。电子商务是利用计算机技术、网络技术和远程通信技术，实现整个商务（买卖）过程中的电子化、数字化和网络化。它是通过网络，通过网上琳琅满目的商品信息、完善的物流配送系统和方便安全的资金结算系统进行交易。

图 4－5　企业的电子商务平台状况

研究发现，企业的电子商务平台主要包括三种形式（见图 4－6）。

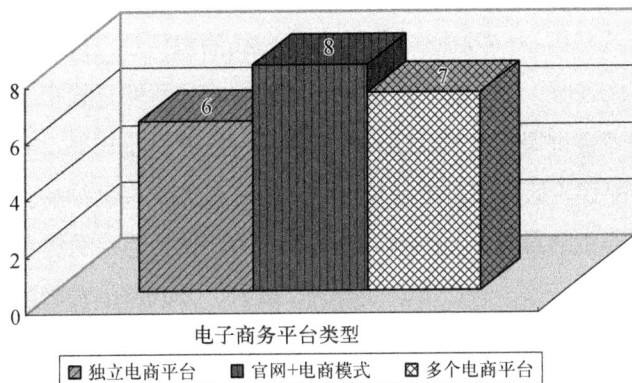

图 4－6　企业的电子商务平台类型

第一种形式是企业拥有一个独立电商平台，如苏宁易购，王府井百货网上商城、旺旺食品天猫旗舰店等，这类企业有苏宁电器、阿里巴巴、中国雨润食品、中国旺旺控股、哈药集团、北京王府井百货，共 6 家企业；

第二种形式是企业的官网伴有电商功能，即官网在线销售平台，消费者只需要访问品牌的官方网站，便可以直接在线交易。这类企业包括：中国石油化工、华润创业、三一重工、中联重科、中信证券、黑龙江北大荒农业、南京医药、中国民生银行，共8家企业；

第三种形式是企业拥有复合电商平台。如有的企业，官网本身有在线商务功能，在天猫设有品牌网上旗舰店，在其他行业热门电子商务平台上也设有品牌旗舰店。这类企业有：联想集团有限公司、中国粮油控股有限公司、海尔电器集团有限公司、光明乳业股份有限公司、海信科龙电器股份有限公司、宜宾五粮液股份有限公司、贵州茅台酒股份有限公司。

电子商务平台上，企业广告主与消费者沟通互动，线上和线下两种方式并重。一切围绕客户服务的在线销售平台，基本上都会选择"在线客服"和"线下咨询"结合的方式。两种方式相结合，使得消费者咨询得到及时反馈，信息满足服务的质量较高。电商平台上，商品评论区和留言专区都是由网站后台人员来维护的。后台人员以广告主的身份，关注消费者对商品的评论，追踪消费者进入网站后的浏览记录，分析其购买行为、喜好，并回答消费者提问，实现企业与访问者的实时交流，有效吸引和留住潜在客户，并将其转化为企业的订单，从而实现网络营销效益的最大化。广告主实现信息满足服务很大程度上要依托于以上对消费者行为的分析，包括访问者名片的建立、对话记录的管理、潜在客户识别等，在此基础上企业可以建立良好的客户关系数据库，帮助企业有效维护老客户和挖掘潜在客户。

研究发现，企业的电子商务平台更加重视社会化媒体分享。利用社会化媒体的运作方式，促使消费者与消费者联系紧密，形成各种"圈子"，而企业广告主在这些消费者互联平台中，扮演服务商的角色。以"苏宁易购"为例，主要从三个方面建设消费者互联平台：第一，推广电子商务平台的微博、微信和二维码客户端下载等，鼓励消费者随时随地关注、分享、登录。例如，苏宁易购的微博介绍："苏宁易购新浪微博官方唯一互动平台。想了解官网最热的促销资讯，赶紧关注苏宁易购"，表现出企业主动的信息满足服务。第二，建立消费者社区，促使消费者与消费者之间更好地互动。如，苏宁易购社区，按照消费者喜好和苏宁易购的商品分类，设置了"家电汇"、"数码潮"、"亲子园"、"美妆扮"、"吃货团"、"乐活馆"、"集客令"、"书友会"共八个子论坛，每个论坛都有热点、新品推介、经验交流、热帖排行、抽奖游戏、活动专区等内容，具有极强的互动性，并针对性地满足消费者的信息需求。第三，建立消费者购物分享平台，使商品评价信息更直观、丰富。由于在线上营销中，消费者更加青睐被其他消费者好评的商品，所以为了促进更多的消费者参与商品评价，企业建立了购物分享平台，即，当消费者在线购物之后，可以将商品的使用情况和使用心得体会以图文方式上传到分享平台，这种形式生动活泼，既满足了购买者的分享欲望，又吸引了其他消费者关注产品。

　3）企业移动互联网广告信息满足服务

　　移动互联网，就是将移动通信和互联网两者结合起来，成为一体。随着中国 3G 网络的普及，以及苹果公司引领全球智能手机、移动平板电脑浪潮的背景下，智能手机纷纷支持 3G 网络，抢占移动互联网市场。摩根士丹利曾预言，移动互联网广告将改写"传统营销模式和消费模式"，早在 2006 年，美国 Sprint Nextel 公司、

Verizon 无线和 Cingular 无线三家公司合作创办的 go2 的商业电话簿在线网站，与广告商达成协议，当消费者使用手机登录网站搜索当地电影、酒店等服务业电话时，广告商的广告也会随之被推送到列表上。无独有偶，美国有线电视联播网 ESPN 也在 2006 年开始，利用智能手机向观众推荐 VISA 信用卡、希尔顿酒店、耐克等产品广告信息。发展到今天，移动互联网广告可谓日新月异，但其本质则是：移动互联网手机广告是借助手机平台发布的商业广告，其本质也属于互联网广告的范畴，是互联网广告的新类型。[①]可以肯定的是，移动互联网手机广告的传播平台是基于 3G 移动互联网的智能手机，并且和网络广告一样，移动互联网手机广告同样具有互动性、精准性和可测量性三种特征。

　　研究数据显示，32% 的企业专门为移动互联网手机用户和平板电脑用户，定制了迷你版的官方网站（见图 4-7）。这也是投放移动互联网广告的重要举措。定制化的移动互联网手机官网，又称为 Miniweb。即，品牌拥有两个官方网站，一个应用于 PC 端，就是我们最为常见的官方网站；另一个是专门为移动互联网手机用户和平板电脑用户所定制的官方网站，其特点是自动过滤弹出广告，反应速度极快，页面简介，关键信息突出等。手机版/平板电脑专用的 Miniweb 官方网站是企业广告主在移动互联网上传递广

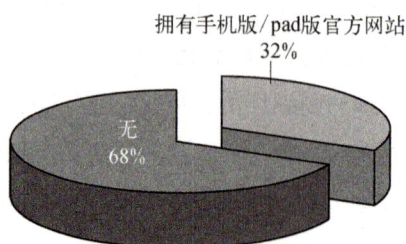

拥有手机版/pad版官方网站 32%

无 68%

图 4-7　企业的移动互联网平台状况

---

① 舒咏平等.新媒体与广告互动传播[M].武汉：华中科技大学出版社，2006：226.

告信息的重要一步。

　　调研数据显示，企业广告主移动互联网广告传播方式主要集中于使用传统的文字信息和图片信息，占55%以上；其次，有30%不到的企业广告主使用特殊图案包括二维码、电子优惠券等广告传播方式。与传统图文信息不同，特殊图案广告往往附带着特殊的消费者利益，吸引消费者主动下载广告信息，并包含有强大的互动性。此外，APP应用程序广告较少，仅占26%，应用程序广告最大的特点是一旦被用户下载后，即刻成为用户手机程序的一部分，广告到达率高、精准性强是前所未有的（见图4-8）。

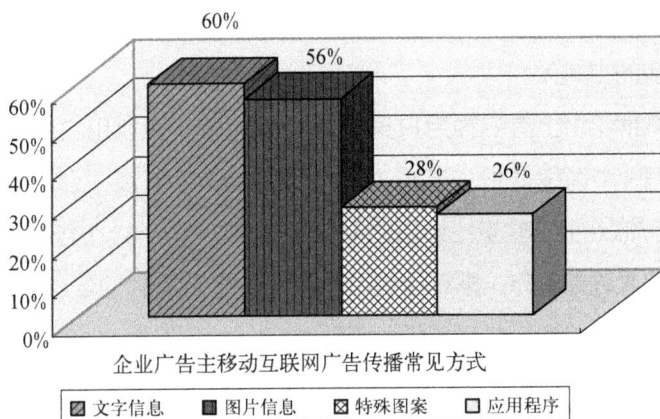

企业广告主移动互联网广告传播常见方式

☒ 文字信息　■ 图片信息　☒ 特殊图案　□ 应用程序

图4-8　企业的移动互联网广告方式

　　移动互联网广告真正的核心理念是做用户关系和用户分享。腾讯的微信一夜火遍大江南北，其做的正是移动互联网上的用户关系。每天都有成百上千的手机应用程序不断更新，提供给用户下载，从生活到娱乐无所不包，手机应用已然成为了人们生活方式的一部分。由于至今国内外的移动互联网行业，都没有找到可以普及的移动互联商业模式，APP应用程序主要靠广告生存，显然，这既是广告主的机遇，也是移动互联网行业的机遇。

4）企业的社会化媒体平台信息满足服务

社会化媒体的形式主要有博客、微博、RSS、照片共享、视频共享、Podcast、MSN、QQ、聊天室、社交网、widget，即旧有的论坛社区 + 新兴的 SNS + 改版后的 Web 端社区。彭兰认为，社会化媒体简而言之，即"用户社会交往和信息分享的平台"，因此，除了我们熟悉的论坛、微博、博客和社交媒体以外，社会化媒体还应该算上"无评价，不交易"的电子商务平台。①从本质上说，社会化媒体有两大特性，即：一是用户关系黏性强，二是用户生产传播内容。目前来看，微博是社交媒体的核心形式，也是企业目前运用最多的自媒体。

微博平台上有三种用户身份：个人用户、企业用户和政府用户。据《中国微博报告蓝皮书》报告显示，以新浪平台为例，到2012 年底企业入驻量已经超过 16 万，主要分布于 22 个行业，餐饮类企业入驻超五万，排行业榜首，接下来排名前列的依次是汽车/交通、商务服务、电子商务企业和 IT 企业。②根据 2012 年中国财富 500 强企业榜单来看，有 159 家企业有微博，占 31.8%。其中，有 43 家企业既开通了新浪微博，也开通了腾讯微博。有 89 家企业开通了新浪微博，有 27 家企业仅开通了腾讯微博（见图 4 - 9）。③

在抽样的 50 家企业样本中，共计 29 家企业开通了微博，其中，12 家企业只开通了新浪微博，5 家企业只开通了腾讯微博，12

---

① 彭兰.社会化媒体与媒介融合的双重挑战［J］.新闻界，2012(1).
② DCCI 中国互联网数据研究中心.中国微博蓝皮书.2012.12.
③ 数据来源：http://www.fortunechina.com/fortune500/c/2012 - 07/13/content_107755.htm.

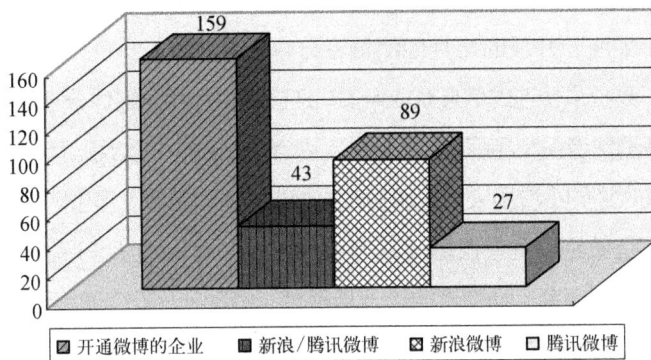

图 4-9 500 强企业的微博使用情况

家企业既有新浪微博也有腾讯微博。由上述数据可知，如今至少有三成的企业广告主已经积极利用微博与公众沟通，建立和发展品牌形象，甚至利用微博做营销。

基于上述新媒体空间上企业作为广告主的表现，可见企业已经在实施以丰裕性的品牌信息或广告信息来实现消费者信息满足。当然，还应从如下几个方面来予以提升：

一是提供快速反馈的咨询互动。目前我国企业的官方网站架构以输出品牌信息为主，互动性比较弱，品牌官方网站应利用多种方式，更好地实现消费者信息满足。互动是评价广告主提供信息服务质量高低的因素之一，在消费者商务咨询方面，尽量使用"在线服务"而不仅仅是"离线咨询"，对消费者提问要重视，反馈要及时。

二是提供便捷的电子商务功能和分享链接。企业要积极建设电子商务平台，实体企业与线上交易结合起来，是市场营销的整体趋势。为了让消费者更便捷地在线交易，广告主需要把电子商务平台与其他网络空间紧密连接起来，推广电子商务平台的微博、微信和二维码客户端下载等，使消费者能随时随地从品牌的任何网络空间登录、关注，并及时与其他消费者分享。

三是提供快速的信息获取渠道。还应提供社会化媒体分享链接，吸引更多消费者关注品牌信息；此外，内容要创新有趣实用，可以设计一些受人欢迎的小应用来留住消费者的脚步，使消费者上停留时间更长。

四是做好消费者信息互联的平台。其包含：企业与消费者协同创新的定制平台、消费者购物分享平台、消费社区化互联平台等；当消费者更愿意参与定制创新、购物体验分享、以及将对品牌信任向其他消费者的评价和推介，这无疑是对企业、对广告主最好的广而告之。

第二节　搜索平台上广告信息呈现

一、搜索：信息供需的第一端口

作为信息聚合平台的搜索引擎，既是网民"触网"的第一入口，同时也是企业进行品牌传播的重要平台与端口。搜索引擎作为信息聚合器，在满足网民获取信息需求的同时也聚合了搜索背后的消费需求，为广大商家实现精准营销提供了更广阔的平台。搜索平台凭借其强大的搜索聚合功能，将搜索用户所需的品牌相关信息，精准的展现在消费者的面前，改变了以往品牌信息传播无的放矢的状况。搜索平台这一强大的功能满足了广大商家精准传播的需求，同时，又凭借其成本低、传播形式多样、传播效果可测量、性价比较高的传播优势，受到广大广告商的欢迎，甚至成为各大企业进行品牌传播的首要选择，在众多企业的营销费用中占据重要地位。对于更加注重品牌形象建设与维护的大型企业来说，搜索引擎营销平台更成为其进行品牌推广的最佳选择。

搜索引擎市场的不断发展，也推动了我国搜索引擎行业的成熟。在我国以百度为代表的搜索引擎运营商已经获得了长足的发展，无论是在搜索技术方面，还是广告运营策略、收费策略等方面都已经形成了一套完整的体系。2013 年，我国搜索引擎运营商市场规模为 393.6 亿，较 2012 年增长 36.7%。①显然，以百度为代表的搜索平台成为品牌传播的重要平台。虽然目前对于基于搜索平台的广告已有一定研究，但这些研究多从宏观的角度进行研究，并没有对具体的传播内容进行分析，也没有对如何组织管理传播内容进行研究。而这，恰是我们所予以关注与研究的。

搜索引擎是指根据一定的算法、运用特定的计算机程序从互联网上抓取信息，在对信息进行加工和处理后，将用户检索请求相关的信息返回，为用户提供检索服务的系统。搜索引擎营销则是指企业利用搜索平台进行传播活动，在用户进行相关信息搜索时，将企业的品牌信息精准的传播给目标受众。由于搜索引擎营销具有门槛低、收费低、能够实现精准营销等特点，已经被广大企业所广泛应用。目前使用最为广泛的是竞价排名与搜索引擎优化： 竞价排名，是指企业购买收费的搜索引擎广告，以保证用户在进行信息检索时，能够优先看到企业所发布的信息；SEO 优化则是指企业利用技术手段，对企业网站进行优化，使搜索引擎在信息抓取的过程中，能够更容易获取网页信息，优质的网站也能获得较高评分，进而获得较高的搜索排名。

---

① 数据来源：易观智库，《2013 年第 4 季度中国搜索引擎市场季度监测》，2014 年 1 月.

自 1994 年雅虎等分类目录型搜索引擎诞生后，搜索引擎营销网络营销已经飞速发展，2004 年搜索引擎营销开始获得各大企业的广泛认可，成为企业进行品牌推广的重要手段之一，时至今日，已经成为占据互联网广告主导地位的传播方式。市场分析机构 I Crossing 所进行的一项调查数据显示：至 2012 年，美国企业投入到搜索引擎营销的费用已是 2007 年的 315%①，搜索引擎营销在美国得到飞速发展，受到企业青睐。在我国，搜索引擎市场规模也不断扩大，成为互联网广告中最受欢迎的广告平台。易观智库 EnfoDesk 产业数据库发布的《2013 年第 4 季度中国互联网广告市场季度监测》数据显示，2013 年第 4 季度我国互联网广告运营商市场规模为 300.7 亿，较 2012 年第 4 季度增长 42.8%。其中，百度占到 31.4%，阿里巴巴占到 17.5%，谷歌中国占到 5.7%，占据市场前三位置。②而与传统的广告媒体相比，2013 年百度的广告收入已经超过多年占据中国广告收入榜首的 CCTV。可见，搜索引擎营销在各大企业进行互联网营销时，已经成为最佳选择。

二、广告主信息的搜索平台呈现

1. 研究样本的选择

1）搜索平台选择

在搜索平台选择方面，我们选取了我国国内最具代表性的百度

---

①　数据引自：《百度搜索营销更利品牌渗透》，http://www.sem8848.com.cn/baidu/20090805131.html.

②　数据来源：易观智库，《2013 年第 4 季度中国搜索引擎市场季度监测》，2014 年 1 月.

搜索平台为研究对象。百度搜索引擎是全球最大的中文搜索引擎，也是我国国内搜索引擎市场最具影响力的搜索平台。自百度 2000 年创立以来，不断摸索如何能够在为用户提供简洁有效的搜索方式的同时，为企业提供良好的营销服务。近年来，百度不断开发新的产品，形成了一条相对完整的产品链，百度百科、百度知道、百度音乐等更是成为大众所熟知的搜索产品，而 2008 年凤巢系统的推出，更是为企业进行精准营销，提供了更加完善的服务。百度产品的不断完善，为企业进行搜索引擎营销提供了广阔优质的平台。

2）广告主选择

麦肯锡公司公布的一项分析报告指出，公司实力越雄厚，知名度越高，其无形资产所发挥的作用越大，世界排名前 250 位的大公司中，有近 50% 的市场份额来自无形资产。与小企业注重利用搜索引擎促进销售相比，大企业更加关心如何促进品牌知名度，更加注重企业曝光率，更加希望品牌内涵被传播，使得消费者对品牌的认可变为一种精神肯定。因而，研究中，我们主要以国内外知名大型企业为研究对象。首先，从国内 500 强企业中随机抽取 35 家企业，在世界 500 强企业中随机抽取戴尔、三星、家乐福、宝洁、百事可乐等 5 家外资企业作为参照；随后，又分别对这 40 家企业进行编号，并进行等距抽样，最终选取保利地产、蒙牛乳业、方正集团、上海家化、宝洁 5 家企业作为样本。

3）基于搜索平台的广告信息样本选择及类目

选定 5 家企业后，以企业名称为关键词在百度搜索引擎进行搜索，选取搜索结果页面的前 10 页作为研究样本，对其进行具体内容分析。基于我们对于新媒体广告更多体现为品牌传播概念的认识，广告信息内容主要为：品牌内容传播来源分析、品牌传播内容及形式分析、品牌内容传播互动性分析。

具体类目如下(见表 4 - 3、表 4 - 4、表 4 - 5、表 4 - 6)。

表 4 - 3　品牌内容传播来源类目表

传 播 来 源	类　　目
品牌主直接主导	官方网站
	官方微博
	百度系列产品如百度百科等
垂直网站	电商、新闻、招聘、证券网站等
其他干扰信息	有相同关键字,但无具体关联

表 4 - 4　品牌传播内容分类类目表

传播内容分类	说　　明
综合信息	综合信息是指对于企业品牌的综合介绍,包含品牌无形要素与有形要素,多是对企业客观性或带有一定表扬色彩的传播内容
股票信息	股票信息是指对于企业股票信息的介绍,其中会涉及对于企业品牌的介绍以及部分企业动态介绍,但仍以股票信息为主
新闻信息	新闻信息是指来自垂直新闻网站的信息报道,其中既包括企业组织的公关传播,也包括新闻网站自发的新闻报道
销售信息	销售信息是指来自电商类垂直网站,产品销售的信息,多是对于企业产品品牌的推荐语促销
人物信息	人物信息是指对于企业名人介绍
招聘信息	招聘信息是指企业借助于垂直招聘网站所发布的招聘信息
干扰信息	干扰信息是指有相同关键字,但无具体关联的信息

表 4 - 5　品牌传播形式类目表

传播形式	说　　明
图文并茂	使用文字和图片共同传播
纯文字链接	新闻、公关活动、论坛帖等
纯图片传播	品牌 logo 等、产品图片、广告图片等
视频传播	广告视频、活动视频等

表 4 - 6　品牌互动性传播类目表

互动性表现	说　　　明
互动媒体使用	互动型媒介主要包括微博、微信、社区、百度知道等
互动行为	互动及时性、互动次数

2. 企业基于百度搜索平台的品牌传播内容分析

由于网民对品牌进行搜索的目的，是获得品牌更详细的信息，因而我们在进行内容研究时，采用搜索结果与着陆页相结合的方式，确保着陆页所传播的信息为品牌信息，并借此排除一些非品牌传播内容的干扰信息。

1）品牌内容传播来源

品牌内容传播来源的分布，直接显示了品牌主对品牌传播的控制力度，同时，也能够帮助企业了解品牌信息的主要来源，从而对于如何组织品牌系统的传播，如何调整或利用其他主体辅助进行品牌传播，如何有效应对多来源的品牌传播有非常重要的意义。

统计结果显示，在基于搜索平台的品牌传播中，垂直网站已经超越品牌主主导的信息来源，占 69%，成为传播品牌信息的重要来源；其次，则为品牌主主导的品牌信息来源占 25%；干扰性信息来源则为 6%（见图 4 - 10）。

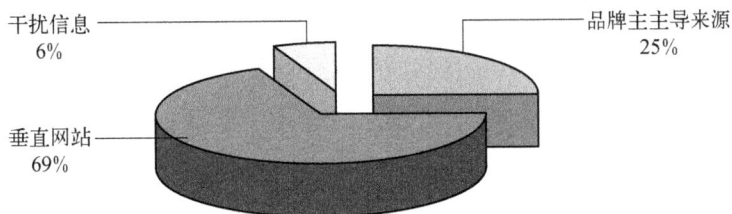

图 4 - 10　品牌信息来源

在品牌主主导的品牌信息来源中，官方网站(其中包括一些子公司官方网站)仍是企业借助搜索平台进行传播的主体，占48%，其中宝洁、蒙牛乳业、方正集团都在官方网站上用官网字样进行标注，增加了其醒目度与可信度。同时，作为基于搜索平台的品牌传播，各家企业均非常注重对于搜索平台的迎合性，普遍使用搜索平台进行品牌传播内容的组织与传播，其中百度百科作为综合性品牌传播工具，百度知道作为互动性传播工具，更是受到各大企业的青睐；这类信息来源占37%。而品牌主的官方微博则作为辅助性传播渠道，也被各家企业所采用，其占比为15%(见图4-11)。

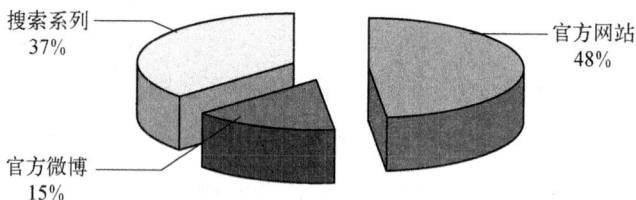

图4-11　品牌主主导信息来源

在垂直网站传播来源方面，占50%的新闻网站无疑是最重要的品牌信息来源，在垂直网站品牌信息传播中占据主导地位；招聘类网站、证券网站则凭借其功能性以及品牌传播内容的综合性，成为垂直网站中品牌信息来源的第二大渠道；销售网站、互动网站在品牌信息来源中也占据一席之地(见图4-12)。

总体来看，品牌传播所形成的传播格局，与网民搜索动机不谋而合，官方网站的设置满足了典型的导航型用户需求，即通过搜索直达某一网站，而百度百科、百度知道、招聘网站等产品的设置则满足了求索型网民通过搜索引擎获取所需知识信息的需求。来自垂直网站的信息为了获得更高的点击量，在一定程度上也遵循这种用

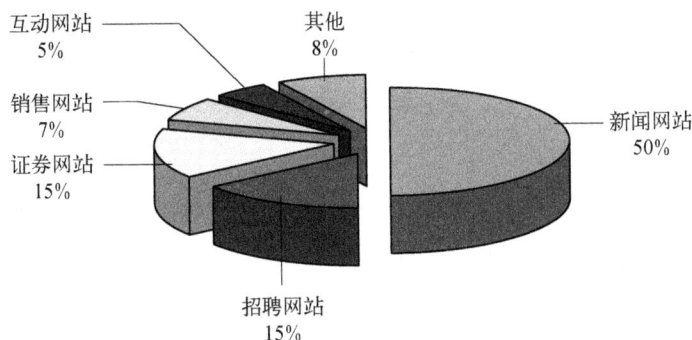

图 4 - 12　垂直网站信息来源

户搜索行为规律。比如新闻网站也是网民获得相关企业品牌信息的一种补充渠道，甚至在舆论上能够起到引导作用，而招聘网站所发布的信息更是满足一些有求职需求的用户，而销售网站的补充传播，更是满足了行为型搜索用户进行在线交易的需求。

　　然而抛开品牌信息来源总体状况，具体到各企业来看，在基于搜索平台的品牌传播中，由于各企业对于搜索平台营销传播规律掌握的不同，也呈现出各自的特点。比如，上海家化集团在品牌主主导的品牌信息传播中发力较小，只有 10 条信息来自上海家化官方渠道，而来自新闻网站的信息来源则达 48 条，证券网站有 29 条；方正集团来自招聘网站的信息则有 27 条，远远超过了其他企业；宝洁基于搜索平台传播的干扰信息多达 17 条，超越其他 4 家企业干扰信息的总和。这些传播特点的背后，其实显示的是企业对于基于搜索平台品牌传播规律的认知缺失。

　　2）搜索平台上的品牌传播内容

　　点击搜索结果并进行内容的阅读，是网民进行搜索的最终目的。因而，在搜索平台所展现的内容，很大程度上影响了网民对品牌的第一观感,也关乎网民获取有效信息的效率,因而对于搜索平台所展现的品牌传播内容进行分析,进而帮助企业了解搜索平台所主要展现的信息内容,对于帮助企业进行自身内容传播的组织、优化是非常重要的。

统计结果显示,在基于搜索平台品牌传播的内容中,综合信息占比最重,占33%,综合信息多集中涵盖了企业品牌的有形与无形资产要素,内容含金量较高,对企业品牌形象塑造多起到正效应。其次,则是股票信息和新闻信息,分别为22%、21%(见图4-13),股票信息多是由专业财经机构进行发布,分析股市行情,这类信息多是对企业市场情况、营收情况、重大人事调整等信息进行公布及预测,多为中立性信息,对品牌建立的影响度相对较弱,多是为满足股民的搜索需求所进行的信息发布。新闻信息则是由专业的新闻垂直网站进行发布,这类信息,内容多较为复杂,既有企业所发布的公关信息,也有新闻网站自发策划撰写的新闻稿件,既有对企业正面的评价,也有对企业负面的评价。

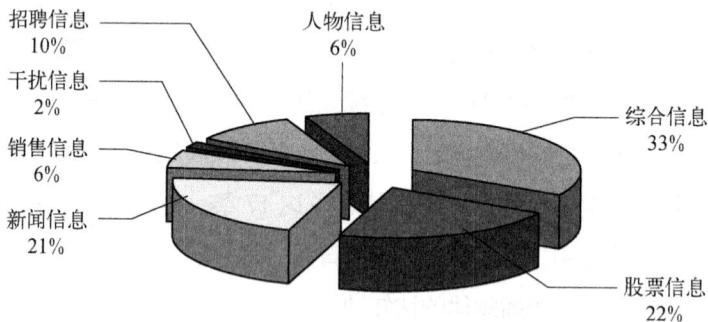

招聘信息 10%
干扰信息 2%
销售信息 6%
新闻信息 21%
人物信息 6%
综合信息 33%
股票信息 22%

图4-13 传播内容分类

信息类型的第三大阵营则是招聘信息、销售信息、人物信息占比分别为10%、6%、6%。这些信息多是针对特定人群,比如有求职需求的人，有购买需求的人，对企业领导人有较大关注的人等，这类信息虽然受众面相对较窄，但其针对性更强，因而在其中传播的品牌内容更容易获得网民持久的注意力，是传播品牌信息，塑造品牌形象的重要方式。

　　具体到各企业品牌传播内容类型来看，各企业品牌传播中各类内容所占比重各不相同。比如，上海家化所传播的综合信息类型只有 15 条，远远少于其他企业，而其传递的股票型信息却高达 55 条，又远超其他企业（见表 4-7）。这其实是对搜索平台资源的浪费，对于拥有众多子品牌的上海家化来说，子品牌的知名度已经远远高于母品牌，然而只有实现子母品牌的共赢才会为企业的发展带来更多的机遇，因而应该更加注重品牌综合信息的传递。而与之属于相同类型的宝洁公司，其搜索平台信息类型布局却相对更为合理，销售信息多达 15 条，这对于产品的销售，品牌的推广都具有较高的价值。而不足之处则是其不注重对于干扰信息的管理，导致大量的干扰信息占据了传播平台，浪费了传播资源。

表 4-7　五企业品牌传播内容分类

内容 企业	综合 信息	股票 信息	新闻 信息	销售 信息	人物 信息	招聘 信息	干扰 信息
保利地产	29	39	16	7	2	7	4
蒙牛乳业	47	10	30	4	3	7	4
上海家化	15	55	24	4	0	4	2
方正集团	47	4	17	2	3	27	2
宝　洁	31	4	22	15	3	9	17

　　通过上述对品牌传播内容的类型研究，还可发现，由于综合信息、股票信息、销售信息、人物信息、招聘信息这五类信息，所传

递的信息内容基本都较为客观中立，或者优化美化企业形象，而且各大企业的内容相似性非常高，对于品牌的塑造基本上都能够起到积极的作用。然而，与这些类型信息不同，新闻信息则是复杂多样，既有美化企业形象的宣传信息，也有对企业的抨击，再加上新闻信息对舆论的引导程度很强，网络传播又有节点裂变的特点，因而传播速度非常快，传播影响力也非常大。新闻信息报道就像双刃剑，一方面非常容易帮助企业进行推广，另一方面也非常容易使企业品牌受到负面影响，对品牌造成重大冲击。因而，新闻信息已经成为各大企业重点关注甚至是监控的内容。在此，我们也对新闻信息内容进行定性研究。

统计结果显示，在来自新闻信息的报道中，有 52% 为对企业的正面报道，40% 为负面报道，8% 为中立报道，总体来看正面报道仍占据主要部分（见图 4-14）。然而，在互联网时代，由于网民的浮躁心态，对于负面报道的传播率、信任度往往大大超过正面报道。因而做好负面报道的应对和处理工作对于企业来说是品牌内容传播中的重任。

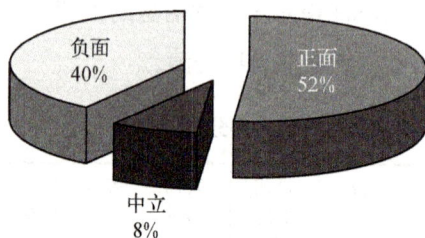

图 4-14　新闻信息传播内容定性分析

而在对企业品牌的正面报道中，公关新闻起到了重要作用，五家企业 57 条正面新闻报道中，公关活动信息共计 22 条，在塑造企业美好品牌形象中起到了重要作用。其中，蒙牛乳业公关活动信息最多，在 20 条正面报道中有 12 条来自公关活动，比如"蒙牛公益、蒙牛邀请草原十佳母亲到厂参观、蒙牛向雅安震区捐助牛奶及 1 000 万元现金、蒙牛工厂开放活动迎来低碳骑行团"等。

而在对企业品牌的负面报道中，基于搜索平台的品牌传播负面内容报道呈现了一定的集中性，多是围绕公司发展问题以及公司产品问题的报道。在对上海家化 16 条负面报道中，其中关于集团内部斗争的负面报道有 9 条；在对方正集团的 8 条负面报道中，其中 7 条是关于"方正集团到底由谁控制"的负面报道；在宝洁的 7 条负面报道中，其中有 6 条是关于"宝洁创新乏力，一哥地位动摇"的报道；在保利地产的 4 条负面报道中，关于保利房产产品的报道有 3 条；在蒙牛乳业的 6 条负面报道中，其中 3 条是关于蒙牛产品质量问题(见表4-8)。

表4-8 新闻传播内容定性分析

企业性质	正 面	中 立	负 面
保利地产	11	1	4
蒙牛乳业	20	4	6
上海家化	7	1	16
方正集团	6	3	8
宝 洁	15	0	7

3) 搜索平台上的品牌传播形式

由于搜索平台有极强的聚合能力，与品牌相关的各类信息聚集在搜索平台，怎样才能够抓住网民的注意力，促使网民发生点击行为，与品牌内容传播的形式密不可分。因而，我们对基于搜索平台的品牌内容传播形式进行了聚焦研究。在对品牌内容传播"形式"进行编码中，我们将其分为"文本与图片、纯文字链接、纯图片传播、视频传播"四种形式。

统计结果显示，在基于搜索平台的品牌传播形式中，文字链接更受传播者的喜爱，其次则是图文结合的传播形式，而图片以及视频传播形式被使用的则较少（见表4-9）。基于搜索平台的品牌传播，由于每个页面固定承载10条信息，因而简洁的文字链接更受传播者钟爱。图文并茂的传播形式虽然能够更好的抓取网民的注意力，但是由于搜索平台每页展示内容有限，因而对于图文并茂的传播形式不能设置过多，要合理运用。而图片传播则因其传播内容单一，更多的是对品牌标识、品牌代言人图片的展示，并不能有效的满足网民的搜索诉求。而视频传播，虽然能够传达较多的品牌信息，且生动形象，在满足网民观感需求的同时，也能够满足受众的信息需求，但是其缓冲时间较久，制作成本较高，且占用网民时间较长，因而应用也相对较少。

表4-9　品牌内容传播形式研究

形式 企业	图　文	文字链	图　片	视　频
保利地产	20	83	1	0
蒙牛乳业	25	78	0	2
方正集团	14	88	0	0
上海家化	10	93	1	0
宝　洁	28	68	4	1

在五家企业当中，以宝洁的传播形式最为丰富，用到了四种传播形式，而且对于图文传播运用得也最多，当然这与宝洁的企业性质密切相关。由于宝洁日化产品种类丰富，大量的图片使用，能够让消费者获得更直接的观感，进而刺激其购买行为。

4）搜索平台上的品牌传播内容互动性

社交媒体的出现，使得网络品牌传播互动性特征愈发明显，企业可以通过微博、博客、社区论坛等社交媒体，达成与消费者的双向互动。在充分掌握消费者动态与反馈的同时，组织品牌传播，使品牌传播达到更好的效果。基于搜索平台的品牌内容传播，一定量的信息也来源于互动网站，因为互动型媒体类型非常多样，而传播内容也较多，因而在搜索引擎抓取信息时，被抓取的概率较高，非常容易出现在搜索平台。因而，对于搜索平台所展现的互动性媒体进行研究，帮助企业了解信息来源，有效的应对互动性媒体中所产生的各类信息，并利用互动性媒体与网民达成互动，对于企业有非常重要的意义。

统计发现，在搜索平台中，出现的互动型媒体类型主要包括微博、百度知道、天涯论坛、猫扑、博客、开心网、人人网、客服电话、百度贴吧九种形式。其中，以微博、百度知道、天涯论坛、博客等形式最为常见，是每个企业都需要进行关注的互动型信息来源。而微博、百度知道多由企业主导传播与互动，而天涯论坛、猫扑、博客、百度贴吧等类型互动媒体则多由个人主体发起传播行动，进而引发其他个体的关注与互动，此类互动性媒体较易形成群众性舆论，产生"沉默的螺旋"现象，最终产生主导性言论，因而对于此类互动型媒体，企业要多加关注（见表4－10）。

在对搜索平台展示的信息标题进行点击，进入着陆页进行阅读时，可以发现，目前我国企业在运用互动型媒体方面还有所欠缺，对互动型媒体的运营规律还没有充分掌握，对于互动型媒体的重要性也还缺乏应有的认识。以天涯论坛传播内容为例，2012年12月11日，一位网名叫做"失足保利"的网民在天涯论坛中发表《黑心

表 4 - 10   互动性内容来源分析

企业 \ 媒体	微博	百度知道	天涯论坛	猫扑	博客	开心网	人人网	客服电话	百度贴吧
保利地产	2	1	1	0	1	0	0	0	0
蒙牛乳业	1	1	1	0	1	0	0	0	0
方正集团	1	1	1	1	1	1	1	0	0
上海家化	1	1	0	0	1	0	0	0	0
宝　洁	2	1	1	0	2	0	1	1	1

保利地产谁之过？》一文，对保利殴打业主的行径进行曝光，并配以图片。这一文章随后引发了 6 747 的点击量，并引发了 136 条评论回复，在回复的 136 条内容中，全部为保利的负面信息，例如名为"保利暴力一家亲"的网友在论坛中强烈谴责"保利殴打妇女老人"，名为"飞 ty 火"的网友则谴责保利披着央企的外衣，欺负老百姓，更多的网友则是直呼"买保利房需谨慎"，最终在论坛中将保利塑造为一个依托国家背景极其不负责任，欺负老百姓的无良地产商，对于保利的品牌形象造成了极大地损害。然而在整个传播过程中，却未见保利官方进行回应。

与保利的忽视行径不同，蒙牛乳业对于天涯论坛却较为重视，甚至作为传播公关软文的平台。2005 年 6 月光明牛奶被曝过期奶返厂加工再销售，引起了舆论对乳制品产品品质的关注。2005 年 6 月 15 日，名为 Toccata 的网友在天涯论坛发表了《蒙牛：牛奶的品质就是人的品质》一文，文中对蒙牛产品的品质进行了宣传与评价，对蒙牛所获得的"中国航天员专用乳制品"等各项殊荣进行罗列，同时对蒙牛严格的产品加工工艺进行介绍，宣扬"诚信蒙牛，蒙牛诚信，产品等于人品"企业理念，力图塑造蒙牛优质产品、优质企业文化的品牌形象。然而结果却适得其反，该篇文章的点击量为 41 489，回复数为 779，在 779 个回复中，几乎全部为负面评论。有 的网友认为蒙牛此时做广告，拿消费者当傻瓜，并对其产品进行了 猛烈的抨击。例如网名为"慕容鸿"、"秋水江湖"的网友直接抨 击蒙牛在论坛做广告，并表示强烈鄙视，"蜀中流氓 A"则抨击楼 主是蒙牛的枪手，并调侃其应该收取公关费。该软文的发布，非但 没有发挥应有的效用，还引发了一系列负效应，与蒙牛使用互动型 媒体进行品牌传播的初衷背道而驰。

三、广告主在搜索平台上信息供给的优化

1. 搜索平台上品牌传播所存在的不足

通过对企业基于搜索平台品牌传播内容来源、传播内容、传播 形式等内容进行分析，我们不难发现，目前我国许多企业都已经开 始提高对搜索引擎传播的重视程度，然而在利用搜索平台进行品牌 内容传播方面还有许多不足之处，集中表现在以下几个方面：

1）多信息来源冲击企业品牌内容传播控制力度

统计研究发现，与过去企业控制品牌传播内容不同，现已形成 了多种信息来源渠道，既包括企业主导的内容来源，包括官网、微 博、百度知道等，也包括许多来自垂直网站的信息，比如新闻网 站、招聘网站、销售网站等。多信息来源在丰富网民获取信息渠道 时，却冲击了企业品牌内容传播的控制力度，为企业品牌形象塑造 带来更多难题。目前，我国多数企业还未能形成有效的应对多信息 来源的品牌传播管理机制，在搜索平台的利用方面，还不能够掌握 规律。首先，由品牌主主导的品牌内容来源，在传播过程中与其他

来源的信息共同出现在搜索平台，增加了网民辨识寻找的难度，降低了企业信息来源的效度；其次，对于如何开展与其他来源渠道进行合作竞争，实现资源的最佳利用，使企业品牌内容传播获得最佳效果，企业还未能有效发力。

2）多元品牌传播内容增加企业品牌内容管理难度

多渠道信息来源也带来了丰富多样的品牌传播内容。在基于搜索平台的品牌内容传播中，既有针对广大网民获取信息的综合性品牌传播内容，涵盖企业的名称、标识等有形要素以及企业文化、历史等无形要素，同时，也有针对特定人群的招聘信息、销售信息、人物信息等。这些信息丰富的信息内容从各个角度为企业品牌塑造了良好的立体形象，但是也增加了企业品牌内容管理的难度。首先，多来源、多样的品牌传播内容直接冲击了企业所主导塑造的品牌形象，破坏了企业品牌传播的系统性；其次，多来源、多样的品牌传播内容也带来了搜索平台资源合理运用的问题，由于搜索平台所展现内容有限，因而怎样在有限的平台中，实现品牌内容的最佳组织与传播，也成为企业需要探索的问题。

3）企业缺乏应对负面传播内容意识

研究发现，目前，我国企业在基于搜索平台进行品牌内容传播的过程中，对于应对负面传播内容的意识还较为薄弱，对于出现在搜索平台中的负面内容不能够进行及时的回应与处理。首先，企业缺乏对搜索平台负面内容传播特点的认知，并未意识到基于搜索平台的品牌内容传播具有一定的集中性，多集中于对某一话题，不能有效对这一话题进行处理；其次，对于基于搜索平台的负面内容传播，企业并没有进行及时有效的沟通协调，实现信息的淡化处理，或者有效解决负面传播中的问题。

4）品牌传播形式不能与自身企业特色实现完美结合

在搜索平台中，所有形式的品牌信息都被检索抓取，受众可以根据自身的偏好进行点击。搜索平台传播形式的多样化，既为品牌主丰富传播手段带来了机遇，也为品牌主进行品牌管理带来的挑战，对企业品牌传播者素质有了更高的要求。研究显示，目前在基于搜索平台的品牌传播中，纯文字链接以其简洁明了、节省页面位置的优点，受到企业的青睐，而图文并茂的传播形式，虽然能够丰富搜索用户的视觉观感，但是因为搜索平台页面容量有限，因而在传播中只能进行辅助使用。而纯图片的传播形式则因其传播内容量较少，很少被企业使用。视频传播相对来说制作成本较高，较耗费流量，也并未为广大企业所采纳。总体来看，企业借助搜索平台进行品牌内容传播的品牌传播形式已经较为固定，形成一定规律。

然而，目前许多企业还没有认识到品牌传播形式与自身特色相结合的重要性。不同的企业，由于其企业性质不同，产品特色不同，所采取的品牌传播形式自然也应该不同，比如快销类产品应该多采用图文并茂的形式进行传播，刺激网民的感官，促使其形成消费行为。虽然，品牌传播内容来源与形式并不是完全来自企业，但是企业可以在自身主导的传播过程中进行传播形式的搭配，同时也可以与相关垂直网站进行沟通合作。

5）企业对互动型媒体运营规律认知不足

研究发现，随着社交媒体的不断发展，我国企业对于互动型媒体的重视程度越来越高。微博、百度知道、天涯论坛、猫扑、博客、开心网、人人网、客服电话、百度贴吧等互动型媒体，一方面成为企业传递品牌内容的重要渠道，一方面成为消费者自发进行企业品牌内容传播，企业获取消费者反馈信息的重要渠道。

鉴于互动型媒体的双向互动性，许多企业开始尝试运营监测互动型媒体。然而，目前来看，我国企业对于运营互动型媒体的认知还不充分。首先，企业在运用互动媒体进行内容传播时往往容易忽略网民的主观能动性，利用互动型媒体进行直白的公关宣传活动，引发网民不满。其次，企业在对于互动性媒体的及时回应方面有所欠缺，在许多网民自发传播的过程中，几乎看不到企业的回应与互动。企业对互动型媒体运营规律的认知不足，直接导致了互动型媒体负效应的产生，与初衷相违背。

2. 广告主对于搜索平台上品牌传播优化的策略

针对目前企业在基于搜索平台的品牌内容传播中存在的问题，为提升企业基于搜索平台的品牌传播质量，结合搜索平台品牌传播的规律与特点，我们提出以下如下优化性策略：

1）优化企业主导传播来源，加强与垂直网站的竞争与合作

在基于搜索平台的品牌内容传播中，多信息来源冲击了品牌主的内容传播控制力，应对多来源的品牌内容传播，企业可以从以下两个方面进行传播状况的改变：

其一、加强内容传播控制力度，确保企业主导品牌内容占据黄金位置。

首先，加大企业主导的品牌传播力度，使其在数量上能够与来自其他渠道的信息相抗衡，增加网民点击到来自企业主传播内容的概率；同时，注重加强来自品牌主的信息与其他信息的区隔，比如在官方网站的链接上，加上官方字样，提升官方信息来源的醒目度，使搜索网民能够更快地获取信息。其次，进行竞价排名及 SEO 优化，使来自企业的品牌内容来源，能够出现在搜索平台的黄金位置。Spink 的一项研究显示，大多数用户只查看返回结果的头 10

条，平均查看结果的数量是2.35页[1]；邓小昭的研究显示约70%的用户只查看了Google检索结果的首页，用户平均只查看1.7个结果页面。[2]与其他传播来源相比，企业的传播能力更加强大，无论是人员素质还是财力支持方面，都要远远超过个人。因而企业在利用搜索平台传播的过程中，必须充分发挥自身优势，通过竞价排名，SEO优化等方式使自身所传播内容出现在网民注意力最为集中的黄金地段。

其二、加强与垂直网站的竞争与合作。

在互联网传播时代，独自掌控品牌内容传播来源已经不可能实现，因而加强与垂直网站的竞争与合作，成为最佳选择。一方面，要积极与垂直网站展开竞争，掌握一定的内容传播主导权，另一方面，也要与垂直网站进行合作，通过垂直网站平台发布品牌信息，比如达成与销售网站、招聘网站的合作，拓宽品牌传播渠道。

2）统筹规划品牌传播内容，提升内容传播系统性

由于搜索平台的聚合性以及传播来源的多样化，基于搜索平台的品牌传播内容也丰富多样。内容的复杂化，也提升了企业内容管理的难度。若想改善这一状况，企业必须提前对品牌内容的传播进行统筹规划，合理分配平台资源，通过系统性的传播塑造企业的品牌形象。首先，要对品牌传播内容进行合理配置，因为搜索平台每页展示信息有限，因而企业必须根据自身特点以及网民的搜索意图，合理设计综合信息、新闻信息、招聘信息、销售信息等所占的

---

[1]　Amanda Spink，Jack L. Xu. Selected Results from a Large Study of web Searching：the Excite Study，*Information Research*，2005.12.

[2]　邓小昭.网络用户信息行为研究述略[J].情报杂志，2006（02）.

比重；其次，要善于与垂直媒体进行竞争合作。作为传播内容制造者的企业一方面可以通过控制自身行为来控制对外传递的内容，进而影响垂直媒体的传播内容的选择，另一方面可以与利益相关垂直媒体进行合作，达成关于品牌内容传递的一致行为。而对于一些干扰内容也要及时进行整顿优化，防止网民注意力的分流。

3) 有效运用公关手段传播正面信息，实时监控负面信息降低影响

在统筹规划品牌传播内容的同时，企业也必须有效运用公关手段传播正面信息，同时也要注重对品牌传播负面内容的监控，及时发现负面内容并进行有效处理，以降低其影响力。由于基于搜索平台的品牌内容传播，是网民主动搜索的结果，与正面传播内容相比，负面传播内容更容易引起网民的关注。因为许多正面传播内容可能是企业公关的手段，而负面信息多来自其他传播渠道，更容易获取网民的信任。因而，企业必须注重对搜索平台负面内容的管理。首先，企业要注意对搜索平台展现结果的监控，及时发现负面内容来源，并对负面内容进行及时回应；其次，由于搜索结果所展示的都是企业近段时期内所产生的负面信息，话题集中度较高，企业可以有针对性的进行话题处理。

4) 注重运用互动型媒体运用，有效开展传播活动

互动型媒体是一把双刃剑，一方面增加了企业及时发布信息的渠道，降低了获取网民反馈的成本，另一方面也提升了企业产生品牌传播内容危机的可能性，网民可以不受任何审查的利用互动型媒体随意发布对企业品牌的不满。因而，在应对互动型媒体时，企业一方面要充分掌握互动型媒体的运营规律，一方面要充分掌握网民心理，积极应对互动型媒体所带来的负面传播。首先，在利用互动

型媒体传播的过程中，首先要对各类型互动媒体进行特性分析。比如微博多是企业主导的传播内容，本身就是为宣传企业品牌内容而设立，因而在该平台上发布企业品牌的正面信息多会获取良好的效果。而论坛社区一般是网民自由发表意见的社区，因而如果企业在论坛中发布过于直接的公关广告信息，则会引发负效应。其次，对于论坛中网民所发表的负面信息，企业要给予足够关注，及时进行互动，消除负效应。

5）根据企业特色，组织内容传播

由于每个企业性质不同，产品不同，所要塑造的品牌形象也不尽相同。因而，在企业基于搜索平台的品牌内容传播中并无固定的模式可言，各企业要根据自身的特色，进行内容的组织。企业特色不同，其传播渠道、传播内容、传播形式、互动型媒体的选择与运用，都会有所不同。搜索平台作为信息集中地，网民通过对各类传播内容的标题的浏览，就会形成初步的品牌印象。经过良好统筹策划的品牌传播，必然能够展现出品牌个性与特色，而杂乱的无组织的传播，在增加网民信息获取难度的同时，也难以形成美好的品牌印象。因而，企业必须根据自身传播需求，组织内容传播才会达到最佳效果。

第五章

广告主网站的信息供给

　　广告主网站即企业通过在网络上建立网站，发布相关信息或提供某种服务，宣传企业品牌或产品品牌，以达到扩大自身知名度和影响力，销售其产品或服务的目的；通常即指企业官网。广告主网站的展示形象、联络用户、促进销售等功能已毋庸赘述，但如何最大化地发挥广告效应，却是个探讨不尽的问题。如把企业网站提供给用户体验，其就可分为有用、可用、好用、爱用以及品牌这 5 个层次。或许我国企业已经在中文网站上彼此参照，拉平了水平距离；但从我国自主品牌参与国际竞争，进行国际品牌传播角度，再来审视我们的企业网站，显然就更具现实意义。因此，本章专门就自主品牌英文网站做如下分析研究。

第一节 自主品牌英文网站的内容分析

一、研究方法

1. 样本选择

这里研究的主要对象为自主品牌英文版情况，但如何具体选择自主品牌的英文版网站呢？目前，在学界和业界应用最为广泛也最权威的自主品牌榜单主要有三个：

其一，"年度影响世界的中国力量品牌500强"，该榜单由全球战略经济发展委员会（GSEDC）、世界城市世界企业研究会（WWRA）、世界品牌组织（WBO）、中国著名品牌发展研究会（CFBRA）和著名投资促进机构美中经贸投资总商会（USCGC）等机构权威联合推选。

其二，"中国最有价值品牌"榜，由睿富全球排行榜资讯集团与北京名牌资产评估有限公司共同评估推出。该研究始于1995年，主要是针对在中国创建的竞争性消费类行业主导品牌而进行的比较性推选。

其三，"世界品牌500强"排行榜，由世界品牌实验室（World Brand Lab）编制。世界品牌实验室由诺贝尔经济学奖获得者罗伯特·蒙代尔教授担任主席，全资属于世界经理人集团，致力于品牌评估、品牌传播和品牌管理。其专家和顾问均来自哈佛大学、耶鲁大学、剑桥大学等世界顶级学府，该机构的研究成果权威性强，现已成为许多企业并购过程中品牌无形资产评估的重要依据。"世界品牌 500 强"排行榜的评判依据是品牌的世界影响力(品牌影响力 Brand Influence 是指品牌开拓市场、占领市场并获得利润的能力)。该榜单按照品牌影响力的三项关键指标,即市场占有率(Share of Market)、品牌忠诚度(Brand Loyalty)和全球领导力(Global Leadership)进行评判。

鉴于此,我们研究的自主品牌样本主要依据如上三个品牌榜单进行选择。2013 年 2 月 5 日,"年度影响世界的中国力量品牌 500 强"排行榜在北京公布,该榜单是从销售收入、市场占有率、技术创新、社会责任、国际化、信息化、品牌知名度、美誉度、忠诚度等共计 16 个指标,对我国(包括港、澳、台)3 000 多家行业领头企业的品牌进行综合评价和多轮筛选,最后由国际专家委员会审核遴选出 50 类 500 个品牌企业。2013 年 10 月 14 日,"2013 中国最有价值品牌"研究结果揭晓,海尔以 992.29 亿人民币的品牌价值连续 12 年傲居榜首,其后是国美、五粮液、第一汽车、美的、TCL。上榜的 100 品牌共涉及 38 个竞争性行业 52 个产品类别。值得注意是,该榜单认为品牌是市场竞争的结果,上榜品牌不涉及垄断性行业。而在 2013 年世界品牌 500 强榜单中,中国有 25 个自主品牌入选,包括央视、国家电网、工商银行、中国移动、联想、海尔等等。

因我们这里主要研究的是自主品牌英文版网站,因此在抽样时把我国支持出口的行业类别考虑在内。故研究样本的来源为: 抽样样本以"年度影响世界的中国力量品牌 500 强"榜单为主样本,2013"中国最有价值品牌"为次样本,入选 2013 年"世界品牌 500 强"榜单的 25 个中国自主品牌为辅助样本。

具体抽样过程:

第一步，把主样本的 50 类 500 个品牌企业进行类别合并，次样本的 100 个自主品牌进行行业归类。比如主样本中白酒、啤酒、葡萄酒合并为酒类；铜业、铝业、钢铁、有色金属合并为金属类；矿业、煤炭、能源合并为能源等等。

第二步，把主样本合并后的行业、次样本归类后的行业，结合我国支持出口的行业进行筛选，得出样本行业。

第三步，在样本行业内部采取随机抽样的方式进行样本筛选。

第四步，综合辅助样本和所抽取样本企业的基本情况进行最终筛选。

基于此，我们实际抽样家电、酒类、汽车、服装、食品、袜子/纺织品、乳业、饮品、鞋业、医药、家具制造/木制品和日化 12 行业，共 46 个自主品牌（见表 5－1）。

表 5－1　自主品牌英文网站样本

家　电	酒　类	汽　车	服　装	食　品	袜子/纺织品
联想	五粮液	长安	波司登	双汇	浪莎
海尔	茅台	红旗	鄂尔多斯	雨润	罗莱
格力	泸州老窖	吉利	雅戈尔	光明食品	
美的	青岛	比亚迪	七匹狼		
TCL	张裕		红豆		
乳　业	饮　品	鞋　业	医　药	家具制造/木制品	日　化
伊利	娃哈哈	奥康	云南白药	曲美	上海家化
蒙牛	康师傅	百丽	哈药	美克美家	纳爱斯
光明	红牛	李宁	同仁堂	全友	隆力奇
	汇源	红蜻蜓		索菲亚	
				宜华	

2. 研究指标

一般说来，企业网站主要有以下三种功能： 第一，展示功能。网站会把企业的产品、自身的卖点等通过信息架构翻译成"客户化语言"，从而让用户去获取和感知。网站作为企业产品、信息和形象的展示平台，能让不同的用户根据各自需求获取所需信息。第二，沟通功能。通过网站，可以实现用户、企业、网站编辑、经销商等多向度实时沟通，尤其是用户反馈的信息还能让企业更准确地把握用户需求，为网站的改进和更新提供可靠依据。第三，营销功能。企业可以通过网站直接向用户销售其产品，从而省去中间环节，降低经营成本。当然，企业可以直接在网站上做电子商务，亦可以链接到其他专业购物网站进行产品销售。

考察企业网站的好坏，大体上有以下几个衡量标准： 第一，网站与企业自身文化与特色是否相契合，以及相契合的程度。第二，网站提供信息的完整性与丰富性，主要包括内容时效性、内容检索项设置、LOGO 及其他信息等指标。第三，互动信息，包括互动栏目或论坛等。第四，在线推广，如广告信息、产品销售等。第五，网站特色指标，主要指网站设计较为特别之处，因网站不同而有差异。当然，考察企业网站好坏，还包括其他很多指标，这里就不一一列举。

基于以上分析，针对样本中自主品牌英文版网站的研究指标就定义为：

1）网站英文版拥有率

此指标是对样本最基本的考察。一个自主品牌要实现走出去，进行有效地对外传播，连英文版网站都不建设，便是无稽之谈了。这里的"网站英文版拥有率"仅指英文版可以正常访问的情况，那些官网上展示有英文版网站，但链接无法打开的，则排除在该指标之外。

2) 网站与企业契合度及整体信息架构指标

企业网站设计整体上要与企业本身的文化及特色相契合，契合程度愈高，愈能给用户留下企业独一无二的印象，即品牌整体形象。而网站整体信息架构愈注重用户体验，愈能获得用户青睐。

3) 网站信息指标

此指标主要包括两方面内容：其一，网站信息的时效性。网站新闻和其他信息及时更新代表着企业对网站的重视和对品牌的维护。企业网站不是一锤子买卖，建设好之后就不需要再管理，而是需要长期维护、不断注入新鲜血液。其二，网站信息的完整性和丰富性。一个完整的网站通常包括品牌 LOGO 及其他识别标识、企业概况、新闻动态、产品信息、互动栏目、检索项设置和联系我们等，而一个信息丰富的网站则指的是该网站所提供的信息能最大程度满足用户、服务用户。

4) 网站互动指标

这里的互动指标仅指双向度和互动性强的信息，即互动栏目或社区/论坛、博客、微博、微信等，而不包括联系我们（仅有联系地址、email、电话、传真等信息）、友情链接、知识库/常见问题回答等。互动栏目通常包括在线留言、民意调查、留言板等。对此项指标的考察，主要包括互动渠道和互动结果反馈两项内容。其中互动渠道是指一个企业网站具体包括哪一种或哪几种互动渠道。互动结果反馈就互动栏目而言是指企业回复用户问题是否及时、回复内容是否准确到位，解决了用户的问题等；就社区/论坛而言，则是指论坛访问量、帖子数量和跟帖时间等。

5）网站特色指标

网站特色指标主要是指企业根据自身文化和特色在网站上进行的创新及其他行为，该指标亦包括企业为公益作贡献，勇于承担社会责任的活动或栏目情况，因为积极履行社会责任已俨然成为社会公众评判企业品牌形象的一个标准和尺度，同时承担社会责任亦能在很大程度上提升企业品牌形象，利人利己。

6）企业英文版网站获取难易程度

在信息爆炸的互联网时代，一个网站做得再好，不宣传，不推广，也难以为公众知晓。对企业网站而言，用户是否能非常容易得获取网站信息，比如在搜索引擎中直接输入品牌名称或者通过其他宣传渠道是否能很容易地找到官网，亦是网站一个重要的考察指标。

二、自主品牌英文网站的内容呈现

1. 网站英文版拥有率

对46个样本进行分析，我们发现，有35个样本拥有英文版网站，占样本的76%。分别是联想、海尔、格力、美的、TCL、五粮液、茅台、青岛、张裕、长安、红旗、吉利、比亚迪、波司登、鄂尔多斯、雅戈尔、红豆、双汇、雨润、光明食品、浪莎、罗莱、伊利、光明、娃哈哈、康师傅、红牛、奥康、百丽、李宁、云南白药、同仁堂、曲美、纳爱斯、隆力奇。其中，有的自主品牌本身没有独立的英文版网站，而其所属的母公司有英文版网站，但母公司网站英文版网站不仅包括该品牌信息，亦包括其他产品信息，如红旗。还有一点值得说明：双汇品牌没有英文版网站，双汇集团的控股股东双汇国际（现改名为"万州国际"）则有英文版网站，这里也把双汇纳入到拥有英文版网站的样本行列。在35家拥有英文版网站的自主品牌中，联想、海尔、红牛拥有2种以上语言。

在46个样本中，11个样本没有、未能找到或无法打开英文版网站链接，占总样本的24%，分别是泸州老窖、七匹狼、蒙牛、汇源、红蜻蜓、哈药、美克美家、全友、索菲亚、宜华、上海家化。在这11个样本中，七匹狼和宜华中文版官网上有英文版（English）的字样，但链接无法打开；蒙牛的英文版官网入口原布置于中文版官网的右上角，现已取消（见图5-1）。

网站英文版拥有率

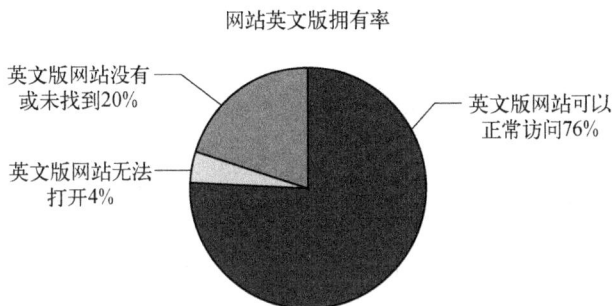

图5-1　样本企业英文网站拥有率

2. 网站与企业契合度及整体信息架构指标

在35个拥有英文版网站样本中，英文版网站上都有非常明显的LOGO标识，网站整体风格和企业品牌契合度较高。而在网站整体信息架构方面，在35个样本中，有的网站信息架构偏现代化、国际化、重人文关怀和用户体验，比如联想、海尔、格力等；有的网站风格则比较传统，属于中规中矩的信息架构，比如康师傅、红豆、光明食品等；还有少数企业网站在此方面有较为明显的欠缺，比如比亚迪、鄂尔多斯、双汇、光明食品等。具体说来，比亚迪中文网站风格及总体架构与自身品牌非常契合，但链接至其全球主站，网站则制作比较粗糙、简陋；鄂尔多斯英文版网站有些栏目还在建设中，整体亦相对粗糙；双汇（这里指万州国际英文版）只有一个英文页面；光明食品的英文版网站信息架构也比较粗糙等。

在网站首页上，网站焦点图位置非常明显，具有很强的视觉吸引力，据国外设计机构调查统计，其点击率明显高于纯文字，且转化率高于文字标题的 5 倍。35 个样本网站，焦点图质量参差不齐，有的制作精良、富有创意，图片卖点、用意一目了然，能很好地表达品牌内涵和活动/营销信息，比如海尔、格力、美的、茅台、张裕等；有的则制作相对粗糙，如比亚迪，其英文版网站的焦点图有三幅图，就图片的文字而言，一张是英文，一张是中文，另外一张中英文都有，用户体验非常不好；光明食品的焦点图则全是会议和企业合作类图片，略显单调等。在此项指标调研期间，伊利网站的英文版多数时间均处于无法访问状态，而罗莱的英文版官网上端一直有乱码出现。

3. 网站信息指标

这里主要考察两方面内容，即网站信息的时效性及网站信息的完整性和丰富性。

网站信息的时效性最直接也最主要的体现是网站新闻信息的更新时间，这里我们以 2014 年 4 月 3 日为基准，对 35 个品牌新闻信息更新时间情况做以下统计（见表 5 - 2）。

表5-2　样本企业英文网站的新闻信息更新时间

品牌名	新闻信息 最新更新时间	2014年新闻 信息发布数量	新闻 分类	备　　注
联想	2014/4/2	23	无	注明新闻源
海尔	2014/3/31	9	2	News & Press releases
格力	2013/10/14	0	无	无
美的	2014/2/27	5	无	无
TCL	2013/9/10	0	2	Corporate News; Media Coverage
五粮液	2013/2/28	0	无	无
茅台	2014/4/2	5	无	Moutai Culture＞Moutai Story，茅台英文版网站新闻信息的面包屑不太容易找到
青岛	N/A	N/A	N/A	未找到新闻栏
张裕	2008/3/27	0	4	ChangYu News; New Events; Industry News; Technology Digest
长安	2014/4/2	5	2	News Releases; Events, 新闻目录上没有表明新闻发表时间，打开新闻标题才可看到
红旗	2014/3/12	1	无	无
吉利	2014/2/28	3	无	吉利的新闻采用左右滚屏的形式展示，新闻顺序不按时间先后顺序排列，新闻标题有发布月日，没有发布年份，非常不便于用户阅读
比亚迪	2012/12/19	0	无	新闻目录上没有表明新闻发表时间，打开新闻标题才可看到
波司登	2014/3/28	4	2	Company News; Media Viewpoint
鄂尔多斯	N/A	N/A	N/A	未找到新闻栏
雅戈尔	2011/3/22	0	无	无
红豆	2014/3/15	50	无	无
双汇	N/A	N/A	N/A	未找到新闻栏

（续　表）

品牌名	新闻信息最新更新时间	2014 年新闻信息发布数量	新闻分类	备　　注
雨润	2012/9/20	0	无	无
光明食品	2014/3/27	2	无	光明食品的新闻打开后，直接链接至人民网的新闻，由此可能增加该网站的客户跳失率
浪莎	2009/10/20	0	无	无
罗莱	N/A	N/A	N/A	未找到新闻栏
伊利	2014/2/25	1	2	Company News；Public News
光明	无	无	4	光明的英文版官网媒体中心分四类，分别为 Company News；Media；Market News；Video，但是这四个分类下面没有任何内容
娃哈哈	2014/3/17	1	无	无
康师傅	2009/5/25	0	无	在 Announcements & Notices 栏目有 14 条 2014 年的信息
红牛				在红牛英文版官网中，许多栏目如：motorsports，bike，surfing，snow，games，esports 中都有 14 年的新闻信息报道
奥康	2012/12/26	0	无	无
百丽	2013/4/27	0	无	无
李宁	2014/3/24	1	无	无
云南白药	2009/8/5	0	无	无
同仁堂	2010/1/8	0	无	无
曲美	N/A	N/A	N/A	未找到新闻栏
纳爱斯	N/A	N/A	N/A	未找到新闻栏
隆力奇	2014/4/1	11	5	英文版网站中，新闻有 5 个分类，分别为：Longrich Views；Product News；Traditional Sales；Direct Sales News；OEM& ODM News，新闻栏目名称虽为英文，但新闻标题及内容均为中文

（数据获取时间：2014‑04‑03）

通过统计数据，可以看到，35 个样本中共有 14 个品牌网站的新闻在 2014 年进行过更新，分别是联想、海尔、美的、茅台、长安、红旗、吉利、波司登、红豆、光明食品、伊利、娃哈哈、李宁和隆力奇，占总样本的 40%。在这 14 个样本中，就 2014 年发布新闻数量来看，红豆发布 50 条，排名第一，其次为联想 23 条、隆力奇 11 条、海尔 9 条，其余品牌网站发布数量均在 5 条或 5 条以内。此外，有 6 个品牌网站没有设立/未找到新闻栏，如青岛、鄂尔多斯、双汇、罗莱、曲美和纳爱斯，占总样本的 17.1%。

从新闻分类来看，在 35 个样本中共 7 个品牌网站对新闻进行了分类，分别是隆力奇、TCL、海尔、张裕、长安、波司登、光明、伊利，新闻分类主要为 Company News、Media/Public News、Industry News 及 Sales News 等。

当然，并不是说品牌网站发布的新闻信息数量越多越好，新闻分类越详尽越好，而是品牌网站至少应做到网站新闻信息的更新，用户打开网站之后看到是去年或前年的新闻，其感受自不必说；再者网站对新闻进行分类至少从一个侧面说明该网站是重视新闻信息的，不管分类也好，不分类也罢，总归品牌网站应重视新闻这一项，新闻栏的信息要经常更新，便于用户阅读。

值得一提的是，有的网站新闻目录上没有表明新闻发表时间，打开新闻标题才可看到，或新闻采取滚屏样式，新闻发布时间不分先后排列，非常不利于用户阅读。此外，一个品牌网站的新闻打开后，直接链接至其他网站，可能会增加该网站的客户跳失率，网站采取此种做法要进行慎重考虑。

通过对网站信息的完整性和丰富性的分析发现，在 35 个样本中，品牌官网的栏目设置最为常见的是企业概况、新闻动态、产品

信息、互动栏目、服务信息、联系我们等。企业概况栏目多为企业
发展历程和概况、品牌介绍、组织架构、企业文化、社会责任等信
息。产品信息是品牌网站最重视、内容也最丰富的栏目，在该栏目
里面，用户根据自身需求点击所需类型产品后，通常会出现两种情
况，其一，出现产品介绍信息，且能跳转至品牌网上商城或链接其
他电子商务网站(如亚马逊)或在线提交信息进行订购(如张裕)；其
二，仅出现产品自身信息，如概览、性能、特点、技术参数等，如格
力。服务信息主要内容是面向生产商、经销商和用户所提供的服务。

在这里之所以不进行品牌官网栏目数量的收集，是因为在以用
户为中心的网站信息架构时代，栏目数量已经不能作为网站考察的
一个必要指标，栏目多少并不能反映网站信息架构的好坏。

在网站信息指标中，不得不提的是翻译问题，大多数品牌英文
版网站是中文版网站的翻译，且很多翻译不到位，从而影响国外用
户的浏览、使用体验。

4. 网站互动指标

当前，网站信息架构的重心和趋势就是以用户为中心，因此对
网站互动指标的考察至关重要。各品牌网站互动指标(其内涵对应
前文网站互动指标的解释)数据统计如下(见表 5‐3)。

表 5‐3　样本企业英文网站互动指标数据

品　牌	互动栏目/论坛/社区	其他反馈渠道
联想	联想社区，内容非常丰富，信息更新及时，参与会员多，帖子数量多，社区分成不同的板块，用户可以通过 twitter/facebook 等跟帖，通过标签/结果/时间来讨论或查询所需内容	联想博客更新时间快，参与人数多，网页下端有 twitter/facebook/youtobe/flickr/google/linkedin 分享图标

（续　表）

品　牌	互动栏目/论坛/社区	其他反馈渠道
海尔	较为详尽的产品维修及服务信息，用户可通过打电话、发邮件、在线填写信息获得服务	海尔官网上有 facebook/twitter/linkedin/google/youtobe/pinterest 分享图标
格力	未找到	N/A
美的	未找到	N/A
TCL	无	TCL官网上有 facebook 分享图标
五粮液	可以通过联系我们中的 online message 进行留言，除此之外，没有其他互动信息	无
茅台	在联系我们栏目中有 Q&A，用户可以提交问题、邮箱等信息进行留言用户提交信息后显示的是中文信息"你已提交成功，我们会尽快答复您"	无
青岛	未找到	N/A
张裕	在联系我们栏目中，用户可以填写反馈信息，但本人提交多次，均未反馈成功在 Forum 一栏中，点击 Enter Zhangyu Bar 进入后是中文信息，且讨论区内容最新更新时间为 2012－11－2，帖子数量也很少	无
长安	无	在长安"联系我们"下的子栏目中，有 facebook/twitter 等分享图标
红旗	未找到	N/A
吉利	吉利官网有 Geely Facebook Home，但无法访问	网页下方有 facebook/twitter/google 分享图标
比亚迪	未找到	N/A
波司登	栏目 corp application 下面的子栏目 E-Learning Portal 点开后可以免费注册，但注册信息显示的是中文；在客户服务一栏下面，用户可以在线提交投诉/建议信息	无

（续　表）

品　牌	互动栏目/论坛/社区	其他反馈渠道
鄂尔多斯	未找到	N/A
雅戈尔	未找到	N/A
红豆	在服务一栏中，用户可以在线留言	在联系我们一栏中，有店铺和博客（新浪博客、腾讯博客）的链接
双汇	未找到	N/A
雨润	未找到	N/A
光明食品	未找到	N/A
浪莎	在服务专区一栏里，可在线留言	无
罗莱	可以在线留言；网上显示有在线 QQ 聊天服务，但无法正常使用	无
伊利	无	官网上有 QQ 空间、新浪微博、腾讯微博、人人、网易微博的分享图标
光明	网站上有留言簿，但无法正常访问	无
娃哈哈	未找到	N/A
康师傅	未找到	N/A
红牛	有互动社区，信息更新快，内容丰富	用户也可以通过 facebook/twitter/google/Pinterest 参与互动
奥康	未找到	N/A
百丽	未找到	N/A
李宁	未找到	N/A
云南白药	未找到	N/A
同仁堂	未找到	N/A
曲美	未找到	N/A
纳爱斯	可在线留言	无
隆力奇	无	网站上有新浪微博、腾讯微博等分享图标

（数据获取时间：2014 - 04 - 04）

通过上述统计，可以发现，在 35 个样本中，有 18 个品牌网站没有前文所界定的双向度和互动性强的信息，占总样本的 51.4%，分别为：格力、美的、青岛、红旗、比亚迪、鄂尔多斯、雅戈尔、双汇、雨润、光明食品、娃哈哈、康师傅、奥康、百丽、李宁、云南白药、同仁堂和曲美。在互动性强的 17 个样本中，联想、海尔和红牛 3 个品牌官网的互动信息非常丰富，信息更新快，参与人数多；在其余的 14 个样本中有 9 个品牌网站可进行在线留言；剩下的 5 个网站只有互动图标，如 twitter/facebook/google/新浪微博/腾讯微博等。

值得一提的是，有的品牌网站上只有新浪微博、腾讯微博、QQ 空间、人人等国内常用的社交网站分享图标，而没有考虑到英文网站的受众是国外用户，其使用最多的是 facebook、twitter 等。

由此，可以看出互动信息这一块并不乐观，自主品牌还要加强建设，因为互动信息丰富不仅是品牌人气的体现，更是企业改进产品和服务的重要信息来源，只有企业和用户不断沟通，才能形成良性循环，才能造就用户对企业产品和服务的忠诚和信任。

5. 网站特色指标

在网站特色指标中，绝大多数品牌网站都有社会责任这一块，展现了企业为社会作的贡献，由此能很大程度上提高公众对于品牌的好感，提升品牌形象。

此外，在茅台英文版官网中，打开 Moutai Culture-National Liquor Culture City 一栏，会出现国酒茅台虚拟 3D 游览，有"汉馆"、"唐馆"、"宋馆"、"元馆"、"明馆"、"清馆"和"现代馆"，可自动漫游、手动漫游，还可播放/暂停，点击"文献介绍"，亦有语音对酒文化的介绍，配上音乐，令用户眼前一亮，但美中不足的是，这些介绍是中文版的，如改用全英文，可起到更好地效果。在张裕的英文版官网中，打开 Wine Culture，可以进入张裕·卡斯特酒庄和张裕酒文化博物馆，观看虚拟 3D 动画，用户体验较好。诸如此类的创意举动，能增加网站使用趣味，提升用户体验，其他品牌官网可依据自身情况借鉴类似做法。

6. 企业英文版网站获取难易程度

企业英文版网站获取难易程度是反映企业推广英文版网站的一个最重要的指标。企业要想获得更多的用户或潜在用户访问自身网站，在用户使用最为频繁的搜索引擎上做推广是必不可少的。大体上说，企业网站英文版的受众是国外用户，其主要通过 google、yahoo 等互联网门户网站获取信息，也有一小部分用户使用百度搜索。

在 35 个样本中，自主品牌英文版网站入口多在中文版官网右上角或官网底部选择语言种类处，也有个别品牌的英文版网站比较难找，通过集团链接——全球主站（如比亚迪）、查询相关信息等才能找到，不便于用户使用。

因自主品牌相关信息的获取对其英文版网站获取而言非常重要且密切相关，在此，我们就将品牌相关信息和英文版网站获取情况一并考虑。下面以谷歌推广和百度推广对此进行说明。值得一提的是，因为不同企业依据自身情况，在不同时段在谷歌和百度搜索上做推广，我们不可能也没有必要挑选很多时间段进行数据提取，因此以下收集的数据只能从一个侧面反映自主品牌在谷歌和百度搜索上的推广情况。

就谷歌搜索而言，界面内容相对清晰、干净。其推广位置较显眼的有三个地方，即网页上端、网页右侧和网页底端。网页上端最多有三个广告位，企业选择在此处进行推广的多为产品销售和服务信息，如在京东、1号店、企业商城等的销售信息；在网页右侧的推广主要分为两个部分，即网页右侧上部维基百科品牌介绍信息及右侧中下部其他销售、服务推广信息，其中网页右侧中下部的广告位有8个，企业通常按照自身需求推广相关信息；网页底端的信息主要为品牌官网及产品销售信息。值得一提的是，在谷歌搜索上的宣传位，谷歌在推广部分很明显地打上了"广告"的字眼，此举是对用户的提醒和尊重。

因用户点击量最大的是网页上端和网页右侧维基百科的推广，这里只对这两者作分析。在35个样本中，在网页上端和右侧维基百科同时进行推广的品牌有5个，即海尔、美的、格力、TCL和波司登；只进行网站上端广告推广的品牌有5个，即联想、红豆、罗莱、同仁堂和曲美；只进行维基百科推广的品牌则有13个，分别为：五粮液、青岛啤酒、长安、红旗、雅戈尔、比亚迪、双汇、雨润、伊利、娃哈哈、康师傅、红牛和李宁；其余12个品牌则没有进行此两项推广。

而在百度搜索中，搜索首页推广通常分为三个模块，第一个模块为品牌专区，是对品牌较为详尽、立体地展示，企业可根据自身需要进行官网、产品或其他服务信息的推广，展现形式可以是文字，也可以是图片，甚至是视频，推广位置在网页上端和网页右侧上部；第二个模块为网页上端链接推广，企业通常在此位置进行产品销售或活动推广；第三个模块为网页右侧中下部，通常宣传品牌活动信息或销售/服务信息等。

在35个样本中，在我们获取信息时期设立品牌专区的样本有12个，分别为：联想、海尔、格力、美的、TCL、五粮液、比亚迪、双汇、罗莱、伊利、康师傅和隆力奇；进行推广链接，没有设立品牌专区的样本有 6 个，分别为：红旗、吉利、百丽、张裕、波司登和红豆；而其他 17 个样本则没有进行百度推广。值得一提的是，百度推广中，如果品牌未做推广与管理，而其他单位或个人对此品牌关键词做了推广，便会出现"挂羊头卖狗肉"的乱象，比如，在百度里面输入"浪莎"，网站右侧中下部有推广链接，虽然链接名字里带有"浪莎"的字眼，但打开链接之后，显示的不是浪莎品牌的销售，而是其他内容。

三、自主品牌英文网站存在的问题

从新媒体广告与品牌传播角度上审视，自主品牌英文网站仍存在着诸多问题，具体为：

1. 网站设计缺乏鲜明个性

从本研究的 35 个样本来看，除了个别的品牌网站，如联想、海尔等能给用户留下深刻的品牌形象外，还有很大一部分网站没能凸显其品牌个性。这里，值得借鉴的是优衣库的中文版官网，它在此方面做得非常好，用户进入该网站跟进入优衣库实体店是一样的感受，风格、调性、细节都值得称道。绝大多数自主品牌线下都有实体店和销售场所，如果能达到线上线下风格统一，给用户一样的感受，让用户一眼认出，"就是这个牌子"，网站目的就达到了。①品牌网站本身就是企业用来宣传和推广自身理念、特色和产

---

① Dorl Schuk，Heidi Schultz. *The Next Generation Five Steps for Delivering Value and Measuring Returns Using Marketing Communication*. Mcgraw-Hill，2003.

品的渠道，企业如能在网站建设中准确展现品牌个性和形象，才能算真正利用好了网站渠道。①

2. 网站信息更新不够及时

在本研究的 35 个样本中共有 14 个品牌网站的新闻信息在 2014 年进行过更新，仅占总样本的 40%；有 6 个品牌网站没有设立/未找到新闻栏，占总样本的 17.1%。新闻信息不仅是网站信息更新速度的晴雨表，亦反映了网站总体维护情况。一个品牌网站上的最新新闻信息发布时间是 2012 年，很难称得上该网站是一个维护好、传播效果好的网站。在此方面，品牌网站一定不能偷懒，要经常更新信息，把企业动态、行业最新新闻等信息告知用户，只有这样，才可能赢得用户的青睐。

3. 网站互动信息欠缺

在本研究的 35 个样本中，有 18 个品牌网站没有双向度和互动性强的信息，占总样本的 51.4%。而网站互动信息非常重要，不仅联系着客户、经销商、供应商，亦是很多商机、企业产品改善的直接来源，品牌网站英文版在此方面还有很大提升空间。可口可乐董事长兼首席执行官穆泰康（Muhtar Kent）曾经说过，"品牌是一种承诺，好的品牌是一种持续的承诺；我们一定要和我们的合作伙伴——我们的零售商、我们的顾客，保持密切联系，每一天，我们都必须赢得他们的信任，我们什么时候都不能变得狂妄自大"②。我们在对样本进行调研期间，还对通过个别网站留言板"建言献

---

① Aspasia Vlahvei，Ourania Notta，Evita Grigoriou．*Procedia Economics and Finance*．2013，Vol.5：771.

② Choueke，Mark．COCA－COLA：Behind closed doors at the world's most famous brand．*Marketing Week*，2011(3)：18－23.

策"，内容提交后，网站弹出的对话框显示"你已提交成功，我们会尽快答复您"，但一个月过了，也没有收到任何回复。品牌网站要想获得良好的传播效果，互动信息方面的问题一定要尽快解决。

4. 尚未真正体现以用户为中心的人性化

此问题主要表现在两个方面。其一，网站内容不够丰富，纯文字信息太多。在信息大爆炸的时代，很少有用户会对着电脑屏幕耐心读完企业网站上一篇密密麻麻的纯文字信息。因为纯文字信息不可避免地要求用户去思考，去还原信息本身的场景，远不如图片和其他多媒体信息来得直观。网络传播学家克鲁格曾经强调：永远不要让用户去思考，否则，只会导致一个结果，就是用户了流失。① 部分自主品牌英文版网站上那些密密麻麻满屏的文字信息，显然需要更换新的可读性强的内容了。其二，网站没有意识到其用户是谁。品牌网站英文版的用户，毫无疑问，是国外用户，而有的品牌网站则只有新浪微博、腾讯微博、QQ空间、人人等国内常用的社交网站分享图标，没有国外用户使用最频繁的 facebook/twitter/linkedin/google/youtobe/pinterest 等。此外，还有部分网站直接把中文版内容翻译成英文版，且存在许多翻译问题。这些举动或许只是品牌网站的个别行为，但由此可以看出，企业并没有真正树立以用户为中心来进行信息架构的观念，而是想当然地堆放信息，此理念不改变过来，品牌网站就不可能起到良好的传播效果。

从以上分析可以看到，当前品牌网站英文版建设中确实还存在诸多问题需要正视和解决。作为国外用户认知我国自主品牌的重要

---

① Steve Krug. *Don't Make Me Think! A Common Sense Approach to Web Usability* . New Riders Publishing，2nd Revised edition，2005，8.

渠道和窗口，品牌网站英文版一定要引起高度重视，尽快完善。

第二节　优秀品牌网站解析与品牌网站优化

　　既然自主品牌网站英文版就是最便捷、最充分的自有品牌传播平台，那么我们在对其进行量化分析的基础上，还需就优秀的国内外优秀的同类网站进行个案分析。由于网络的即时性、互动性、匿名性，与线下广告及营销相比，消费者在线上更加依赖品牌，因此品牌网站的建设和完善越来越受到广告主的重视。①下面我们主要对国内外优秀品牌网站进行解析，并对自主品牌网站的优化提出思考。

一、优秀品牌网站解析

　　国内优秀品牌英文网站我们选取海尔作为解析对象。海尔的产品不仅是自主品牌出口，而且成功实施了"三步走"的全球化品牌战略，即："走出去、走进去、走上去"，逐渐在海外建立起研究开发本土化、产品制造本土化和营销本土化的"三位一体"本土化模式；在互联网时代，海尔开始了开发网络化的市场、做网络化企业的新征程。而国外品牌网站，我们选择可口可乐和优衣库中文版作为分析对象。可口可乐作为全球最著名的软饮料品牌，销量全球

---

① Santiago F，Palau R，Sanchez J. *E-quality of Airline Companies' Websites and Emotional Brand Effects*. Marseilles：Euromed Management，2010：1360.

第一，在大多数国家的可乐市场处于领导地位，占有极高的市场占有率，其在中国的品牌营销策略也是快消品的一个楷模。而选择优衣库进行分析，是因为其网络营销非常巧妙和有效，优衣库目前在中国截至 2013 年 8 月其门店已有 225 家，是全球五大平价服饰品牌之一，其在中国的本土化策略非常值得借鉴。

1. 海尔英文版网站

海尔创立于 1984 年，2013 年，其全球营业额高达 1 803 亿元，利润总额达 108 亿元。2013 年 12 月，世界权威消费市场调查机构欧睿国际(Euromonitor)发布的数据显示，海尔连续五年位居全球大型家电第一品牌。海尔品牌价值逼近千亿，连续 12 年蝉联中国最有价值品牌榜首。而海尔的英文网站建设显然也在其品牌传播中起到了重要作用。

从总体上看，海尔网站简洁、明了，其主要信息主要分为三部分，即产品信息、服务信息及活动互动信息。网站所展现的信息非常集中，且以用户对信息的关注度来进行网站信息的排序和展示，没有任何冗余信息(见图 5 - 2)。

网站整体色调为蓝色，与海尔的最新品牌标识为同一色调，此举亦是海尔实施网络化企业战略的具体体现。在 2013 海尔商业模式创新全球论坛上，海尔正式发布了其步入网络化战略阶段之后的品牌新形象，此后，无论是线上还是线下，海尔都一步一个脚印进行着其战略的实践。

在新闻信息方面，海尔在 2014 年前 3 个月就发布 9 条新闻信息，在本研究所抽取的 35 个样本中排在前列。在网站栏目设置上，以产品、服务和支持两个栏目为重心，关于海尔和新闻报道为次重心，联系我们、工作机会等为辅助信息，主次分明，重点突

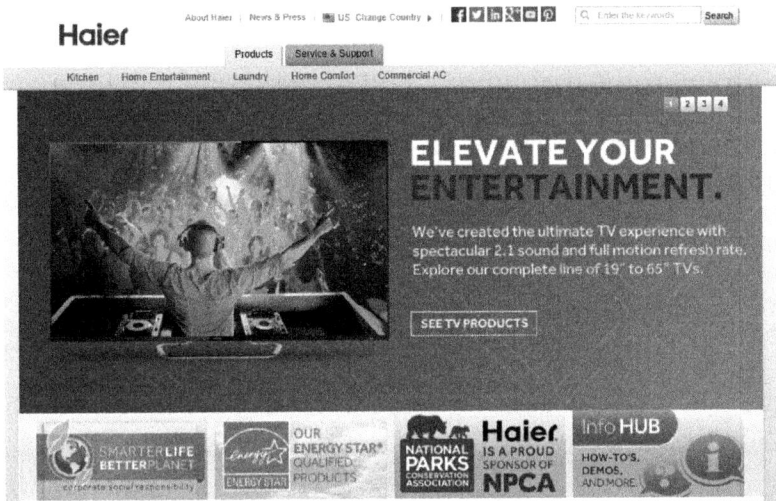

图 5-2　海尔英文网站(美国版)的主页

出，非常便于用户信息查找。

正如海尔集团首席执行官张瑞敏所说的，一个商业模式的可持续发展，关键就在于要建立互联网时代的企业文化，互联网消除了用户之间的距离，也颠覆了企业和用户间的信息不对称，由此导致了用户主导企业。①而海尔英文版网站正践行着这一切，以用户为中心，为用户服务，"为用户找产品"，真正的卖服务。

2. 可口可乐中文版网站

可口可乐公司诞生于 1886 年，是全球最大的软饮料公司，每天可售出 17 亿杯可口可乐产品，其消费者遍布全球 200 多个国家和地区，可口可乐在中国早已成为家喻户晓、最受欢迎的软饮料之

---

① 网易财经·张瑞敏：互联网时代的企业商业模式都必须变革[OL]．http：//money.163.com/13/0728/09/94S2OL3A00254UPE.html，2013-07-28.

一。可口可乐在中国的营销和品牌推广为人称赞，有着很好的传播效果。而可口可乐品牌网站中文版则对于我国自主品牌网站英文版建设无疑具有启发性：

可口可乐中文版网站以与其标识相吻合的红色作为主色调，在整体信息架构方面非常有特色（见图5-3），主要表现在如下两个方面：

图5-3 可口可乐中文网站主页

1）网站突出了鲜明的品牌个性

可口可乐的消费者定位非常清晰，以高中生、大学生和年轻上班族为主，而这个群体正是当前碳酸饮料的主要消费者，也是网络的重度使用者，他们追求个性、自由、激情，乐于接受新鲜事物，愿意同他人分享自身体验。基于此，可口可乐的网站传播其年轻、激情、个性、自由、活力、畅爽的品牌个性。可口可乐的中文网站分为关于我们、可持续发展、产品系列、品牌文化、精彩赞助、饮料百科、新闻中心和人才招聘八个栏目，各个栏目的设计都非常有设计感和时代感，用户体验也做得契合消费者的接受习惯。

2) 方便消费者的参与与体验

进入可口可乐各个栏目，特别是产品系列、品牌文化等，不知不觉被带入可口可乐的王国，感受其文化，体验其产品。用户可以通过品牌文化下的网络旗舰店进入可口可乐天猫官方旗舰店，购买可口可乐存钱罐、杯子、文化衫、创意闹钟、帽子等。用户还可通过官网的豆瓣、开心、人人、新浪微博、腾讯微博等社交网站进行信息分享。

可口可乐的中文版网站不是其美国版的翻版，而是注入了很多与中国本土化特色相结合的元素，即所谓的"全球化思维，本土化行动"①，这一点非常值得借鉴。可口可乐网站并不追求用户通过该渠道购买商品，而是创造出了一种友善的氛围，使得消费者与可口可乐融为一体，而这正是可口可乐品牌所有者一直认为的可口可乐成功之道。曾任可口可乐公司首席执行官的道格拉斯·达夫特曾说过，"我们要做的事情便是与消费者沟通，从我们得到的资料来看，我们与顾客的关系正在变得越来越密切"，而这也正是可口可乐建立和运行网站的准则。

3. 优衣库中文版网站

优衣库经历过无数次失败的过程：经历过无法从银行贷款融资的焦灼，经历过"衣服因低价而热销，但人们买回去之后立刻把商标剪掉"的尴尬，经历过未上市而拼命扩张店铺的疯狂，亦经历过

---

① Anonymous. Case Study: Trio Spreads Happiness Virus Globally, While Coca-Cola Brand Awareness Efforts Have a Local Flavor. *PR News*, 2010, Vol.66.

被消费者冷落的苦痛。而今，优衣库已成为服装行业唯一跻身全球前五名的亚洲品牌，在西方拥有绝对话语权和引领趋势潮流的服装、时尚等行业，优衣库的成功确实来之不易，而在成功背后，其网络营销和品牌推广的策略起到了很大作用。

当前，网络营销在品牌传播中的作用愈来愈明显，日本休闲服装品牌优衣库在中国一系列的网络营销活动，大大提升了其品牌知名度和市场份额。其网络营销主要包括品牌网站营销、SNS 社交网络营销和 APP 应用营销等。 这里我们重点对优衣库的品牌网站营销进行分析。

优衣库中文版网站的整体设计风格和信息架构与其实体店物品陈列方式非常吻合。用户进入网站看到的大大小小的格子和分区，与其实体店的储衣柜非常相似，排列整齐、有序，而用户这样的感受与优衣库所倡导的仓库式自助型购物方式不谋而合。网站整体风格简洁、清新，亦不失时尚（见图 5-4）。优衣库品牌所属公司日本

图 5-4　优衣库中文网站主页

迅销有限公司的主席兼首席执行官柳井正也正是以"低价休闲服"的概念赢得市场，通过丰富且色彩明快的基本款、物美价廉、独特的面料等特色，在休闲与时尚之间开辟出了新的市场空间。[①]相应的，网站把优衣库"低价良品、品质保证"展现得一览无余。

在色彩方面，优衣库网站采用红、白两种主色调，与其 LOGO 标识搭配，网站上加入的不同深浅的灰色，亦从整体上烘托出优衣库简约、舒适的风格。此外，该网站与淘宝网合作，共建站点，用户可以通过淘宝账户直接购买产品，非常方便。

有一点值得说明，尽管优衣库中文版官网和淘宝旗舰店的设计风格和商品陈列等各不相同，但其后台数据和功能都是共通的，均采用了淘宝提供的电商底层架构和技术支持。优衣库把网站建设、运营及维护等工作均外包给了淘宝第三方服务团队，自身则只专注于品牌推广和商品控制，如此运作模式既有效地运用了淘宝平台的资源优势，又最大程度保证了品牌在网络上的独立性。优衣库在中国市场的突出表现，不仅在于其品牌独特的定位，独具创新的经营策略和经营理念，而利用品牌网站等新媒体所展开的品牌传播与营销也显得专业与卓越。

二、品牌网站英文版优化对策

基于前面我们对自主品牌网站英文版的问题揭示，以及对优秀品牌网站的解析，我国自主品牌网站英文版可以从以下几个方面进行优化：

---

① 　赵轶，佳林仲. 迅销优衣库：非典型日企大陆成长史[J].科技智囊，2013(1).

1. 以用户为中心，注重用户体验

这是最基础也是每个品牌网站都应恪守的第一建站原则。企业在建立品牌网站时需要把"以用户为中心"提到战略层面和组织层面①，不仅应从自身角度考虑，通过建立官网，企业能获得怎样的用户资源、品牌知名度和其他传播效果，也应该从用户的角度考虑，用户可以通过该网站获得什么信息或服务，为什么要进入、停留在该网站。因为只有这样换位思考，企业建立的网站才不是自说自话，而是为了服务用户，为用户创造价值，也只有通过这种途径，企业品牌网站的传播效果才能真正达到。

此外，以用户为中心，注重用户体验也是自主品牌走出去，即通过品牌网站的渠道，为国外用户接受和认可的必经之路。因为说到底，品牌就是企业和用户之间建立联系，在用户心目中建立的形象。这期间有两个变量，即企业/产品和用户。在过去，品牌塑造讲究的是企业主动出击，通过各种渠道宣传、强化企业形象，而消费者则是比较被动地接受。在当今互联网时代，这一套品牌塑造法则完全被颠覆了，主动权从企业移交到用户手中，用户通过主动搜索，不断获得自身需要的信息，那些灌输式的传播则不再被接受。因此，自主品牌要想利用好品牌网站英文版这个渠道为品牌推广助力，就必须认识并践行这一原则。

2. 根据定位构建品牌网站风格，凸显品牌个性

调查显示，如果用户进入一个网站，等待时间过长或没有吸引自己的信息（通常为6～8秒），就会马上离开，转换至其他网页。

---

① Philip Sheldrake Wiley. *The Business of Influence：Reframing Marketing and PR for the Digital Age*. Wiley, 2011，6.

因此，品牌网站能不能第一眼抓住用户眼球，显得至关重要。而网站吸引用户最直接也最关键的点就是网站整体个性和风格。如果品牌网站信息架构和其他网站大同小异，没有任何特别之处，用户即使进入网站，也会马上离开，留不下任何品牌形象，更谈不上品牌好感和忠诚度。而网站识别度不高、个性不突出，恰恰是大部分品牌网站英文版的软肋。因此，品牌网站英文版的风格构建一定要基于品牌定位，彰显品牌个性，也只有这样，用户才能对品牌产生深刻的印象和好感。

3. 加强与用户的互动

有研究结果表明，网站信息架构和互动能很大程度通过增加用户对品牌的好感和信任提高品牌忠诚度。[①]网站互动性的应用，对于吸引和留住在线用户非常重要；网站的用户——客户、经销商、供应商等，通过品牌网站了解自己所需信息，并把自身体验情况分享给他人，或进行提问和咨询，网站可以通过这种互动了解到很多有用信息，如产品和营销优化方向、传播效果等。[②]此外，大部分品牌都有线下实体店或销售点，因此线上线下消费者的沟通和引流非常重要。前面我们介绍优衣库品牌网站时就提到，优衣库的新媒体广告采取的策略是线上线下并重，而不是局限于一做电商就一定会冲垮线下实体店的定式思维。当然，这里并不是鼓励各品牌照搬优衣库的做法，而是为了说明，线上线下联动，把两个渠道整合营

---

① Miao-Que Lin，Lee，Bruce C. Y. The Influence of Website Environment on Brand Loyalty：Brand Trust and Brand Affect as Mediators. *International Journal of Electronic Business Management*，2012，10(4)：308.

② Cyr Dianne，Head Milena，Ivanov Alex. Perceived interactivity leading to e -loyalty：Development of a model for cognitive-affective user responses. *International Journal of Human-Computer Studies*，2009，67(10).

销的重要性，以避免线上线下两张皮，消费者不知所措，最后造成用户资源流失的情况。

4. 强化网站维护，优化网站细节

品牌网站的风格、信息架构确定并不意味着网站整体上已经完善了，网站的栏目设置、内容编排以及其他信息的处理都非常重要，因为用户进入网站，可能会点击网页的任意一个小栏目或小细节，如果品牌网站整体架构良好，只因小的细节问题造成用户体验差，用户流失就得不偿失了。网站建设本就不是一锤子买卖，建设好之后就万事大吉，搁置不管了，而是需要长期维护和更新，更新网站数据、新闻信息、回复用户留言等，这些都非常重要，不可忽视。

总之，自主品牌网站英文版要想取得良好的传播效果，就必须真正做到以用户为中心，凸显品牌个性，为用户创造一种符合自身品牌定位的氛围，让用户真正融入品牌，并一步一个脚印，不断对网站进行更新和优化，以最终获得用户和企业间的良性互动循环。

第六章

广告主微媒体的信息供给

　　一种媒体普及到 5 000 万人，收音机用了 38 年，电视用了 13 年，互联网用了 4 年，而微博只用了 14 个月。从微博鼻祖 Twitter 问世，微博已发展为最具普及性的社会媒体。越来越多的社会组织和企业机构热衷于在微博平台上为自己开辟一块"自媒体"阵地——借此来进行信息发布、市场调研、推广宣传、客户维系等传播沟通活动。Twitter 作为微博应用的"老大哥"，为企业及社会组织用户开发了"品牌频道"、"定制化搜索"等应用，目前已有 80% 左右的世界 100 强企业在其平台上开通了账户；而作为国内最受关注的门户微博——新浪微博，为企业和机构用户量身打造了企业版微博平台，吸引了大量用户的入驻。紧随微博其后，微信、微电影、APP 等微媒体纷纷登堂入室，俨然形成一个微媒体潮。微媒体使用的主角是主体性的个体，但同样为有着主体性的广告主所用，为此我们这里主要就微博、微信、微电影展开如下阐述。

第一节 广告主微博的信息轻型供给

微博是一种"核心——边缘"节点裂变式传播，即：以微博主为中心向外聚合其他节点并不断裂变出新节点，形成一个由节点构成不断扩散的信息流聚合网。[①]这就使得企业进行市场拓展原先主要借助"广而告之"的传统广告转而进入"搜索满足"式的新媒体广告或品牌传播。在"信息满足"的品牌传播服务中，企业微博不仅是最便利、迅捷、权威、能迅速形成双向互动的信息媒体；而且"几乎是为企业零成本获得品牌传播，并引发相应的销售"。[②]当信息量有限的微博，以文字、图片、视频的形式，一条条为企业的品牌形象、产品信誉聚合正向效应，也就以"信息微聚"的方式满足了受众对于信息的"搜索满足"发生机制。为此我们特进行了如下的研究——

一、广告主微博的内容分析

这里我们主要采用框架理论的内容分析法进行研究，即从国内500强企业中抽取35家企业，并以戴尔、三星、家乐福、宝洁、百事可乐5家世界500强外资企业作为参照，共计40家企业作为样本，重点对这些广告主的品牌微博、负责人微博、部门微博、产品

---

① 喻国明等.微博：一种新传播形态的考察[M].北京：人民日报出版社，2011：16.
② 舒咏平.新媒体广告[M].北京：高等教育出版社，2010：17.

微博等进行选择性分类研究，进而跟进网友对其微博信息所作出的相关言论，利用框架理论通过对话语分析检测活动目标是否达到、沟通效果如何，从中分析用户对于广告主所发布信息的使用满足情况。

在微博平台中，原创信息往往通过"节点"的"关注"、"评论"、"转发"等方式进行信息扩散交流，而对于微博的反馈则主要体现于"评论"、"转发"这两种表现形式。因此对于"评论"的内容分析和"转发"行为的分析，则成为微博平台用户"信息满足"的主要测量方式。

戈夫曼认为框架理论是一种人们用来认识和解读社会经验的认知结构，使用者可以借助框架理论来感知、定位、确定和命名那些看似无穷多的具体事实。考夫曼还进一步认为，散落各地的社会事件，彼此之间并无所归属，只有通过符号的相互转换方能成为与个人有所意义关联的主观认知。意即框架的功能意义在于作为人们进行事物组织的原则，为人们提供了整体性的思考基础，同时能够针对一连串的符号活动发展出自己的中心思想，并建构其自身意义。由微博所引发的情感及态度效果体现在对微博信息的评价内容中，从评价内容中即可感知用户的支持、中立和反对态度，从根本上而言用户"评价"是对信息内容一个质的提升，从评论可以看出有多少人引起共鸣。基于框架理论，本研究根据用户评价内容的性质形成"正面"、"中立"、"负面"和"其他"四个类目，以此对广告主微博平台的"信息满足"服务做出测量。"正面"的内容性质或"转发"行为即代表用户实现了信息满足。

为了能够对这些企业的微博运营进行全面了解，本研究采用事后统计法，将抽样时间定为一个自然周（2013 年 4 月 1 日 00 点 01 分～4 月 7 日 24 点 00 分），并从新浪微博截取了以上 40 个官方微博以及部分企业子品牌微博、企业主微博在这一周内所有原创的或转发的微博进行内容分析。其数据显示：

1. 企业微博量的排名及相关性

本研究抽取 40 家企业，就其"微博风云"有关影响力排名、活跃度排名、粉丝数排名、微博价值等统计后，微博价值排名前十的企业分别是（见表 6 - 1）。

表 6 - 1　企业微博价值排名前十的基本情况

	企业名	影响力排名	活跃度排名	粉丝数排名	微博价值	粉丝数量
1	中国工商电子银行	436	99 597	1 750	887 万	1 852 261
2	中国移动	572	59 433	1 360	640 万	2 028 740
3	苏宁	676	44 124	824	448 万	2 811 647
4	百度	859	25 297	4 448	271 万	1 016 711
5	海尔	3 210	51 445	2 287	245 万	1 329 601
6	中国银行	857	26 581	3 891	214 万	1 034 354
7	国美	1 591	64 685	4 701	180 万	1 090 556
8	金典爱上有机（伊利）	9 902	91 903	9 167	137 万	489 433
9	向文波（三一总裁）	5 962	186 481	15 985	131 万	267 337
10	中国电信	544	89 721	8 223	107 万	966 487

在测量期的一周内，40 家企业广告主共计发布微博 903 条，平均每天产生 129 条微博，每个广告主发布 22.6 条微博。微博发布总量排名前十的依次是（见表 6 - 2）。

表 6-2 样本企业微博周发布数前十

排名	1	2	3	4	5	6	7	8	9	10
企业	百度	苏宁	戴尔中国	相宜本草	中国太平洋保险	上海汽车荣威	中国银行	国美	泸州老窖	青岛啤酒
微博数	63	58	53	51	48	44	42	40	36	33

这十家企业共计发布 468 条微博,占微博发布总量的 51.8%。微博发布数量将直接影响着企业微博影响力、活跃度和微博价值。微博发布数量前十的企业中有 4 家企业是在"微博风云"中排名前十的企业,尤其是百度和苏宁两家企业微博在两项排名中均名列前茅。用户对于企业信息的接触是实现用户"信息满足"的先决条件,且主要是通过关注企业发布的微博内容实现,因而企业微博的发布数量决定了"信息满足"实现的信息源。

微博被转发次数和被评论次数则关系着微博的传播力度和广度,即粉丝对于该条微博的态度形式是对微博内容的一种反馈,这是检验微博是否能够有效影响受众态度的标准要素,粉丝对于微博的评论和转发表明了用户对于该条微博的关注度和态度,是用户实现"信息满足"的前提条件。根据新浪微博消息下方显示的"转发"、"评论"数进行统计,在一周内被评论和被转发数排名前十的分别是(见表 6-3)。

表 6-3 被评论与被转发总数前 10

排　名	样本名称	评论转发总数	被评论数	被转发数
1	中国移动	410 112	206 310	203 802
2	百度	25 019	4 579	20 440
3	中国国际航空	16 801	2 563	14 238

(续　表)

排　名	样本名称	评论转发总数	被评论数	被转发数
4	戴尔中国	11 737	2 536	9 201
5	相宜本草	5 989	2 060	3 929
6	苏宁	5 030	1 004	4 026
7	中国银行	4 830	750	4 080
8	淘宝网	2 872	1 231	1 641
9	向文波(三一总裁)	2 408	2 048	360
10	金典爱上有机	2 008	221	1 787

从广告主个体上看，中国移动在微博发布总量排名(共计发布29条，属于中等水平)并不靠前的情况下，却在被转发次数和被评论次数方面(平均每条微博均值 14 141.8，即被评论与被转发总数与微博发布数之比值)拔得头筹，且远远超过排名第二的百度(百度在微博发布总量上居于第一)获得了最积极的用户反馈和最优的传播影响力。被评论数和被转发数排名第二(平均每条微博均值397.1)的百度在微博发布总数上居于第一，然而相较排名第三的中国国际航空(微博发布总量为 24 条平均每条微博均值 700)，从侧面反映出用户对于中国国际航空微博的参与度明显高于对百度的参与度，这表明微博发布数量与被评论、被转发数之间并不具有直接关联性。但充足的微博发布量为用户提供了丰富的信息来源，是用户实现"信息满足"的前提条件。

2. 议题框架分析

用户对于信息的消费一定意义上是对信息内容的消费，而微博平台"信息满足"实现过程中，微博内容无疑是该过程的核心。本研究通过设定议题框架来对 40 家企业一周内发布的微博内容以及用户对于微博内容作出的具体反馈进行逐一统计分析，从用户"信息满足"角度对广告主微博内容的议题框架作出重新审视。

1）真实、趣味、交互、利益相关性，是保证用户"信息满足"发生的主要因素

"内容"类目能够体现微博主要的内容框架、传播方向以及微博与企业主之间的关系，是用户信息消费的对象。在对于企业微博内容设置的编码中，其微博内容统计数据显示：排名第一的是产品资讯（占 21.79%），然后是与企业相关性不大的生活知识（占20.78%）、精彩语录（占 16.54%）、其他（占 15.87%），其次便是客服互动（占 6.03%）、精选促销（占 4.8%）、时政社会（占 4.69%）、企业新闻（占 3.69%）、行业动态（占 2.46%）、企业活动（占1.9%）、企业文化（占 1.23%）、市场调研（占 0.22%）等等（见图 6-1）。

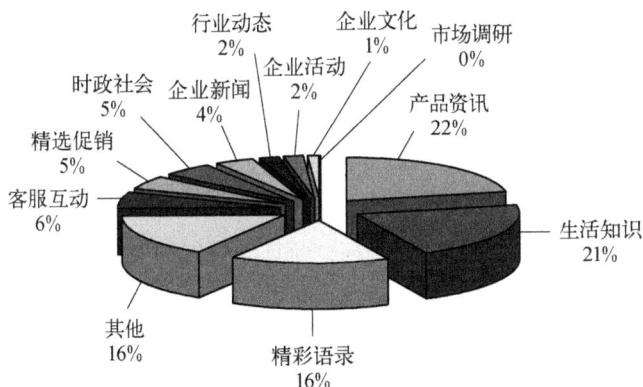

图 6-1 微博内容类目比例分布图

从图 6-1 上看，广告主微博以突出企业与产品宣传的主体性为微博的传播目标，与企业和产品相关的类目占据了 42.12%，而

生活知识、精彩语录等方面（占 37.32%）丰富了用户的精神和物质生活，这类内容较易引起用户关注实现信息满足。

2）微博的利益相关影响用户参与性

对于不同的微博内容，用户也相应表现出不同程度的参与度，用户对于"精选促销"内容的微博参与度最高（该内容的评论、转发数达到 415 274，占总评论、转发数的 82.71%），成为最具吸引用户的内容板块，再次"其他"、"客服互动"、"产品咨讯"、"生活知识"、"精彩语录"等内容的用户参与度紧随其后（见图 6-2）。

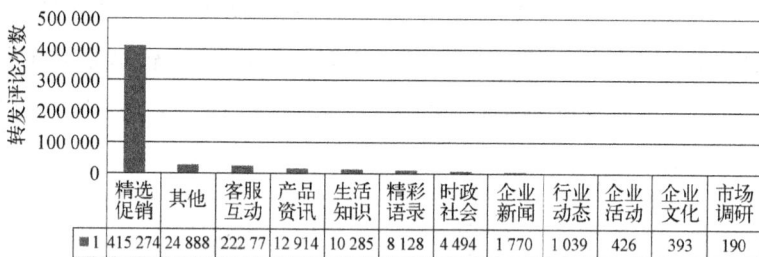

	精选促销	其他	客服互动	产品资讯	生活知识	精彩语录	时政社会	企业新闻	行业动态	企业活动	企业文化	市场调研
■ 1	415 274	24 888	222 77	12 914	10 285	8 128	4 494	1 770	1 039	426	393	190

图 6-2　用户参与性的内容转发与评论

据此可见，用户对于关乎自身实际利益且能够实现交互沟通的信息参与度远高于其他非相关信息，对于企业微博抽奖、礼品放送、促销活动等内容参与度极高，而其他诸如答疑解惑互相调侃类的互动内容用户的热情度也较高，这些的类似活动能够与用户产生直接的交互，使用户在交互中找寻到自身的存在感，从而拉近广告主与用户彼此之间的距离将微博互动特性发挥得淋漓尽致，而往往正是这些不经意之间的交互，却在潜移默化中实现了用户的"信息满足"。例如，前文中提及的中国移动，其微博发布总量共计 29 条在 40 家企业微博发布数量中属于中游水平，然其平均每条微博被评论、被转发数的均值却达到了 14 141.8，是其他企业微博均值的几十倍，究其内容发现，中国移动仅单条有关"精品促销"类目的微博即实现了 204 908 次评论、198 647 次转发，且用户对于该条微博内容正面的直接评价达到了 195 610 次，是 40 家企业在抽样时间内用户对于所有微博内容的正面评价次数最高的微博帖子，在这条微博帖子中"中国移动"对于用户的各类疑问进行了即时跟进与回复。

因内容利益性、互动及时是实现用户信息满足的重要条件。而这也正是由于内容与用户之间的关联度才导致了前文所述微博总量与转发、评论次数之间虽存在间接相关性但并不具明显直接关联的表征。

3）微博的信息内容影响用户的信息满足

本研究将用户信息消费后的反馈分为"转发"、"评论"，而"评论"又可编码为"a 正面"、"b 中立"、"c 负面"，"转发"记为"d"正面视为信息满足状态赋"1"分、"中立"赋"0"分、"负面"赋"－1"分、桥节点的"转发"赋"1/2"分并逐条对应四个维度据此进行信息满足服务量化统计，具体计算公式为：信息满足分值 $= x * a + y * b - z * c + r * d / 2$，"x"、"y"、"z"分别是各类性质的评论数，"a"、"b"、"c"则分别代表不同性质的评论，即正面、中立、负面三类性质的用户态度，这三类性质用户态度的统计主要通过编码员对于语句感情色彩的分析来完成，"d"则为桥节点用户的"转发"，"r"为转发数。通过对 903 条微博根据内容编码分类逐一统计信息满足分值得出：用户对于精选促销类内容的信息满足分值最高（达到了 199 426 分），其次是对客服互动类内容（3 604.5 分）、其他类、产品咨询类等，分值最低的

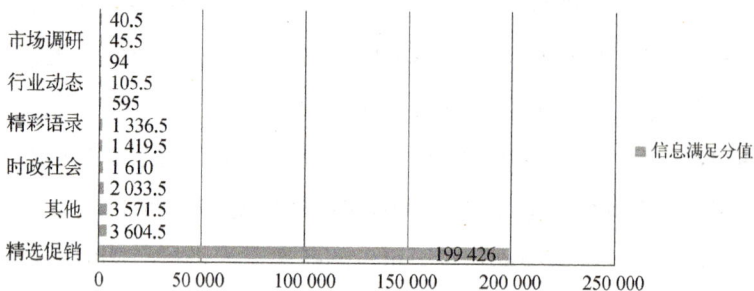

图 6 - 3　微博的信息内容对于用户的信息满足

为企业文化类(见图 6 - 3)。

精选促销类内容得到较高的信息满足分值，与该类目内容受到用户极大参与度相吻合，而根据数据统计可以看出信息满足分值较靠前的类目多集中在该微博帖子与用户利益关联度较高的内容上，此种内容的发布往往能够吸引用户参与其中，一旦该微博内容与用户建立了高度的利益关联性，用户的满足需求则能较顺畅地得以实现，因而广告主在微博信息发布中应重视客户，注重维系用户关系。

从图 6 - 4 可见，用户对于各企业主微博平台的信息服务大致上较为认可，各内容编码中正面评价占了大部分，且用户对于各类内容信息的处理方式上较为理性，对于广告主发布的例如企业活动、企业新闻、生活知识等陈述性内容表现出一定的中立态度并未出现网络舆论一边倒的现象；而对于市场调研、精选促销等编码内容则是呈现较高的正面占比，这一方面主要是由于在该类互动性内容中用户占据主导地位，是整个内容所提及活动的主要参与者，故用户对此表现出极高的正面性。虽然大部分用户对于广告主信息服务较为满足，然而在行业动态编码中，用户的负面评价约占所有评价的 1/3，与其他编码出现了极大的反差，我们在对每条微博的文本内容分析后认为：这种负面评价的出现主要源于广告主对于行业动态信息发布失实，以及该行业负面消息等造成的。

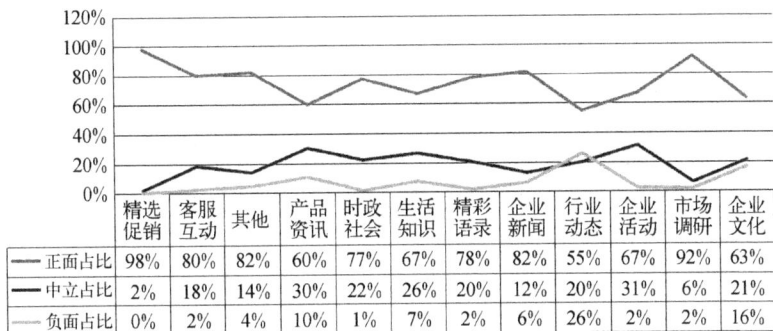

	精选促销	客服互动	其他	产品资讯	时政社会	生活知识	精彩语录	企业新闻	行业动态	企业活动	市场调研	企业文化
正面占比	98%	80%	82%	60%	77%	67%	78%	82%	55%	67%	92%	63%
中立占比	2%	18%	14%	30%	22%	26%	20%	12%	20%	31%	6%	21%
负面占比	0%	2%	4%	10%	1%	7%	2%	6%	26%	2%	2%	16%

图 6-4　微博内容的正负面响应占比

4）重视用户成为微博内容的能否实现信息满足的关键

各企业间信息满足分值差异巨大，中国移动虽在微博发布数量上居于中游，但信息满足分值（为 198 746.5 分）远远超过信息满足分值居于第二的百度（为 2 930.5 分），中国移动的信息满足分值约是百度分值的 68 倍，呈现出一枝独秀的态势，而后企业则紧随百度的信息满足分值依次降低。除江淮汽车外，其余 9 家企业的官方微博或子微博的被评论和被转发数都居于评论、转发排行榜前十，因而可以肯定的是，用户充分的参与性是用户实现信息满足的保证，故而广告主对于微博平台信息满足服务的实现需要通过用户充分的参与来保证，这是实现信息满足的前提条件。在整个信息满足分值排行榜中，居于末位的是中国电信（-93 分），远远低于其余各家企业的信息满足分值，而通过对其一周内负面评论分布统计分析，其负面评论集中在 4 月 1 日对于用户"愚人节"恶搞中，只有极少部分用户对于这种恶搞做出了肯定的回应，而大部分用户则是持一种否定的态度出现了抵触心理，有些用户甚至是直接进行谩骂攻击，同时中国电信对于用户提出的一些产品体验反馈也没有及时进行客服跟进，这种情况在很多评论中都有体现。

此外，在针对信息满足分值较低的企业微博进行内容分析中发现，这些企业多有一个共性，即对于用户合理的意见以及产品体验反馈采取置之不理的态度，本研究对 40 家企业微博样本进行内容统计分析得出，样本中的部分企业微博忽视微博用户，有 26% 的企业微博对于用户的反馈直接采取不理会的态度，有 58% 的企业则是有选择性的处理用户的信息反馈，只有 16% 的企业能够及时对用户的反馈做出处理，如戴尔中国、中国移动等官方微博能够适时与用户保持互动（图 6-5）。

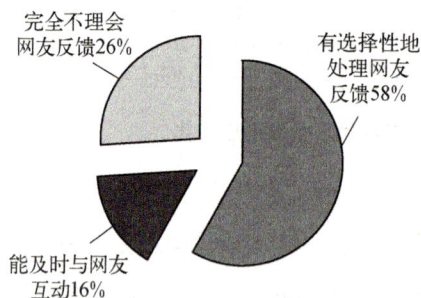

图 6-5　企业微博对于网友反馈的处理

这些忽视微博用户的企业微博信息满足分值多居于整个排行榜末位，用户多有在其微博中表达不满情绪。

此外，在信息内容编码分布上信息满足高分值集中在精选促销（199 426）、客服互动（3 604.5 分）、其他（3 571.5 分）、产品咨讯（2 033.5 分）、时政社会（1 610 分）、生活知识（1 419.5 分）、精彩语录（1 336.5 分）上，用户对于信息内容的需求多集中在这几个内容板块（见图 6-6）。

5）用户的"信息满足"集中于具有利益点且区隔明显的主题上

"主题"类目反映了广告主微博的定位和主要议题框架，本研

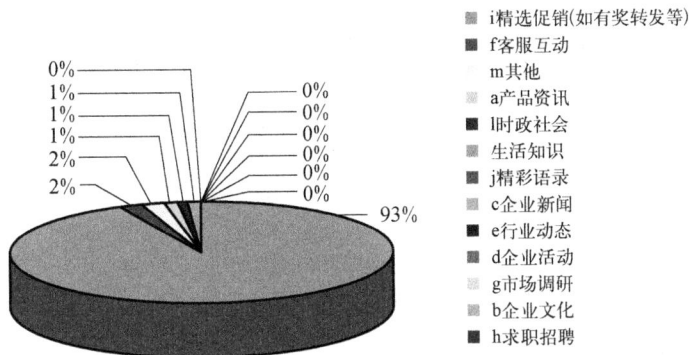

图6-6　用户对于企业微博内容的信息满足分值

究对主题设置的编码有：企业信息、社会信息、生活资讯、名言娱乐、私人言论、其他等6个项目。从广告主微博总体看，篇幅最多的是私人言论（微博维护人员言论）（占58.44%），其次是企业信息（占22.23%），其余的编码项目所占比均低于10%。由此可见企业微博的定位上明确于企业宣传，传播议题设置上倾向以生活化、商务化为主要特点。

　　通过对各类主题编码项目信息满足分值统计显示，企业信息类获得最高信息满足分值（200 004分），其次是私人言论（10 507.5分）、生活资讯（1 910.5分）、社会信息（1 003分）、名言娱乐（294.5分）、其他（163分）。由此可以看出企业微博的信息满足多发生在企业信息的编码项目上，同时根据评论次数和转发次数亦集中于企业信息项目的特点，可以得出：相较于趋同性的网络热门集锦式微博主题项目，在企业微博平台，用户更关注企业微博上独有的企业信息项目。这种个性化、即时化的企业信息源于广告主微博明确的定位，是广告主微博获得受众良好回应的关键。

综合内容类目和主题类目的分析，可知内容的真实、趣味、交互、利益相关性是用户实现信息满足的主要因素，而主题明确的内容更易实现用户的"信息满足"，用户对于具备满足以上要素的内容呈现出集群分布的特点，在实现"信息满足"情况下用户较易形成以微博主为中心的"中心—边缘"聚合网络。

3. 微博发布方式分析

1）图文并茂的形式最易形成用户的"信息满足"

微博的发布"形式"能够为用户提供不同感官的呈现效果，是广告主丰富信息传播量的重要手段。有些时候简短的文字并不能充分表达信息的内在含义，通常而言广告主在微博平台进行产品或服务推介时往往会辅以图片、视频、网站链接等来增强信息传播深度以增强用户的感受。当然从用户角度而言，丰富的信息呈现方式也有助于用户实现"信息满足"。

本研究中对"形式"的编码可分为：纯文本、文本与图片、音乐、视频、网页链接 5 项。从家广告主各自微博数据来看，40 家企业微博的发布形式均以文字搭配图片为主要的微博发布形式（88.27%），其余发布形式占比较少（见图 6 - 7）。而从用户对于不同类型发布形式的信息满足分值来看，文本与图片相结合的发布形式具有最高的信息满足分值（212 432 分），每条文本与图片相结合的微博其信息满足均值为 268.9，远远高于纯文本形式的均值（18.08）。显然，文本与图片相结合的发布形式是目前广告主采用的主要发布形式，由于文字能够对于图片进行解释说明，图片又能通过视觉效果来呈现一些特殊含义两者起到互补作用且浏览快速便捷；而视频、链接等内容更为丰富的呈现形式为何并未获得较高的用户信息满足分值，原因在于链接、视频等形式需要耗费用户一定

时间去操作等待，同时由于微博移动终端化，用户浏览链接、视频
等内容会耗费较大流量。

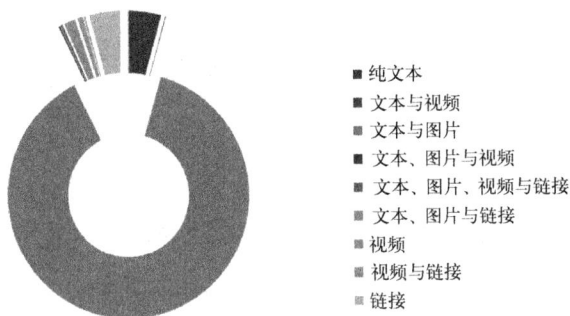

图 6-7 微博发布方式分布

2）原创微博是用户实现"信息满足"最重要的信息来源

本研究将微博的"类型"类目分为原创微博和转发微博，转发
微博又根据内容与广告主的相关性分为相关微博和无关微博。企业
的官方微博是企业对外宣传的平台，从原创和转发可以看出一个企
业对于宣传平台的把握情况。从整体上看 40 家企业所发布的微博
中，78.8%微博是原创微博，与本企业相关的转发微博占 14.4%，
只有 2.6%的微博是与本企业无关的转发微博。其中三星、伊利的
金典爱上有机、江淮乘用车、方正所发布的全部微博均为原创微
博，其次是中国移动和海尔两个企业的微博原创达到 95% 左右，其
余各企业的微博原创均在 90%以下。

从各类型微博信息满足均值来看，原创微博的均值达到了每条
299.9 的分数，而相关转发微博的均值为 14.3 分，无关转发的微博
均值则在 1.2 分，显而易见，原创微博以压倒性的优势更易满足用
户的信息需求。同时从侧面可以得出，无关转发微博比例的提高很

有可能会降低官方微博的影响力，以及用户对于该微博的关注度。

4. 企业微博内容分析的启迪

本研究从微博作为新媒体传播模式的本质"信息满足"角度出发，提出了微博平台信息满足的测量方式。并借鉴了框架理论，对广告主微博微博内容进行了框架设定，通过对微博内容框架及用户反馈信的分析，呈现了用户信息满足实现的整个过程和机理。并就此理清了微博平台信息满足实现基本要素的互相关系。其中，微博发布量、议题框架分析、发布方式分析是实现广告主微博"信息满足"服务的三大要素，而三大要素分析启迪主要为：

1) 微博发布总量的多少直接影响着用户"信息满足"的基数值，广告主微博发布数量的多寡是"信息满足"实现的先决要素

任何忽视微博用户不发布微博的广告主都不可能实现用户的"信息满足"。但微博的发布也并非多多益善，而是视情况而论。广告主的发布微博应制定合理科学的计划，拒绝盲目凑数。微博发布数量需要根据企业的营销活动及品牌传播进程来安排。广告主可以制定每周计划表，确定每周的微博发布数量，同时根据企业营销活动需要对各内容类型的微博数量进行分配，做好企业信息类和其他讯息类的配比，切不可采用轰炸式的广告信息进行灌输。有计划的微博发布手段既保证了用户实现"信息满足"信息源的数量，同时有计划的安排又可以避免微博发布"资源枯竭"。

2) 广告主微博内实现"信息满足"服务需要注重内容的"5I原则"

所谓"5I原则"，即： Indeed（真实）、Interesting（趣味）、Interests（利益）、Individuality（个性）、Interaction（互动）。

真实——即广告主应谨慎发布信息，保证内容的准确可靠，决

不可为博取粉丝数而传播似是而非的内容，这种行为实质上损害了用户的"信息满足"需求，会导致广告主公信力的丧失。

趣味——是微博吸引用户浏览的重要因素，前文的数据统计显示，有新意的微博内容总能引起用户的强烈反响。如精彩语录、幽默笑话等片段的用户信息满足分值在所有内容中居于中上水平。趣味性偏向生活化、休闲化，容易拉近用户与广告主之间的距离，同时微博作为一个分享平台，很多用户在实现"信息满足"后会主动将该内容进行分享，从而形成二次传播间接提高了广告主微博的传播力度。

个性——是指广告主要形成自己独有的内容体系，在内容表达、呈现形式等方面培养自己的独特个性且能够长期塑造保持这一特点的连贯。这种连贯的特点会给用户以系统、直观的感受，使用户能够从不同微博中明显区隔出广告主微博，丰富了用户对于信息的个性化体验，增强了用户黏性，保证了微博的持久活力，从而提高品牌传播的效果。

利益——意指微博信息具有价值点，用户能够从微博中获取某种形式的效益。广告主微博的利益原则可以体现在提供产品或服务咨询、传授生活知识，或是有奖竞猜等促销活动。在前文的数据分析中，与利益相关性较大的精品促销、产品咨询等类目都获得了较高的信息满足分值。

互动——是指广告主能够与用户保持实时交流。广告主应该把微博打造成与用户进行互动交流的场所，当遇到用户在微博中宣泄不满、提出疑惑或投诉时，广告主微博应积极予以解答，提供满足用户信息需求的服务。广告主亦可抛砖引玉提出话题引起用户讨论，以亲和的形象和态度，与用户亲切对话，以培养用户对品牌的情感认同和忠诚度。

3）微博的发布形式应以图文组合为主、兼顾多样的策略

前面广告主微博的发布形式和发布类型与信息满足分值的相关性数据已显示，图文并茂形式因其浏览快速便捷且信息量大最易促成用户的"信息满足"，而原创微博传递了与广告主相关的信息内容具极强的针对性，是用户实现"信息满足"最重要的信息源。因此，广告主微博的内容需以图文组合的发布形式为主，同时兼顾纯文字、文字与视频组合形式，尽量多种呈现方式互补性地为用户提供丰富的信息内容。

二、广告主微博的"评——转"效应

微博用户对品牌微博信息的转发、评论等行为，是微博效应的主要体现方式。Park & Chung 发现微博极具营销价值，消费者通过微博表达需要，是企业了解消费者心理的平台，而日常在微博上发布的促销信息也有利于企业业绩的提高。[1]Dejin Zhao & Rosson 认为，微博在用户日常工作的非正式沟通中起到重要角色，微博能够帮助人们更好的了解同事的生活、兴趣爱好、情绪等，有利于加强工作关系、形成共同的圈子、培养集体感，进而加强共同协作。[2]也就是说，人们在微博使用中加强了沟通，增进了协作，其微博使

① Park J Y, Chung C W. *When daily deal services meet Twitter: understanding Twitter as a daily deal marketing platform*, Proceedings of the 3rd Annual ACM Web Science Conference. ACM, 2012: 233 - 242.

② Zhao D, Rosson M B. *How and why people Twitter: the role that micro-blogging plays in informal communication at work*, Proceedings of the ACM 2009 international conference on Supporting group work. ACM, 2009: 243 - 252.

用的行为则体现为"转发"、"评论"。因此，从"转—评"效应角度，能很好地认知广告主的微博信息供应的效果。

信息的转发与评论是社交媒体的特有属性，相对于传统媒体的单向度传播，社交媒体通过转发、评论使媒体不仅仅是少数人传播信息的专利，而是成为"人人都是信息传播参与者"的扩散式传播。在 Web2.0 时代，新媒体的开放性、互动性特征赋予微博信息传播更多的可能性，也使得传统的消费者购买行为出现变化。电通公司提出 AISAS 模型，可以描述网络带给消费者的改变。AISAS 是在 AIDMA 的基础上演变而来，AIDMA 是美国广告学家刘易斯提出，描述消费者从接触信息到购买的五个阶段：A（Attention）引起注意—I（Interest）引起兴趣—D（Desire）唤起欲望—M（Memory）留下记忆—A（Action）引起行动。AISAS 反映了网络信息传播的变化所导致的消费者购买行为的变化（见图 6-8）。

图 6-8　消费者接受行为 AISAS 模型图

与传统的消费者行为相比，AISAS 模型更加强调消费者的搜索与转发行为。而在这两个阶段，"用户产生内容"便至关重要。用户产生内容是指人们每天都在社会化媒体上发表关于产品、品牌和公司的观点。它是 Web2.0 时代的重要产物，互联网从其原始的从制造商向消费者的单向传送转化为社会的、互动的媒体。互动中，微博转发是用户重要的媒体行为，用户转发品牌微博的内容说明用户对微博的内容十分认同或是不认可。为此，我们研究即落到用户转发的内容及转发的频率之上。

1. 研究设计

1）样本选择

我们以在新浪微博注册的广告主微博为样本进行研究设计。综合世界 500 强企业名单、中国百强企业名单，我们从中选取 35 家企业作为我们的样本框；同时为了与国外企业进行比较，我们特选出戴尔、三星、家乐福、宝洁、百事可乐 5 家品牌微博加入样本框，以作比较分析之用。

2）分析单位与分析类目

分析单位是指对传播信息进行分类或测量的最小计数对象。这里我们以每条评论信息为分析单位。针对用户评论的内容分析，内容类目如表 6 - 4。

表 6 - 4 微博评论内容类目表

类　目	释　义	示　例
批评	认为该品牌有不当之处	"移动最拿手的就是骗人"
疑问	对某方面有所怀疑或者有待解答的问题	"补贴多少钱？"
赞美	称赞、感谢等，认为该品牌及其行为值得表扬	"好感动，移动又一次给了我们正能量"
肯定	品牌行为是正确的、适当的	"网速越来越快，这样才好嘛"
补充信息	提供更加丰富的资料，对信息进行补充	"对电视节目来说，4G 还可以直播呢"
提出建议	对品牌为提出意见，希望改进	"没有离线推送，要好好优化"
转发信息	将个人的现状、经历或学识进行转发	"要坚持每天做面膜"
提出号召	希望大家一起响应某一行为准则或信念	"必须得有不达目的不罢休的精神"
判断说明	个人的见解或评论	"W5 能出来，混合动力一定很有市场"
其他	除上述内容以外的信息	"这，这，这……"

针对用户的情感属性，类目如下：

正面： 本项研究中，理性、赞美、向上、表扬等能够引发美好情绪则属于我们所界定的正面情绪之列。

负面： 心理学上把焦虑、紧张、愤怒、沮丧、悲伤、痛苦等情绪统称为负面情绪，在本项研究中，愤怒、悲伤、忧虑、抱怨等情绪为负面情绪。

混合： 既含有正面情绪，又含有负面情绪。

中立： 中立情绪有两种情况，一是所发评论与博文内容无关，二是无法明显判断其情绪，我们将其视为中立情绪。

针对转发内容，我们的类目如表6-5。

表6-5 微博转发内容类目表

类 目	释 义	示 例
企业资讯	与企业相关的信息	3月8日，青啤出酒仪式在洛阳举行
知识百科	生活常识及其他普及性知识	用餐时的错误吃法，你中招了吗
精彩语录	名人名言或是引人深思的话	也许我们是平凡和微渺的，但我们竭尽力量做着喜欢的事，心中便充溢温暖和安宁。——毕淑敏《愿你与这世界温暖相拥》
时事新闻	国际、国家或地方的新闻	四城市试点以房养老
广告公关	产品信息或品牌的宣传、促销及公关活动	天气渐暖，青岛啤酒的受欢迎热度也直线攀升，亲人相聚、朋友聚会、外出游玩……有青岛啤酒才更尽兴！目前青岛啤酒天猫旗舰店里有多款优惠选择，手机扫描二维码即可直接登录店铺
专业知识	转发专业性信息，限在企业所在行业	爱车跑的公里多了，就会出现跑偏的情况，解决汽车跑偏问题，没有出现跑偏的及早进行四轮定位也是好的

（续　表）

类　目	释　义	示　例
社会责任	承担社会责任的活动	♯地球一小时♯你的选择决定天空的颜色，今晚 8：30～9：30，大家一起加入"自造蓝天计划"，一起关爱地球一小时
客户关系	产品或品牌与客户之间的联系	日前济南—章丘荣威车友会成立了，大家快来关注
其他	除上述内容以外的信息	终于娶得了小三，白富美小三提车记

2. 抽样

为了便于研究同时能保证结果的有效性，本研究将采用随机抽样与等距抽样相结合的方法，通过三级抽样最终确定研究对象样本。我们以上文的 40 家企业为样本框进行抽样，通过随机抽样的方法选取 5 家中国百强企业和 1 家外企进行评论抽样。我们取 2014 年 3 月 1 日至 2014 年 3 月 31 日时间段的博文进行二级抽样。经过随机抽样，五家中国百强企业是上海汽车、中国太平洋保险、青岛啤酒、海尔冰箱、三一重工，一家外企是宝洁。

针对问题一、问题二，我们将对这 6 家企业 3 月份微博进行二级抽样，每个品牌微博随机抽取 10 条博文，共 60 条。每条微博等距抽样 6 条评论，共 360 条评论作为我们的问题一问题二的研究样本。若所抽到博文不满 6 条评论的，视为无效样本，将重新抽取。针对问题三，我们将这 6 家企业 3 月 23 日至 3 月 30 日的原创博文的转发内容及行为作为我们问题三的样本进行内容和频率分析。

3. 数据处理

针对问题一、问题二，我们对 6 家企业进行微博抽样，随机抽取 10 条博文，每条博文抽取 6 条评论，其中不满 6 条评论的博文视为无效样本，舍弃后继续抽取，直至样本量满为止。最终共取得360 个样本，博主回复、系统自动转发评论为无效样本，共 47 个无效样本，最终，获得有效样本 313 个评论。

为了保证研究的可信性，我们对内容进行两次编码，两次编码人员分别是华中科技大学广告系的硕士研究生，受过统计学的初步训练。根据霍斯提（Holsti）效度公式：

$$编码者间信度公式 = 2m/(m_1 + m_2)$$

m 为一致的编码数，对于问题一的编码，我们的信度为 87%，样本具有可信性。

转发的内容样本同样采用了 3 月 23 日至 3 月 27 日 6 家企业的原创博文，共 191 个博文组成，其转发的频率跨越从 0 次到 9 900 次。内容信度为 83%，样本具有可信性。

研究用户的转发行为，我们需要考虑以下几个因素以保证样本的代表性：

一是博文的均衡性。首先，选取的博文时段均衡，保证早中晚各有博文且数量不宜相差过大。根据自身体验，微博的信息量极大，一条微博发出后数十分钟便被覆盖，因此博文发出的时间极容易影响转发的时间，进而影响研究结果，因此我们选取的博文时间段上必须有区隔。其次是内容的均衡，不同的内容转发意愿不同，内容综合性更强更容易挖掘用户的转发特征。二是转发的用户需为真实有效的用户，而非网络水军。微博营销的手段之一便是水军注水，转发的数量极易造假，因此选取博文的质量是关键。对以上两点的把握能够在结果上最大化的保证结果的有效性。综合以上两点，决定选取青岛啤酒作为转发研究的样本，抽取 3 月 23 日至 3 月

31 日所有的原创博文为一级抽样，将所有的转发作为二级抽样，共得到 644 个转发行为，信度计算结果为 98%。

4. 品牌微博用户评论内容分析

品牌微博通常由营销部门特定的人员负责，在长时间的微博运营中，微博人员通常将其微博运营形成一定的规律，比如发布的内容有固定的时间，发表的内容有固定的板块。上海汽车的微博（微博名：上海汽车荣威，ID：http：//weibo.com/saicroewe）根据微博内容将板块分为："荣威讲堂""威生活""荣威视点""荣威350"等，工作日每天发布 5～8 条微博，休息日发布 2～4 条微博。我们综合品牌微博发布的内容，以更加直观的类目呈现研究内容。综合考虑品牌微博内容并结合前人的研究成果，我们将品牌微博用户的评论内容分为 10 大类目：批评、疑问、赞美、肯定、补充信息、提出建议、转发信息、提出号召、判断说明、其他。其各项内容占比如图 6 - 9 所示。

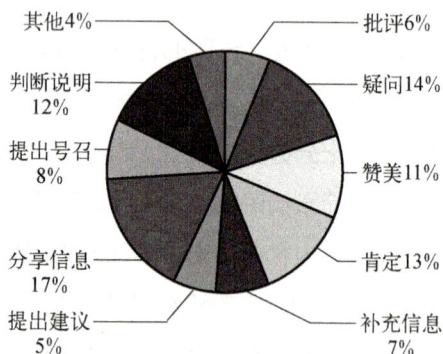

图 6 - 9　品牌微博用户评论内容占比

1）微博用户评论内容以分享信息、提出疑问、表达肯定为主

品牌微博用户评论内容最多的是分享信息。我们所定义的分享

信息并不是转发，而是在评论的留言中，分享个人的心情、消息、经验、知识、行动。在用户评论里，说明个人情况的评论占比最大，比如微博用户"HO雨萌爱贝壳"在评论中写道："最想改变我的身材（哭），天天喊着要减肥……但一见到好吃的就停不下来。"统计表明，诸如此类个人感知的微博所占比例最大。这一研究结果与社会认同理论不谋而合。社会认同是指涉个体或者群体对各种社会现象、文化、群体的认识，以及在这些认识和自我认同基础上将自己划归到某一群体，并对所归属群体产生认同的过程。由此，泰费尔认为：社会认同是"个体认识到他（或她）属于特定的社会群体，同时也认识到作为群体成员带给他的情感和价值意义"[1]。微博是弱关系社交媒体，用户无须经过验证便可关注感兴趣的微博，微博最重要的便是其社交的功能，品牌微博用户基于对同一品牌或者品牌微博的某方面的认同而产生关注微博这一共同行为，评论在扮演用户和品牌沟通的桥梁的同时，也是用户和用户之间产生群体聚合的方式，不同的用户通过评论转发自己的信息，也通过评论不断寻求与群体的认同感。Dejin Zhao和Mary Beth Rosson的研究也可为此做出解释：他们认为信息沟通有两个关键要素：个人利益和人际利益。人际利益包括个人感知、共同点和社会联结。人们使用微博，加强个人感知，不断地寻找自己与他们的共同点，加强群体联结。评论中分享个人信息，一方面表明自己的群体属性，另一方面也在试图寻找其他用户的经验，以期加强个人感知。

---

[1] Tajfel H. *Differentiation Between Social Groups：Studies in the Social Psychology of inter-group Relations*. Chapters1‐3. London：Academic Press，1978.

微博用户评论内容排名第二的是疑问，占比14%。本研究所定义的疑问是指对内容有所怀疑或所需解答的问题，比如微博用户"懒猫独叶树柳"在微博中评论道："怎么不带链接呢？"根据中国人特有的表达习惯，反问往往含有批评的意思，我们根据判断排除批评的反问评论，而是将其归结到批评中。就品牌微博而言，为了满足用户的信息需求，增强用户黏性，发布新信息必不可少，而用户对信息的占有较少，自然疑问较多。就用户而言，用户关注品牌微博这一行为表达了对品牌的某方面感兴趣，自然试图获取更多的更加有用信息。微博是资讯传播的利器，这一功能在品牌微博中同样适用。社交媒体培养了用户"搜索满足"的习惯，并不单单满足于品牌所发布的信息，而是尝试针对自己感兴趣的内容更早、更多的获取信息，微博提供了用户和品牌沟通的渠道，满足用户的信息需求是品牌微博的重要功能。

排在第三第五位的是肯定及赞美。由于肯定和赞美都是正面的态度，且其区分仅是表达语气及措辞的差异，且数量相差并不大，因此我们将其放在一起分析。肯定占比13%，赞美占比11%。肯定是指用户评论认同企业或品牌的某一方面，认为其是"对的"，例如，用户"宁德城缘摄像"在评论中说道"我很赞同"。赞美是指用户从价值取向的角度对其行为或某一方面进行了评判，认为其是"好的""值得表扬的"。例如，用户"HPV足球队"评论道"好久没有看到这么有意义的活动了，肯定要支持的。"这两条类目的数量与品牌微博的运营策略有关。为了增强营销效果，增加用户黏性，品牌微博内容至关重要。我们前面的研究发现，广告主即我们所说的品牌微博的运营者发布的内容占前三位的是产品资讯、生活知识、精彩语录，一般而言，产品资讯强调产品的核心卖点，或是新特性，能够引起用户的兴趣，而生活知识是实用信息，能够为用户的生活带来便利。精彩语录多是积极、向上的名人名言，能够振奋心情，这些内容都可以引起用户对博文内容的肯定，或是称赞企业，而这也是品牌微博运营的目的之一。

排在第四位的是判断说明，占比12%，本研究定义的判断说明是指运用自己的学识、经验对某一行为发生的结果、方向或性质进行预测。例如用户"H007"评论道"这是未来养老的一个方向"。判断说明是用户表达个人意见、观点的重要方面，能够展现用户个人看问题的角度和价值取向，对用户的综合素质有一定的要求。

提出号召的微博评论数量居第6位，占比8%。本研究的提出号召是指希望大家一起响应某一行为准则或信念，这样的评论往往充满了用户的个人感情，内心较为认同这一思想或行为，针对的微博内容大多是具有激励性的文字、图片、视频，或者是公益活动。比如微博用户"Blck"写道"如果我们无法做大事，不如怀着大爱做些小事"。

补充信息的微博评论数量居第7位，占比7%。本研究定义的补充信息是指微博用户提供与博文相关的更加丰富的资料，对博文信息进行补充说明。例如，微博用户"霸气梓萱"评论道"啦啦宝贝们还经常和明星一起合作呢"。

批评的微博评论数量居第8位，占比6%。这里的批评是指用户评论内容认为该品牌某一方面或其行为有不当之处，是错误的行为或价值取向。例如，微博用户"苏州的阿可"评论道"荣威的车不能买，所提的保修政策是忽悠人，保修期内坏了的东西就是磨损不能保，纯粹是奸商"。这一类目的评论多属来自用户的个人经历。这一类目的数量占比要比实际中略小，因为处于传播效果考虑，微博运营者往往及时地将部分负面信息删除，以引导舆论导向，以此维持其品牌形象。

"提出建议"的评论数量排在第 9 位，占比 5%。提出建议是指用户认为品牌行为或产品有待改进，并给予具体的建议，或是认为用户行为可采取某种行为以获取更好的效果。比如，用户"善良平凡真是"在评论中写道"此时节，忽冷忽热，减衣不宜过早过多，在注意保暖的同时要多喝水，定时作息，规律睡眠"。"建议"的对象以品牌居多，占比 62%，但也有部分是针对其他微博用户，占比 38%。

其他微博评论数量占比 4%，主要是指无法判断是态度或符号所表达内容，或是无法将其归为以上类目。

2）微博用户评论特征

通过对微博用户评论内容的分析，我们可以发现用户评论的三大特征：

第一，表达口语化，表情符号使用较多。微博评论的表达口语化、网络化，较多使用网络语言，比较"威武"等。微博评论的方式是文字和表情组合的三种方式：纯文字、文字＋表情，纯表情。表情包括微博所带有的表情功能，也包括用户利用符号的特殊排列方式所构造的表情，比如^_^代表"笑脸"。在 313 条评论中，有 104 条评论运用了表情符号，占比 1/3。

第二，用户评论方向紧绕博文内容展开，评论方向分散。本文选取的博文并无突发性的事件或者重大危机的公关博文，用户的评论仅是针对累积的、比较稳定的品牌知识和印象，我们发现，用户的评论内容并没有引起舆论，评论的方向跟随博文内容而展开。但是随着评论数目的增加，方向逐渐分散，本研究将评论的方向概述为 10 大类目，方向不集中。

第三，微博用户评论的心理机制是群体认同。用户评论内容较多的是转发信息、疑问、肯定博文、个人的判断说明，这说明微博用户评论的心理机制是群体认同，用户通过了解他人的行为、想法和新事情的发生来使自己获得更加精确的个人感知，并通过调整自己的行为作出符合社会认同的决定加强社会联结。微博用户在评论中转发个人的行为和观点，根据自己的价值取向对博文作出判断，其心理基础是群体认同。尽管如此，微博依然是弱关系社交网站，用户评论也可佐证。品牌微博用户评论仅是个人行为，用户与用户之间缺乏沟通交流，评论仅是个人的行为，无互动特征。

3）品牌微博用户评论的情感属性

用户评论的情感属性是指通过评论，用户所表达出来的态度、价值取向，我们以 Glaser 和 Strauss 的类目划分为依据，结合实际情况稍作改进，最终划分为 4 大类目：正面、负面、混合、中立；所获得的评论情感属性数量分布分别为：199、56、15、43。其占比如图 6–10 所示。

通过图 6–10 显示，正面的情感在品牌微博用户评论中占主导，为 64%，正面的、积极的言论表达在品牌微博评论中占主流地位。正面的情绪主要是指愉悦的、向上的、理性的、同情的能

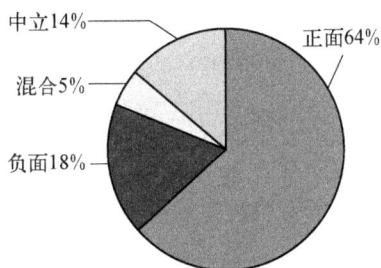

图 6–10 品牌微博用户评论情感属性分布

够引发正面效果的情绪。在品牌微博用户的评论中，较多的正面情绪有赞美、肯定、理性，用户凭借自己的价值取向表达正面的评

论。其次是负面的情绪，仅占 18%，负面的情绪主要包括批判、怀疑、谩骂等。品牌微博用户的负面情绪主要集中在对产品或品牌的使用体验方面不满，对其进行批评。中立情绪包括两种情况：一是评论不包括情感的表达，仅仅是对问题的客观陈述。二是评论无法断定其是否含有情感的表达。这部分评论占比 14%。混合情绪是指通过评论内容反映出来的情感不止一种。此类微博占比较少，仅为 5%。

这一研究结果与国外的 J. Jansen 等人的研究结果大致相同，他们发现提及品牌的博文中，52% 的情感属性是正面的，但是他们发现 33% 的博文提及了品牌的负面信息，而我们的研究呈现结果明显小于这一数据。研究结果也与 Anderson 的消费者满意度相一致。他发现消费者满意度与消费者表达成"U"形，即负面消息和正面消息的表达较多。①用户希望将积极的、满意的体验与人转发，也乐于将糟糕的体验发泄出来，以期获得改善或给他人以建议。

5. 品牌微博用户转发内容分析

广告主的微博博文发出后，用户对其转发的情况，主要包括两个方面，一是能够引起用户转发行为的内容包括哪些；二是用户转发行为的时间描述。

1) 品牌微博用户转发内容主要是广告与公关信息

我们对 3 月 23 日至 3 月 31 日 6 家品牌微博共 191 条原创博文的转发次数进行统计分析(见表 6-6)，发现转发次数小于 100 次的占比 77%，转发次数达 1 000 次以上的仅占 2%(见图 6-11)。这表明，绝大部分微博并没有形成规模转发，仅是少数用户的转发行

---

① Anderson, Eugene W. "Customer satisfaction and word of mouth." *Journal of service research* 1. 1 (1998): 5-17.

为。而仅有 2% 的微博信息形成大规模转发。值得注意的是，中国移动的微博转发率非常高，100 次以下的转发微博为 0 条。一方面是因为中国移动的用户基数较大，另一方面是中国移动的微博内容围绕着用户兴趣和利益关注点，进而形成规模转发。

表 6-6　品牌微博转发次数分布

品牌微博 转发次数	上海 汽车	青岛 啤酒	中国太平洋 保险	海尔 冰箱	中国 移动	宝洁	合计
0～10	26	1	26	0	0	16	69
11～20	2	28	13	0	0	0	43
21～40	1	11	2		0	0	14
41～60	0	0	0	6	0	1	7
61～80	0	0	0	7	0	0	7
81～100	0	0	0	8	0	1	9
100～200	2	0	0	6	24	0	32
200～1 000	0	0	0	3	4	0	7
1 000 以上	3	0	0	1	0	0	4
合　计	34	40	41	31	28	18	192

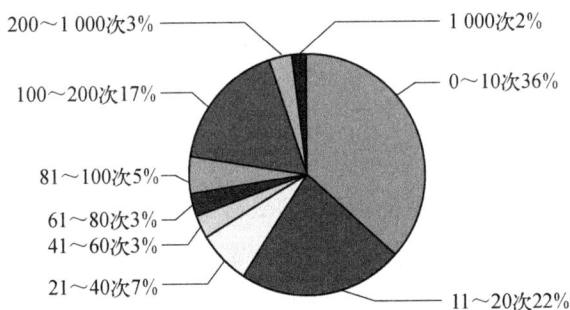

图 6-11　微博内容转发次数分布

根据品牌微博发布的内容，我们将品牌微博的内容分为 9 大类目：企业资讯，用于介绍与企业的相关新闻；百事百科，包括生活窍门、常识的普及等；精彩语录，包括名人名言，有警告性或是激励性的话语等；时事新闻，与新闻相关的信息；广告公关，包括产品信息、促销活动、名人代言、公关活动等；专业知识，提供所在行业的相关知识；社会责任，主要是公益活动，比如关爱地球一小时等。客户关系，主要是发表产品或品牌与客户之间的故事；其他则是不能被以上类目所包含的内容。

从表6-7可发现，用户转发内容最多的是广告公关信息，占比44.8%。用户参与广告与公关信息积极性高的原因在于，一方面，广告公关信息包含了用户感兴趣的产品或品牌信息，甚至折扣。另一方面，广告公关信息擅长微博活动，比如抽奖、礼品发放，这些活动极大的刺激转发量，因此其转发数较高。转发量排第二的是精彩语录和知识百科，占比分别为15.6%和18%。但是除却中国移动发布的精彩语录和知识百科，其他5家企业此类内容的转发量规模较小，集中在40次以下。转发量较少的是时事新闻、专业知识和社会责任。此类微博转发极少一方面是微博发布此类的内容较少有关，另一方面与用户对信息的获取习惯有关。用户对时事新闻的信息获取更多的依靠门户网站、新闻类微博，较少关注品牌微博发布的新闻。专业知识较为小众，仅是从事本行业的人或是对此行业有兴趣的人较为关注，此类人士在微博用户中规模也不太大。社会责任更多的是与企业相关，转发的激励性不大。

既然品牌微博运营者有特定的内容偏好，那么是否微博用户会以运营者的偏好为导向进行信息转发？我们发现，转发次数为200次以上的微博共有12条，广告与公关信息有9条，占比75%，此类转发多为激励性转发，即承诺用户转发可获得一定的利益，比如可参与抽奖或有机会获得某种礼品。

表 6 - 7　微博发布转发分布

类　目	上海汽车	中国太平洋	青啤	海尔冰箱	中国移动	宝洁	总计
企业资讯	0	8	1	0	1	0	10
百事百科	0	11	8	0	7	8	34
精彩语录	0	8	11	0	4	1	24
时事新闻	0	2	0	0	0	0	2
广告公关	19	7	11	31	9	7	84
专业知识	8	0	0	0	1	0	9
社会责任	0	2	0	0	1	0	3
客户关系	5	1	5	0	0	3	14
其　他	1	2	4	0	4	0	11

2) 微博转发时间集中在下午和晚间 9 点至 12 点，周三周四的品牌信息转发最多

我们的研究统计了 3 月 23 日至 3 月 31 日青岛啤酒共 644 个原创微博的转发行为，其呈现了一天中转发次数的频数分布和一周中每天的转发频数。

根据图 6 - 12 我们发现，微博转发的高峰期出现在下午时段 12~16 时及晚上 8 点以后 12 时之前，这与微博使用的高峰相一致。之所以品牌微博在 16 点至 20 点的转发量较少，一个可能的分析在于，这个时间段用户忙于进行一天中的工作收尾并下班回家和家人共进晚餐，花费在屏幕前的时间较少。

图 6 - 13 是以天为单位对微博发布的数量进行统计，结果表明，微博发布数量最高的是周四周五，而周末是微博发布数量最少的两天。这一规律符合 Y. park 和 Chung 的发现，他们以 twitter 的博文为研究对象，发现一周中周三周四周五这三天每天发布的微博

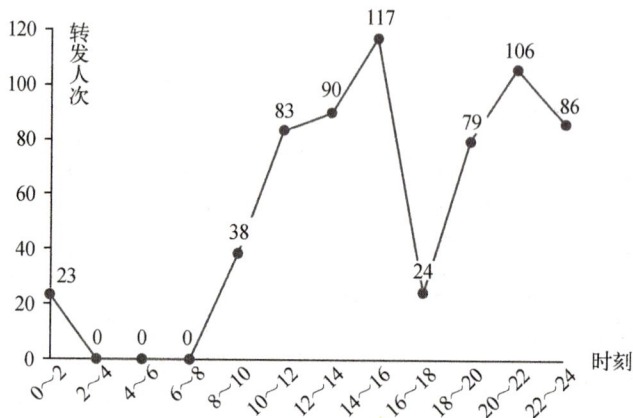

图 6-12　微博转发时间分布

最多，周末发布的微博最少。[1]Honeycutt 认为，微博行为是工作日的活动。[2]

6. 基于内容分析的广告主微博传播建议

认识用户行为的目的在于更好地为品牌微博服务，基于以上对用户评论及转发行为的认识，我们认为以下四点可供借鉴促使广告主微博的信息供给进一步优化。

1）新鲜、实用、有价值的信息才是广告主微博信息供给的关键

用户评论最多的内容是转发信息，是一种个人化的行为，用户转发最多的是对自己有切实价值的广告信息，这一现象说明，用户

① Park，Jaimie Y.，and Chin-Wan Chung．"When daily deal services meet Twitter：understanding Twitter as a daily deal marketing platform．" Proceedings of the 3rd Annual ACM Web Science Conference．ACM，2012．

② Honey，Courtenay，and Susan C. Herring．"Beyond microblogging：Conversation and collaboration via Twitter．" System Sciences，2009．HICSS'09．42nd Hawaii International Conference on．IEEE，2009．

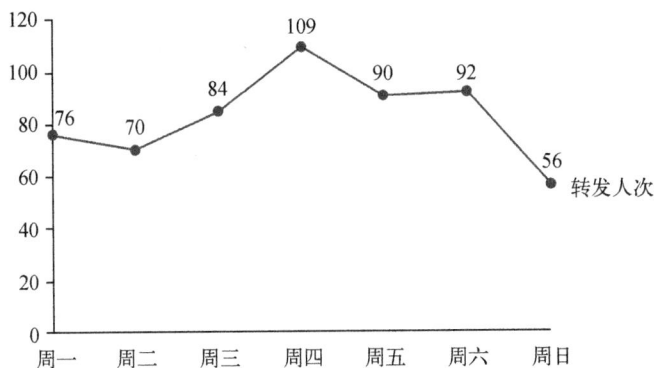

图 6‑13　每日转发次数分布（以周为单位）

关心的是最直接的个人利益，广告主微博的使用目的是满足个人需求。在微博内容里呈现用户关心的价值点和利益点，简明扼要地切中用户需求并及时跟进用户需求，是广告主微博内容供给的方向。

中国移动的微博转发量较高，是其他品牌微博转发率的十几倍，除去是用户基数较大之外，其内容也是实现高转发量的重要因素。中国移动的微博内容具有高度的时效性，能够将最新的话题与移动的产品和品牌有效地结合起来。例如，最近 4G 网络是移动通信行业的热点话题，而 4G 的费用和运营商的套餐更是用户关注的重点，中国移动的微博在工信部发放 4G 牌照后围绕 4G 时代做足了话题，4G 的流量消耗、用户的使用情况、4G 网络的优势都是其讨论的热点，而这些信息的转发量高于平均转发量。中国移动的微博内容的另一特点是贴近普通用户的生活，针对手机支付的风险、手机充电器接线太短的缺点等这些普通群体都会遇到的问题，微博内容会给出相关的解决办法。第三个特点是口语化的交流方式。中国移动的微博内容风格并不是企业家的严谨，而是活泼开朗，"哈哈""神器""四哥"这些通俗的网络语言随处可见，无形中拉近了与用户的距离。第四个特点是互动性强。与其他品牌微博不同的是，移动微博针对用户的问题及时的进行解答，甚至还亲切的与用户调侃、打招呼，树立品牌易于沟通的形象的同时，也提高了用户的活跃度。

2）广告主微博需激起用户参与话题讨论的兴趣

用户使用微博的目的在于群体认同，品牌微博相当于起到了一个小群体的聚合作用，它把具有某种相同特质的人(对此品牌的某一方面有所关注)联系在一起。然而想要将这些联系在一起的人调动起来，还需在内容上进行优化。微博内容所表明的话题要能够引起用户表达的兴趣，并且易于表达，明星、个人的趣事儿、活动都能够起到这一效果。

3）广告主不同的微博需有各自准确定位

广告主微博的功能有许多，市场调研、产品宣传、客户服务……都可以是微博的功能定位。然而，更多情况下企业对微博的定位是信息发布，却期望通过微博开展线上活动，提高品牌的知名度与美誉度，进而促进销售。若想达到以上目的，企业必须对微博进行更加精准度的定位，明确微博的作用是加强沟通还是客户服务，若是前者，微博运营者需加强与用户互动，若是后者，则需及时对用户需求做出反应。

4）微博的用户行为可予以合理引导

通过对用户评论内容及情感态度的分析发现，用户的行为是可引导的。广告主微博用户所表达的正面情感占大多数，且评论内容以转发信息、肯定、赞美居多，这些行为都对品牌微博的运营极为有利。适应用户行为特性也可增强品牌微博的效果。工作日提高品牌微博的内容发布数量，在使用微博的高峰期提高品牌微博的曝光率，增加信息到达率。微博的评论与转发与微博的发送间隔时间较短，这是由于用户关注的微博内容较多，品牌微博发出后的三四个小时内往往被其他信息所覆盖，因此品牌微博更新内容也研习把握目标用户的浏览习惯，力争做到定点投放。

第二节　广告主微信的信息圈层供给

微信，这一新媒体承载着个性化和多元化的信息，它通过手机网络发送语音、图片、文字消息的即时通信工具，集语音对讲、短信通信、即时通信等多种沟通形式于一身，并具备强大的 LBS 定位和扫描二维码等功能，与粉丝的深度互动与强关系特性而成为人们不同圈层信息即时共享的新平台。

一、微信营销与广告主微信传播

1. 微信的功能

微信作为众多社交媒介中的一种即时通信工具，拥有更快速、零资费、跨平台沟通、显示实时输入状态等功能，与传统的短信沟通方式相比，更灵活、智能，且节省资费。除了能够发送语音短信、视频、图片和文字，还能同时支持多人群聊，支持多平台手机之间的信息分享。在如上基本功能基础上，相应的拓展功能和系统功能应运而生：拓展功能主要体现在微信的设置，以及每次新版本的更新后对原有版本的完善与提升上，比如朋友圈、语音提醒、扫一扫等多种功能。而开放平台则是连接商家与客户的重要功能，为商家的营销提供了极大的商业价值。而系统功能则由公众平台、微信网页版和微信支付三种功能组成，其中能实时交流、消息发送和素材管理微信平台，以及可通过手机微信的二维码识别，在网页上登录的微信网页版，无疑均是非常理想的新媒体广告、品牌传播载体。

2. 微信用户特征

我们根据网站"星问卷"对网民就 2013 年使用微信这一社交媒介的用户群体进行的调查报告，以及速途研究院分析师团队的《2013 年微信用户行为分析报告》，综合性地对微信的用户行为进行分析，从问题设置、用户特点、浅层原因分析以及营销建议这四个方面形成如下认识：整理得出表 6-8。

表 6-8　微信用户基本认识

问题设置	用 户 特 点	浅层原因分析	营销建议
微信用户性别	男性 > 女性	该结果只做参考，微信用户的性别会有波动	结合产品对象的性别倾向
微信用户年龄	18～25 岁 > 25～31 岁 = 31～38 岁 > 18 岁以下 > 45 岁以上 > 38～45 岁	目前以成年人为主，未成年人（没有多余的时间使用）和中年以上（对新媒体接收能力有限）的人群对微信的使用会少一些（但是随着成年人逐渐步入中年阶段，会扩大这一年龄层的人对微信的使用）	
微信用户受教育程度	大学本科 > 硕士及以上 > 高中、中专、职高 > 大学专科 > 初中以下	以高学历人群为主	注意产品对象的信息关注层级
微信用户职业状态	学生 > 企业一般职员 > 自由职业者 > 摊贩承包户 > 医生、教师	学生和企业一般职员使用较多，主要因为有多余的碎片时间	

（续　表）

问题设置	用户特点	浅层原因分析	营销建议
使用微信的原因	朋友及周围人都在使用 > 出于好奇 > 传播语音、文字信息 > 可视频通话 > 语音聊天 > 腾讯产品都会用	手机终端产品，成为人们互相推送的产品，功能丰富多样	
使用微信的时长	长于 30 分钟 > 15 至 30 分钟 > 6 至 15 分钟 > 少于 5 分钟	有 1/5 的调查对象会使用半小时以上，证明有 4/5 的调查对象对微信的使用时间是比较短的	营销内容长度要适宜，不宜过长，同时应注重信息内容的可读性与趣味性
使用微信的哪些功能	聊天 > 发图 > 看朋友圈 > 在朋友圈分享照片 > 接收 QQ 离线消息	功能取胜	利用微信用户的功能使用习惯接触客户
关注什么类型公众账号	名人明星 > 休闲生活 > 新闻媒体 > 企业商家	利用微信关注的账号仍然是一些休闲信息，主要是放松心情	内容的构成应恰当选取，并有倾向性
关注公众账号的原因	休闲娱乐 > 生活百科 > 时事信息 > 学习用途 > 商家最新动态		
用户获得公众账号途径	微博 > 官网 > 朋友推荐 > 已关注账号的推荐	通过多种渠道去了解某公众账号，同时微博仍然是大众比较青睐公众社交媒介	注重新媒体与传统媒体的整合传播
用户希望什么时间段接收消息	8 点至 11 点 > 18 点至 20 点 > 11 点至 14 点 > 20 点至 24 点 > 14 点至 18 点 > 0 点至 18 点	用户不希望在自己的休息和娱乐时间被打搅	要在对的时间进行信息推送，体会客户接受信息的心情

微信作为一种社交媒介，极大地满足了用户的个人心理需求，使得个人可以实时分享自己的信息、心情与情绪。根据微信本身作为移动终端的特点就满足了用户对时间和空间自由支配的需求，用户可以随时随地的进行信息的沟通与传达。同时，根据上面的调查显示，用户青睐于微信的最大的一个特点为微信提供了非常丰富功能服务，扩大了用户在进行聊天方式的选择空间，使得用户的交流变得多样化且更具有浪漫性。

3. 微信的营销传播

在基于"大众市场"的前提下，微信的出现为广大的广告主找到了营销传播的绝好途径。微信的点对点、一对一、一对多的聊天与沟通方式，使广告主得以实现了与消费者的真正对话。同时，广告主可通过微信将客户的个人信息导入企业的 CRM 系统，以便实现最强大、最便捷、最精准的客户数据管理。相应的微信营销传播也就有了阔大的空间，其操作的要点为：

1）精准客户群、精准需求把控

广告主在推出自己的产品之前需要对市场进行细分，根据不同的市场需求进行产品生产。但是市场细分、客户细分的途径显得非常烦琐，紧靠通用的问卷单的填写与回答，不仅速度慢，而且可靠度也有待商榷，时间成本与人力成本的花费不一定获得应有的效果。而且通过了解固定媒体形式的受众来选取自己的顾客群体，同样存在很大的不确定性。完全依赖媒体，最终得到信息的不是顾客而是以媒体为取向，一旦媒体的性质改变，媒体受众也会跟着改变，广告主的消费者群体也需要不断进行调整，这种媒体依赖性的被动往往让广告主的营销传播效果式微。

而微信的传播方式决定了微信生来就是作为广告主进行精准营

销的最佳途径。精准营销所具备的目标对象的选择性、目标对象的稳定性、沟通策略的稳定性、沟通行为的经济性以及沟通结果的效益性这五个特征完全符合微信本身的营销特点。每一个客户的微信号里面的朋友，均是和自己经济情况相当、性格喜好一致、人生观价值观相似的人群，广告主一旦找准了一个客户，就相当于发现了一类群体的需求，用很小的成本获得了更大的客户群，这不仅节约了广告投放的成本，同时促成沟通策略的有效传达。

同时，一旦打通这一类客户群，经营目标对象的稳定性也获得了一定的提升。广告主通过一对一和一对多的营销推广方式来为客户提供个性化产品的服务，及时了解到客户的喜好，可进一步完善精准营销的行为，挖掘客户深层次的需求，极大的提升沟通的效果。而且一对一的营销也维护了客户隐私，为客户带来更广泛的发展空间。广告主通过对客户信息、购买意图进行挖掘、对其购买行为进行预测，则可以处于主动的地位，以针对性地进行营销传播，更好地抓住客户，以防止忠诚客户的流失。

2）密切广告主与客户关系，实现微关系营销传播

"关系营销"理论从 20 世纪 70 年代被北欧学者巴利提出至今已被市场广泛运用。在 20 世纪 80 年代，由美国的巴巴拉本德杰克逊提出："关系营销的核心是与产业用户建立并维持紧密的长期关系。"而这一过程将从顾客、公司内部、供应商、政府以及竞争者等几个方面展开分析。社交媒体微信与微博最大的不同是：微博不需要亲密的关系便可以转载点赞，关键在于微博内容的吸引力与认同感是否高，在强关系这一特征上没有凸显。然而微信则是用户与用户朋友关系联结的一个强纽带，同时也是广告主与客户联结并密切关系的关键。

微信的公共平台的服务功能，在探讨客户价值的方向上也起到了非常关键的作用。微信营销所体现的关系营销就体现在广告主与客户之间的互动过程。客户的价值主要依托于广告主的产品价值、服务价值、人员价值和形象价值。客户价值的提升就预示着对广告主情感的提升。广告主通过微信公共平台为客户提供的信息与服务，使客户能享受到如私人定制般的尊贵感与归属感。每一个个体都是自恋的个体，它们会被自己吸引的人所吸引，当个体被尊重被关注的同时，内心的优越感上升，促使个体对对方产生极大的兴趣与好感。针对每一个个体的这种特征，广告主就可以通过密切客户来锁住顾客。

当广告主的客户认同了其产品之后，就开始演变成客户与客户的亲朋好友之间的信息传递与关系联结。现在很多的广告主开始利用客户在微信里转发信息到朋友圈并积攒赢取礼品来造势，吸引广大的客户，引起更多潜在客户的关注。微信用户在自身的朋友圈里对转发信息进行号召，其亲朋好友必定伸出援手，这样就形成了一个朋友圈向另一个朋友圈的无限衍生，通过自媒体来进行活动推广，同时活跃了客户微信朋友圈，满足了客户本身的自我认同感。

这种类似于利滚利的客滚客的营销传播方式，是关系营销理论中关于顾客方的最全面的阐释。通过微信公共平台的信息推送与CRM的客户信息管理，使得广告主能够有效地与顾客建立长期有效的联系，同时也能进一步为客户创造更多的价值，向客户传达忠诚理念，最终成为战略伙伴。

3）在互动沟通中创造定制，升华产品生产机制

传统的营销方式局限在单向度的售卖与推广方式上，难以捉摸客户的深层需求与偏好。而原始的木匠先生的来回拉锯让我们幡然

醒悟，只有与家具定制者的多次摩擦才能制作出令客户满意的产品。互动营销所要强调的是希望广告主能够把他们的消费者当做合作伙伴，并与之充分互动，在多次交谈与摩擦之后，共同决定产品的设计、改进、生产等环节，从而使得生产的产品受到市场的青睐。这样不仅将产品进入市场的时间缩短，同时又取得营销的成功。微信本身就具备天然的互动性，每一次与客户的接触都是一次近距离的互动，双向选择性让广告主与客户双方能够达成一对一的谈判格局，根据双方的谈判方向生产出具有个性化的产品，同时这样的产品被赋予了私人定制的烙印，面对市场需求的即时性可让广告主的产品在未出售之前就已经获得客户的认同。同时这样一个生产过程，是客户与广告主共同参与互动的结果。

二、餐饮行业的广告主微信传播

餐饮是最切近消费者日常生活的行业，也是通常挂在消费者口头接受口碑评价的对象。因此也是利用微信形成的口碑传播、以影响餐饮消费者的消费决策的领域。因此，通过对餐饮品牌如何通过微信进行营销传播的分析，无疑最能获得广告主利用微信平台进行品牌营销传播的经验。

1. 餐饮企业微信公众账号集聚的公众平台

微信作为广告主运用的一种新型的营销工具，目前还处在一个萌芽期。如果只是通过查找微信公众账号，来了解餐饮业微信营销传播的方式，其研究会显得缺乏效率。因此，集聚餐饮企业品牌公众账号的网站应运而生，其中两个尤其值得关注：一个是"微信啦"网站(见图6-14)，另一个是"微赢网"网站。

图 6 - 14 "微信啦"上的餐饮品牌公众号页面

在"微信啦"网页上所陈列的菜单中，有一项是微信公众号大全，点开微信公众号大全，可发现里面列出了许多的子菜单，我们在 2014 年 3 月 6 日对"餐饮美食"关键字进行点击，随后跳出了68 个餐饮类的公众号。

该网站总共收录了 12 788 个微信公众号，其中已认证账户有1 482 个：微信认证 423 个，腾讯微博认证 422 个，新浪微博认证637 个，未认证账户为 11 306 个。其中餐饮类的微信公众账号只有68 个，指占总数的 0.5%，因此可以说，目前餐饮企业利用微信营销的规模非常小。我们在 2014 年3 月6 日按照餐饮业的四种业态分类，对他们是否经过微信认证、是订阅号还是服务号来初步分析餐饮企业的运营方式审视，得出以下结果(见表 6 - 9)。

而在"微赢网"这个网站，我们同样从行业微信菜单中选择了餐饮名企这个子菜单，得出了 50 个有效的餐饮企业或商家的微信公众账号。"微赢网"主要收录的就是与饮食有关的公众账号，如

表 6-9　餐饮微信用户的认证方式

	旅游饭店	餐　厅		自助餐或快餐	冷饮业	总　计
		中餐厅	西餐厅			
个　数	1	28	23	8	8	68
订阅号	0	21	18	4	6	49
服务号	1	7	5	4	2	19
微信认证数	1	19	20	5	7	53

餐饮名企、餐饮经纪人、烹饪艺术家、餐饮教育、餐饮采购、餐饮媒体等方向来收录公众账号，截止到 2014 年 3 月 6 号为止，总共收录了 94 个与餐饮相关的公众账号，其中餐饮名企有 50 个。数据显示，"微赢网"与"微信啦"网站的总体特征基本一致，即：订阅号多以服务号，微信认证数数量较高。

2. 餐饮企业公众账号运作实态

根据"微信啦"网站和"微赢网"所提供的餐饮企业的公众号的开通和运营情况分析，可以看出"微信啦"网站中 68 个餐饮企业或商家总共的微信认证数量较大，只有 15 个企业或商家还没经过微信的认证。"微赢网"里 50 个餐饮企业或商家的微信认证数也高达 38 个。微信认证的条件是粉丝要超过 500 个，同时需要腾讯微博或新浪微博认证的绑定。获得微信认证，其实就象征着该公众号获得了一定权威，对该餐饮品牌的营销带来更大的帮助。

在我们分析的对象中，可以看到：旅游饭店的微信公众号的数量虽然只有两个，但均属于服务号，且经过了微信认证，其权威性和可靠性得到了官方的认定和保障。对微信公众号的注册和运营集中在餐厅业态里，自助餐和冷饮业相当。从不同的业态上看，超过了一半以上的餐饮企业选择了以订阅号这种公众平台的运作方式。

说明餐饮业的微信营销还处在拓展客源的阶段，相比服务号限定在每月推送一条消息的限制，订阅号可以每天推送一条消息，企业便可通过每天推送的有效消息来稳住顾客，以防顾客流失。同时也反映了餐饮业还处在微信营销的初期，只有经过一定时间的微信营销，获得了一定知名度与权威性，顾客才逐渐成为其忠实的顾客，才有必要采用服务号的方式来运营。

3. 餐饮企业微信营销传播案例分析

案例总是能给人以最直观、最典型启发的。这里，我们选择四个餐饮企业进行微信营销传播的案例来加以分析，他们的微信公众账号名分别为"星巴克中国"、"食尚国味"、"阿虎烧烤"、"雕爷牛腩"（见表6-10）。

表6-10　四餐饮企业微信营销传播实践列表

微信公众号/使用状况	星巴克中国	食尚国味	阿虎烧烤	雕爷牛腩
餐饮类别	西餐厅	中餐厅	自助餐	中餐厅
公众账号方式	服务号	服务号	订阅号	服务号
认证方式	微信认证	微信认证	腾讯微博认证	微信认证
是否有自定义菜单	没有	有自定义菜单	有自定义菜单	有自定义菜单
营销方式	互动式推送、O2O、微信CRM系统管理	O2O、微信CRM系统管理	互动式推送、O2O、微信CRM系统管理	互动式推送、O2O、微信CRM系统管理
具体形式	O2O活动营销、软文推送	开通微信会员、用微信做电子券、软文推送	粉丝分类，用心管理；语音功能拓展外卖；开发订单系统，配备无线出票机；软文推送	开通微信会员、精心制作自定义菜单；进行精美内容的推送

从表6-10可以看出，四家餐饮企业或商家在对微信的使用过程中，虽然根据不同的餐饮类别来看呈现了自身的一些特点，但区别并不是很大，主要体现了以下这些特点：

第一，从公众账号类型的选择上看，每一个餐饮品牌有它自身的发展阶段，对用户的把控程度决定了自身微信的公众平台是更适合订阅号还是服务号。比如"阿虎烧烤"，其顾客定位在年龄上、性别上以及职业上没有非常严格的限制，不属于专属定制的客户群，因此适合使用订阅号来稳住客户群，以每天推送一条信息的形式来抓住顾客。而"星巴克中国"、"食尚国味"以及"雕爷牛腩"，他们的顾客群相对于来说，顾客定位精确到某一类比较专属的客群，同时老顾客会比较多，增加新顾客的速度比较慢。如果继续采用订阅号的形式，每天推送一条信息，会让顾客产生反感的情绪。相反采用服务号的方式，不近不远，每月推送一条信息，才能恰当的抓住顾客的心理。

第二，从认证方式上看。这四家餐饮企业均有不同级别的认证。获得微信认证的前提是该公众号必须获得500个以上的粉丝，以及获得腾讯微博认证、新浪微博认证。同时还需要其他的资格审查。比起没有任何认证的微信公众号，有一个认证的都代表了该公众号的权威性比较高、美誉度与知名度高的特点。当然如果获得微信认证，商家是可以享受到更多的权限与功能，增加用户的信任度和体验度以便利用这些平台与功能来进行品牌营销与推广。

第三，从自定义菜单的使用上看，"星巴克中国"没有使用自定义菜单，而后面三个均使用了自定义菜单。对自定义菜单的使用有助于商家利用微信进行后期互动营销策略的提出，方便客户主动了解商家动态信息。但考虑到"星巴克中国"属于西餐，在菜品上没有中餐和自助餐丰富繁杂，同时它又是被人熟知，因此在就没有设置自定义菜单这一环节。后面三家菜品丰富多元，且熟知度不及"星巴克中国"，有必要对客户进行店面引导、菜品介绍、会员说明等等。因此，餐饮商家在使用微信提供的功能时，要充分了解自己是否需要使用某种功能，以免造成效果不明显又浪费精力，得不偿失。

第四，从营销方式上分析，四家餐饮可以说都抓住了微信营销的一个最大的商机，均采用了微信互动性特点和强关系特点来为商家拉动客户。线上线下的结合以及会员的开通均为商家找到了一条宽阔的道路，并以此来为推广服务。但是对互动性的探究，五家餐饮企业又有强弱。"星巴克中国"没有申请使用自定义菜单，使得它们的互动式营销局限在自身可以推送的消息里，每一次与顾客主动交流只能限制在自身推送的消息内容里面。如果顾客不主动向该企业或商家咨询信息，只能通过商家推出的活动进行互动。

第五，具体的营销形式上看，"星巴克中国"善于用活动来吸引顾客，而活动只能是短期效应。"星巴克中国"每月的内容推送主要是推销它的新产品为主。因此，从推送内容上看，在没有自定义菜单的同时，注重产品推广与品牌塑造。

"食尚国味""阿虎烧烤"以及"雕爷牛腩"三家主要是从提供服务、分类管理顾客信息、采取活动营销、内容品牌塑造以及业务拓展的方式来进行微信营销和品牌宣传，对微信所提供的公众账号功能有充分的运用以及适度的创新，同时已经开始意识到微信按照APP的方式来运营。

第六，好的微信营销依托于企业自身的睿智。广州的"食尚国味"通过会员卡来筛选单笔交易超过一定金额的消费者来赠送某区域的滞销品，从而使该滞销品在该区域成为旺销品。而且，"食尚国味"通过自身的菜品研究将积压很久槐树花研制成新品并通过图片设计，张贴在官方微信上，使得这些新品获得顾客的极大欢喜，最后成了抢手菜。

食尚认为微生活会员卡不完全单是一个营销工具，而应该通过这个平台走企业自己的服务精品化路线。因此，如果商家只依靠微信为自身带来利润，而不从自身的品牌创新上做出根本性的努力，微信也只不过是被浪费的一个好工具。

4. 餐饮企业微信营销传播的策略

餐饮企业如何利用微信进行有效的营销传播，利用微信如何为企业展开更多的营销传播方式？这依然需要从品牌传播高度来予以审视。美国营销大师里斯与特劳特在其《定位》一书中说道："定位是用来找到进入顾客心智窗口的一个有组织的系统。其基本概念是，只有在合适的时间及合适的环境下，传播才能实现。"[①]他的观点，讲究的是信息传达的有效性。如果忽略了传播方式、传播地点、传播环境，而且没有找到准确的突破口，传播将会是无效的。当餐饮企业在利用微信展开营销传播时，还需考虑到微信营销不应单打独斗，而应该与其他社交媒介予以融合，以形成聚合传播效应。由此，餐饮企业的微信营销传播策略则主要为：

1）餐饮品牌的客户定位与市场挖掘

餐饮企业在使用自己的公众账号之前，需要明确自身的客户群体的特点、喜好。将自己现有的客户资料按照不同的维度进行分类。可从基本信息，如性别、年龄、职业、地址，对产品的忠诚

---

① [美]里斯，特劳特.定位[M].北京：中国财政经济出版社，2002：21.

度、不同的口感差异、喜好等方面进行个性化的分类。以此来确定主要消费人群的特点，为后期微信的运营提供针对性的服务。

2）微信品牌名的慎重选取

微信账号的设立只有一次机会，因此在选取的时候必须慎重。微信号域名的命名方式不能用汉字，只能用拼音字符、数字字符以及符号。在命名的时候为了方便后期微信用户添加账号，就必须遵循输入方便、便于记忆的原则，尽量少用各种符号，比如"—"。餐饮品牌除了微信号域名以外，二维码的设计尤为重要。人们在寻求美食的时候，期望的是色香味俱全的食物。如果我们做餐饮的二维码不够漂亮或者不够让人有食欲，将会给客户留下不好的印象。如果该餐饮品牌本身就拥有自己的品牌标志，便可直接使用。如果没有自己的标志，最好使用一些色彩鲜艳的，能够激发食欲、凸显自身产品特点的图片。同时，餐饮商家的二维码做得好看又有个性，能极大的诱惑客户拿手机对其进行扫一扫。

微信号和二维码是一个统一的整体，餐饮企业拥有了自己的微信公众账号之后，就开始挑选适合放置的通路。选择在目标客户能够接触到的媒介上，譬如餐饮杂志上、宣传单页、餐饮网页上。

3）餐饮微信功能的整合运用

微信的功能丰富多样，不同的行业需针对自身的行业属性、产品特点来运用微信的各种功能。根据微信功能与餐饮企业的特点与产品属性的配比，发现餐饮企业科根据每种功能来进行品牌营销。

（1）查找附近的人。该功能是基于地理位置服务的功能来为商家查找附近的人群，商家可以看见附近的人的基本信息、签名栏的内容。商家可以对这些人群进行分组从而进行精准消息的推送，实现比较高的到达效率。在餐饮点附近出现的人流，必然有一部分人群是寻找饭店或餐饮店，商家可以通过打招呼的方式来询问对方是否要寻找吃饭的地方，是否要了解排队的人数，针对这些信息的获取及时服务客户，拉动客户。反过来，商家也可以通过这个功能来宣传自己的产品，让一些人在使用查找附近的人的功能的时候，能够无意间看见商家的广告信息。

（2）漂流瓶。对使用微信用户进行分析，当用户处在比较闲散时间的状态时，会使用微信的漂流瓶来打发时间。而漂流瓶是可以随机推送信息，信息形式可以是文字、语音，也可以是视频。用户在捞取漂流瓶的时候，也是一种猎奇的心理，希望通过这个功能能够看到别人说的话，这个过程也不会知道对方是谁，以这种匿名的方式，可以满足用户表达真心话的需求。那么餐饮企业可以通过漂流瓶来做活动。首先在常规通路上，将此次活动的信息，包括内容、流程以及可以通过什么途径获奖，告诉给消费者和其他受众，让受众参与到捡漂流瓶的活动中，来进行互动和品牌推广。

（3）微信摇一摇。这项功能是为微信用户进行随机交友而提供的应用。对它的合理开发与使用，可以为企业带来更多的客户群体。餐饮企业有一部分人群是固定客户，但也有不断新增的客户。微信摇一摇同查找附近的人具备一样的功效，但是不同的是，摇一摇是要两个或多个用户的同时动作。餐饮商家可利用公众账号绑定的私人号来进行摇一摇，摇出附近也在使用该功能的用户，从而通过信息的了解，添加为好友等途径来为该用户推广其产品和品牌。摇一摇的地理位置是没有限制的，因此商家通过使用该功能来促进广告的曝光度，让更多在使用此功能的人群无意间的接触某餐饮企业的广告和信息。

使用摇一摇功能最典型最成功的案例为百事可乐的：摇一摇

"点亮"广州塔。这个活动是微信与百事可乐一同在 2011 年 12 月 31 日晚上举办的一个"点亮广州塔"的活动。在新年倒数之际，邀请全广州的微信用户在城市里任何角落一同摇动手机。如果参与人数越多，摇动次数增加，广州塔将会被一格一格的点亮。这种行为艺术的传播迅速提高了百事可乐和微信本身的品牌效应与品牌辨识度，对两个品牌具有非常重要的传播意义。

4）微信公众账号的消息推送

前面已经说到订阅号与服务号进行消息推送的不同。这里将详细阐述消息推送蕴藏的商机。餐饮企业对自身客户的分组、地域的控制，来进行不同信息的推送，直接切中目标客户。在推送消息的时候，餐饮企业可以选择单向信息的注入和互动式的推广。这个在前面的案例分析中，是餐饮企业采用得最频繁的一种方式。但是在推送的时候，要有较强的可读性和趣味性。客户在碎片化的时间里，很难形成严密的思维方式去思考，也很难集中精力。那么餐饮企业在进行信息推送的时候要考虑到用户的心理，尽量将信息做的富有趣味和可读性，瞬间吸引客户的眼球并让客户记住。

5）利用微信进行品牌形象塑造，坚守内容为王

在进行品牌塑造的时候，"内容为王"始终不能被各大商家和企业忽视。品牌的传播，必然通过内容的书写，以有品质、有格调、有特色的方式打动客户。仅仅通过新活动、新创意只能起到一个噱头的作用，时间久了，客户的兴趣淡了，也会忘记产品和形象。只有通过内容营销才能从客户内心深处建立品牌的形象，深深地占据客户的心智。

那么餐饮品牌在利用微信营销的过程中，除了以上那些零碎的功能所能提供的热身运动以外，真正要回归的是微信的公众平台功

能、开放平台＋朋友圈功能以及微信的自定义菜单这三个功能上。它们所具有的地位是微信任何其他功能所不能比拟的。可以说，它相当于是企业或商家进行微信品牌传播的一个战略基地、一个大本营。餐饮企业利用公众平台将适合的信息发送到合适的人群中，实现了精准营销。用户在进行咨询的时候，商家一定要慎重的回复，可以采用自动回复，但关系客户提出的系统信息不能解决的问题，商家一定要亲自回复，以显示对客户的尊重与重视。

开放平台是为第三方应用提供的一个接口，主要是针对用户可转发信息的可能性来设置。当用户在微信开放平台上看见了比较认可的信息或者观点时，用户会转发到朋友圈，让更多的人了解信息，从而品牌的信息获得广泛传播。这种社交式的分享，为餐饮品牌的营销找到了一个非常便利的出口，餐饮品牌主要依靠人际传播、口碑传播的方式拓展自身的客户，通过对开放平台的用心经营、内容的完美塑造，能迅速扩大自身品牌知名度与美誉度，不需要耗费多大的成本就可以获得更多的客户。

自定义菜单除了能够提供内容服务以外，还能提供产品介绍、位置指引、菜单菜品设计以及排队人数等服务，提供了足够的便捷性，能够增加客户的好感度。服务类型的行业本身就是以服务为主，餐饮企业就应该从客户预备消费开始到消费进行时再到消费结束离开店之后整个流程提供全套服务，让客户在体会个中服务便利的同时感受到宾至如归的感觉。

6）O2O营销接口打通，提供餐饮服务便捷性

线上线下的配合在餐饮品牌中，最常见的运用就是会员的开通以及线上支付功能。在进行会员开通的过程中，可以直接通过扫描二维码成为会员。也可以通过在微信上回答问题，进行会员的注

册。北京的"雕爷牛腩"就是利用回答问题添加会员，在它设置的每一个问题中凸显了三个特点：一个是品牌形象在问题中的展现；一个是检测客户是否吃过他们的食品，以及所选食品的种类；最后一个是了解客户的口味需求。相比直接扫描微信二维码，它虽然麻烦了一些，但是设置中权限可以增加客户的尊贵感，更加激发了客户想去品尝的心理。同时又将品牌形象在这个问答问题的过程中在客户心目中进一步巩固加深，可见是用心良苦。但通过这种回答问题的方式添加会员，也有一定的风险，一定要避免问题太多、太繁杂，操作太困难，不然这种行为会降低客户注册会员的渴求度。会员开通之后便可享受会员价与正价之间的差额利益。

微信线上支付则是一种引导消费者消费习惯的方式。餐饮企业已经用会员价来为客户带来利益，它还可以通过线上支付再提供一次优惠，吸引客户用微信支付，时刻关注微信并关注商家信息。

7）与微博等其他社交媒体的综合运用

市场上没有哪一个行业能够只用一种营销方式来为企业带来无限的利润，纵使微信具有强大的功能与魔力来经营客户、进行品牌塑造与营销，也绝不能忽视其他媒介与微信的配合。微信的强关系、用户黏合性有助于餐饮企业进行深层营销，但它不具备微博的广泛传播的功效。我们使用微信是要通过传统媒体、专业网站、论坛、微博这些媒介的整合传播，最后聚焦到通过微信进行强关系的连接。因此，通过对不同媒介的功能认识，并利用其优点，将优点串联整合，才能做到战略上的统筹与布局。餐饮企业使用最多的媒介通路有专业杂志、报纸、微博以及论坛，那么将这几种广告通路进行合理的衔接，最终通过微信落实，势必会提升品牌的全媒体塑造，加上事件营销、活动营销等方式，传达出统一的品牌口径与品牌形象。

8）客户信息的管理、需求挖掘，进一步衍生新产品

回归到餐饮企业，最重要的就是客户信息的管理，这也是每一个行业中的各个企业所不能忽视的。微信的 CRM 功能将传统的客户信息管理者解脱出来，运用微信 CRM 功能，不仅提高了客户分类的效率，同时增加了客户分类的质量。拥有社会化客户关系管理的微信 CRM 不仅使企业与客户产生互动，还可以从消费者所反馈的信息、意见中获取新的灵感，让消费者参与到产品的设计当中，与消费者共同衍生新的产品、新的服务方式。比如某些消费者本身就是美食鉴赏家，对美食有自己的研究与见解，那么餐饮商家通过与这样的消费者进行沟通，可以设计出更多新菜品的搭配、新的美食服务机制等。这就从设计的源头获得消费者的支持，定制出消费者喜爱的食品，进一步提升了该餐饮的品牌形象，增加了其在消费者心中的好感度与美誉度。

餐饮企业本身的灵活性与时尚年轻属性更是需要微信来为餐饮企业谋求更大的发展，进行市场的新一轮拓展。然而不论是餐饮企业的哪种业态，微信都是他们最新最得力的助手。微信所具备的多重社交功能不仅满足了用户与自身朋友之间的情感交流、用户自身的信息分享、商家了解客户的便捷渠道，同时也成为一个团体进行实时联系、沟通交流的必不可少的工具，它比短信省钱、比电话方便、比 QQ 更及时。因此，微信不仅停留在联系朋友、商家营销的层面，它更是一个团队进行人员信息管理的最佳媒介和途径。餐饮企业通过对微信功能的研究以及恰当使用，不仅会为餐饮企业带来更大的客源，增加其盈利的机会。同时也促使商家在进行客户管理的时候能够更高效更精准更便捷。当然，在利用微信进行营销的同

时，还应该与其他的媒介相联系，通过对不同媒介的整合传播才能节约成本、促进利益最大化。

第三节 广告主微电影的信息 艺术化供给

微时代的环境加之广告主对品牌传播的重视，微电影的诞生便呼之欲出。虽然在微电影日益发展成熟的今天，它的类型与目标受众都产生了丰富的变化，但中国首部微电影即是广告界的产物。凯迪拉克汽车品牌携手中影集团拍摄的《一触即发》开启了品牌传播方式的一扇新大门，也因为它的出现，2010年被称作了"微电影元年"。从前，观众被迫通过电影看广告，我们将其称之为"植入式广告"；而如今，观众开始通过广告看电影，有人将其称之为"广告植入电影"。凯迪拉克品牌总监认为这种说法有它的道理：目的是做广告，形式是做电影。作为凯迪拉克的广告代理商，麦肯光明创意总监就认为，微电影是让消费者潜移默化、无意识地接受品牌所传递的广告信息，从某种程度上来说，也可以归属"植入"的范畴。《一触即发》成功后，微电影广告如雨后春笋般出现于各大视频网站，如2011年大众银行推出的《梦骑士》、益达口香糖推出的《酸甜苦辣》、支付宝《郑棒棒篇》等。其中颇具代表性的有以《老男孩》为代表的《11度青春》系列网络电影。这一系列是雪佛兰科鲁兹联手中影集团、优酷网推出的新媒体电影，它的成功推出成为了雪佛兰品牌历史上的一大经典营销案例，2010年6月3日正式启动以来，《11度青春》系列共推出了十部网络微电影，仅优酷网的点击率就已超过 7 000 余万次，产生了相当大的社会反响。微电影近年火遍"影视界＋广告界＋企业界"，我们的新媒体广告传播自然需要对其予以考察。

一、作为品牌信息艺术供给的微电影

微电影广告作为一种全新的广告形式，依托目前的发展技术与播放平台，无疑最能契合消费者的接受心理，充满和谐感的微电影能引起消费者的主动观看的兴趣，在消费者更加理性、敏感与多元化的今天，拉近广告主与消费者之间的距离。自 2010 年中国首部微电影获得成功以来，微电影这种新兴的品牌传播形式已在中国的互联网平台上生根发芽，受到各个企业、品牌的青睐，也自然受到关注与研究。

1. 让受众乐意看的艺术"广告"

传统的广告，可以说是广告主硬塞给受众，强迫着、不知不觉地邂逅的品牌信息；而对于广告主的微电影来说，则可以说是让受众乐意看、搜索着看的"广告"。有研究者认为："各类品牌利用微电影为其开启的机会大门，将品牌的正确理念与价值从'恶俗广告'升华到一种情感上的体验上，就这一点而言，微电影功不可没。"①

微电影的存在需要符合的最重要的因素有两个：内容与情感。一部微电影必须有其鲜明的主题，为了达到特定的传播目的，制作者必须在让微电影的内容紧紧围绕主题的同时使观众有所感，并引

---

① 康初莹. "微"传播时代的微电影营销模式解读[J]. 新闻界，2011(07).

发观众的情感共鸣。如此可以将微电影定义为：指时长在 30～300 秒左右，播放于新媒体平台，主题突出，能引起观众强烈共鸣的视频短片。一般来说，与微视频相比微电影的目标受众则更偏重于客户群体，即微电影比微视频更具商业性质；而就制作技术来说，微电影的制作比微视频更为精良，技术含量更高，艺术性也更为突出。

微电影的艺术性，使我们迎来了广告主喜闻乐见的"消费者主动看广告"的时代，这一时代得以到来，凯迪拉克汽车品牌功不可没。凯迪拉克汽车品牌于 2010 年 12 月推出《一触即发》，时长 1 分 30 秒的微电影，向观众讲述了由吴彦祖扮演的情报人员利用凯迪拉克新款汽车成功逃脱敌人追击，惊险而顺利地完成交易的故事。驾车躲避敌人袭击的片段中，镜头精美而巧妙地向观众展示了汽车的各种高级性能，最后数秒回到传统广告的画面，再次突出品牌名称，给人留下了深刻印象。到 2014 年 3 月，仅优酷网上《一触即发》完整版的点击量已达 277 万余次。

2. 走向"搜索满足"的微电影传播

如果说微电影自 2010 年起步以来，日益得到广告主的青睐，并开始纷纷采纳为自身的新媒体广告传播形式；而到了 2013 年王老吉推出的《倾世之恋》，业界则公认微电影已达到相对成熟的水平。其中信息主要呈现如表 6 - 11。

由表 6 - 11 我们可以看到，与《一触即发》相比，《倾城之恋》的独特之处有两点，第一，形式更加电影化。《倾城之恋》讲述的是一个完整的故事而非一个场景片段，给观众的视觉感受更加偏向于电影；第二，更加注重品牌传播。《倾城之恋》将王老吉的凉茶历史十分巧妙而自然地融入于剧情之中，既没有刻意讨好观

表6-11 《倾世之恋》的概括与评论

剧 名	《倾 世 之 恋》
剧情	故事以大生产时代为背景，讲述了一对情侣的故事。两人因为拥有共同的理想而走到了一起，但却因为各自的苦衷而分道扬镳，最后，他们在一位特异功能者的帮助下得以再次相会。
点击量	王老吉官方网站的点击量尚无记载，优酷网平台数据显示：该微电影仅上线三天，点击量便已超过65.7万次。
影片截图	

用户名	正 面 评 价	表 现 特 点
lylong2013	一段曲折离奇的爱情故事，"带领"人们进入王老吉的百年历史中。吉叔以这样新颖时尚的形式来激发活力、焕新形象，大家觉得怎么样？	形式新颖
张晓飞飞	短片看完了，真好玩，徐先生竟然和凉茶还有关系了！	品牌故事
苏哈凡	比预告片好多了，结局有些仓促，很像TVB的连续剧大结局。希望有粤语版，缺乏粤味，没了根。越是民族的，越是世界的。	剧情吸引人
小恬Z爱你	这么带感的短片，精彩极了！	精彩
甜甜TB后花园	我的天呀，看完了，我彻底的知道凉茶是多么的重要。	有所感悟

（续　表）

用户名	负　面　评　价	表现特点
DanteKung	王老吉完整版微电影《倾世之恋》。对不起，我对其文化了解不够深，请问为何叙述了丁立伟和虞美秀的倾世之恋？他们是老板、开国功臣还是无名氏？请问王老吉祖师及早期工厂工人是否说粤语？为何这微电影用国语？为何年轻男主爆一句不咸不淡的粤语？据报道《倾2》虞美秀通过余悠悠搭桥与丁立伟成就旷世之恋？	剧情缺陷
闪亮的吉多多	从营销的角度看，可延伸的地方还有很多，你光打动了观众和消费者还远远不够，让人轻松的买到产品才是最终的目的，希望在产品到消费者手中的最后一米距离上多做些工作，加油吧，鼓励下！ 影片与品牌关联：电影穿插了王老吉的品牌故事，向观众展示了王老吉人为理想、为事业而奋斗不息的企业文化。	延伸不足
影片成就	上映仅6日，该微电影在优酷网的点击量便已突破了100万次。凭借这一微电影跨界营销事件，2013年王老吉入围了中国营销盛典"2013十大营销事件"候选名单，《倾城之恋》则获得了"2013年度十佳微电影"与"微电影营销全场大奖"两项大奖，并入选《广告主杂志》"2013年度十佳微电影"榜单，摘得了2013年"广药白云山杯"首届微电影大赛金奖。	

众，也没有忘掉自己的宣传使命，这便是笔者一直强调的品牌文化在微电影中的自然传播，品牌历史，品牌故事的有效传播无疑比大篇幅的单一商品特性描述更为有力。

　　微电影作为企业最新的传播手段，在企业展示品牌形象的众多方式中脱颖而出，它的日益成熟不仅值得广告主欣喜，同时也受到了消费者的青睐。可以说，《一触即发》引起的品牌微电影热潮将"信息邂逅"转向了"搜索满足"的方向。"搜索满足"广告模式的出发点，是视受众为主动的——即消费者受众出于消费信息的需要，不再只是被动的，且主要依凭无意识接受来获得广告信息，而是主动进行搜索，且在搜索中不断比较、求证广告信息，以满足消费决策最基本信息的需求。①企业品牌的微电影让消费者拥有了一种轻松的方式去主动接受广告信息，这便是它所带来的利于信息传授双方的满足。

3. 微电影广告的特征

在认识微电影广告时，我们可以看到其显著的"四微"与"四化"特征，即：

1）微时长、微制作、微投资、微平台

微时长是微电影最为显著的特征，正是由于 30～300 秒的长度，相比较而言比传统意义上的广告长，比真正意义上的电影短，因此才被冠以"微电影"之名。这一时长符合了碎片化下的观众的观影需求，同时也对创作者的创新能力有着极高的要求。

微制作，即指微电影的制作规模较小。微电影可以大致分为两类，一类是带有商业性质的企业品牌微电影，这一类型的微电影存在意义与广告相似，最终目的是让企业盈利；另一类微电影则是一般网友自发拍摄制作的视频作品，不具有盈利性质，更偏重于娱乐化。不管是两种类型中的哪一种，整个流程的规模并不大。甚至一台可供编辑文本与后期处理的电脑，一台摄影机，加上几位创作人员及演员，便能使一部微电影诞生，制作周期最短可一天之内完成。

微投资，正是因为微电影的规模小，制作周期短，因此也就投资少。比起好莱坞大片动辄上亿美元的制作成本，微电影的投资显得微不足道了。然而值得注意的是，随着微电影的日益成熟，更多的企业开始重视微电影的传播效果，在这些企业之中，具有强大资

---

① 舒咏平. "信息邂逅"与"搜索满足"——广告传播模式的嬗变与实践自觉[J]. 新闻大学, 2011(夏).

金实力的广告主也愿意投入大成本，以求打造更为精致完美的微电影。

微平台，随着微博、微信等的兴起带领网民进入了全面了"微时代"，视频网站与微博的合作的微平台使微电影的传播更加便捷、有效。广告主将其微电影上传至视频网站后通过微博账号分享到 SNS 网站，再进一步将微博内容分享到微信平台——这样简单的步骤能在极短的时间内完成二次转发及多次转发，传播效果相当可观。从用户角度来说，这种传播方式在重建了用户的消费体验的同时，更重要的是它也改变了用户的观影习惯——人们面对的不再仅仅是一张固定的大屏幕，而是能够自由地选择各种便利的小屏幕，如智能手机、平板电脑、PC 等。同时，观影内容的选择权也转移到了用户手中，看什么、什么时候看、在哪里看全部都由用户自己决定，形成了微电影观看意义上的"用户市场"。

2) 明星化、系列化、分享化、多样化

阵容强大的明星化。人类容易产生一种以偏概全的认知偏差，心理学将这种现象称为"晕轮效应"，或"光环效应"。"明星效应"是一种典型的"光环效应"，明星效应在广告传播效果中有着举足轻重的地位，托比·米勒所认为的明星是："那些名字成为制作电影资产，并且构成吸引观众的动力因素的演员。"①广告主利用消费者的认知偏差，将消费者"爱屋及乌"的心理发挥到了极致：因为本身对代言明星存在好感，因此有了以偏概全的认知偏差，认为这位明星所说的话，所推荐的商品都是好的，从而毫不犹豫地选择了他代言的商品。百事可乐系列微电影《把乐带回家》得

---

① ［美］托比·米勒.明星和表演[J].当代电影，2008（1）.

以成功，其一个很大因素便来自杨幂、韩庚、林志颖、蔡依林、张国立、霍思燕、张韶涵、周迅等数十位当红明星的强大的代言人阵容，并因此吸引了相当大一批年轻观众，其网络点击量已过 3 亿次。

内容丰富的系列化。我们前面提到的百事可乐《把乐带回家》，就是系列化的微电影；实际上已经有越来越多的企业将自己的品牌微电影带向了"系列化"，如腾讯品牌系列微电影《弹指间》，乐事薯片投资拍摄的《谁是你的菜》，光影华视与聚美优品联合出品的《女人公敌》，优酷网联手天娱联合出品的《美好 2012 勇敢爱》系列等。系列化具有单一一部影片所不具备的优点。首先，系列化讲述的故事更为完整。微电影的时长是有所限制的，因此这对剧本的要求相当高，而当企业要表达的内容必须通过较长的故事讲述出来时，系列化如同电视剧的集数一样，弥补了微电影时长上的缺陷。当然，这一微电影制作动机会带来一个问题——微电影的时长到底该如何定义，三部影片的长度是该分开计算还是该算其总和？这一问题同时也是学术界对微电影进行定义的一大障碍，大家不禁会思考，系列微电影到底能不能科学得体现出"微"这一特性。其次，系列化在围绕固有主题的基础上比个体影片更具有强调作用。企业在微电影拍摄选材上偏向于选择突出爱、青春、励志等这一方面的主题，系列化的影片可以通过多个角度表现这一主题与品牌间的关系，二次及多次地向消费者讲述故事可起到强调主旨的作用。第三，系列化有着闹钟般的提醒功能。第一部微电影能在消费者脑海中留下最初的印象，但纵使这部影片有多么优秀，也不能保证消费者能记住品牌，甚至在消费活动时主动选择品牌，因此，在掌握好推出时间间隔，不令观众有"被洗脑"的不愉快感的前提下，系列化能提醒观众回忆起第一部影片留在其脑海中的印象。

　　互动及时的分享化。"微平台＋视频网站"的组合让视频分享变得非常便捷，且让广告主与消费者的双向及时互动变为可能。目前全球最大的视频分享网站YouTube成立于2005年2月，2006年便达到了每天拥有600余万的访问量的水平，2010年5月，一天有超过20亿部影片被点击，超过了美国三大电视台黄金时间观看人数的一倍。而我国最大的视频网站优酷，2013年6月每日手机访问量已达1 400万次。视频得以如此便利的分享，使得广告主的微电影传播如鱼得水。因为广告主在发布微电影后无须花费大量时间、人力、财力去电视台购买广告，而只需轻点鼠标，将其同步于各个微平台；二次传播及多次传播的工作便转交给了观众来做。同时，分享也使广告主与观众的互动变得更加及时。一方面，在视频网站观看的用户可以及时在留言栏留下自己的感想，发布者马上就能获得到反馈。另一方面，在社交网站、朋友圈观看的用户，可以通过"评论"与"转发"迅速表态，不仅仅是评论内容，转发的数量也能让发布者快速而直观地得到最直接的反馈信息，从而判断发布活动是否成功。

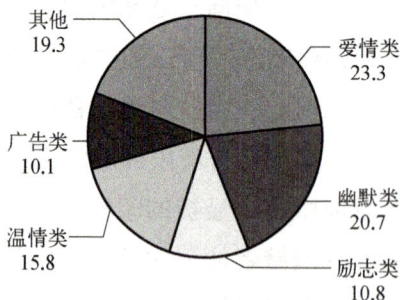

其他 19.3
爱情类 23.3
广告类 10.1
幽默类 20.7
温情类 15.8
励志类 10.8

图6-15　"爱奇艺"视频网站微电影类型图

　　类型万变的多样化。目前，广告主的微电影已跳出传统广告形式，向各种类型的电影靠拢，形式上越来越趋同于电影。其内容与形式主要有(见图6-15)：幽默性——生活节奏越来越快的今天，看一部幽默诙谐的微电影无疑就是一种调节节奏的享受。尼尔·波兹曼在《娱乐至死》的开篇就提到："这是一个娱乐之城，在这里，一切公众话语日渐以娱乐的方式出现，并成为一种文化精神。"①而幽默性的微电影广告最大的优势就是，它不仅不会让观众产生对广告的抵触情绪，更能让观众主动搜索这一类型的电影进行观看，并且进一步向他人推荐。百事淘宝推出的《为渴望而创》、七喜系列、搜狐网自制《屌丝男士》等，都因为搞笑的内容而获得相当多的点击率。情感性——亲情、友情、爱情总能让观众不自觉地将自己的生活融入微电影内容之中，从而引发共鸣的。励志性——其实这种正能量不仅仅来源于故事，更来源于企业的品牌，这种传播行为不仅是一种传递，更是告诉观众我们的品牌是充满活力与热情的。这类微电影通常以某个人或者某一群体为主角，主角往往具备社会赞颂的奉献、爱心、坚持、环保等品质，通过讲述他们的故事来寻找与自身品牌的共同点。

二、广告主微电影传播的艺术性优化

广告主的微电影传播，一定意义上就是广告主将自身品牌信息通过高度艺术化的方式来进行视频网站供给。因此，其微电影传播中围绕品牌定位，强化艺术性就是其优化的必由之路。一般来说，其艺术性优化的途径有如下三点：

1. 品牌故事的情节化展现

品牌微电影是以讲故事的方式讲述企业文化内涵，而故事则需

---

① ［美］尼尔·波兹曼. 娱乐至死［M］. 桂林：广西师范大学出版社，2004：1.

要有情节，即情节化地展现企业品牌文化、产品特色、服务宗旨等。尼葛洛庞帝曾认为："在后信息社会（post-information age），大众传播的受众往往只是单独一人，因此真正的个人化时代已经来临。"①而微电影的广告方式有利于增加品牌的亲和力，拉近广告主与受众每一个"个人"的距离，提升这一个个"个人"对广告主的好感度。而品牌故事在微电影传播中，往往是将企业发展历程中的某个关键时间段，通过时间、地点、人物、起因、曲折、结果等情节要素，以完整的叙事结构来形成视频，从而得以艺术化的传播推广。2013年王老吉推出的《倾城之恋》采用的就是讲述品牌故事的表现形式。这部微电影以185年悠久历史的王老吉品牌故事为创作来源，故事的主线讲述了一对男女温馨而伤感的爱情故事，并展现了几代王老吉人为理想奋斗不息的历史。这部以微电影形式讲述出的品牌故事，将王老吉人的热血奋斗史淋漓尽致地展现在了消费者的眼前。

2. 艺术微电影的品牌赞助

艺术性的微电影，往往题材契合现代生活，具有很强的观赏性；但与广告主本身往往并没有直接关联性，由此进行合理的品牌赞助则同样是广告主的一种广告传播之选择。当品牌所赞助的微电影内容符合消费者的心理需求的程度越高，两者间的关联也能更加密切。在这一类型的微电影中，2013年最吸引人们目光的莫过于万合天宜与优酷视频网共同推出的《万万没想到》系列，截至2014年2月，这一系列的微电影优酷网均集播放量近3 000万次，总播放量4.4亿余次。该微电影登上了各大搜索排行榜的前五位，制造了如"升职加薪，当上总经理，出任CEO，迎娶白富美，走上人生

---

① ［美］尼葛洛庞帝. 数字化生存［M］. 海口：海南出版社，1997：199，191.

的巅峰"、"大自然的规律还真是没法改变呀"、"点 32 个赞"等流行语。而赞助该微电影的香港迪士尼乐园、每日 C 果汁、肯德基早餐、华润妙想漆等赞助品牌，也自然成为广告主的赢家。在系列微电影开播前，经营团队曾向一个 IT 厂商推销这部剧的植入广告。尽管开出的是很低的价格，厂商仍有点不情愿；可是当这个剧播放到第 3 集点击量破亿后，这个厂商重新找到制作方要投《万万没想到》的植入广告，而价格早已是当时开价的十倍以上，高达 7 位数。可以说，正是《万万没想到》的艺术吸引力，使得其第一季的广告收入就达到千万级。

3. 艺术性、高契合地植入广告

虽然"重企业内涵，轻广告植入"的理念是受众导向的微电影创造原则，但需要盈利的广告主并非具有"即使不提及产品也能给观众留下深刻印象"的自信。因此，微电影中的商品广告植入是必要的。这就需要广告植入是在艺术性、高契合度地，与微电影剧情自然和谐对接，符合微电影情节流畅的需要，达到艺术与广告两者的平衡。广告主的微电影本质上虽然是广告，但是却需要超越传统广告，成为带有艺术属性的产品。例如桔子酒店集团推出的《十二星座微电影》，合理地采用场景植入艺术手法，将系列的微电影分别拍摄了十二个星座的男人在酒店开房的不同表现，在年轻人群体中引发了广泛的讨论。影片在描述这些人物的表现时很好地展现了桔子水晶酒店温馨舒适、功能齐全等优点。通过这一艺术化的微电影传播，桔子酒店作为时尚酒店的代表自然而然地渗入目标消费者的心理之中。相反，如果让精明的消费者识破植入式广告，不仅让精心创作的微电影艺术魅力丧失殆尽，而且产生抗拒产品甚至品牌的心理那才得不偿失。

第七章

自有媒体的信息互动服务

虽然新媒体层出不穷，但在媒体"碎片化"的时代，任何单一的媒体都是无法担当起广告、品牌传播，乃至营销重任的。可以说，曾经不断掀起热潮的"BBS营销"、"博客营销"、"微博营销"、"微信营销"仅仅是获取对单一媒体的关注，而绝不可能一肩担起营销传播的重任。但我们需要逐一地认识它、驾驭它、整合它，并在搭建出自有媒体矩阵中形成品牌传播的聚合；并最终通过人性化的信息互动服务，而产生系统的新媒体广告传播效应。

第一节　自有媒体矩阵与新媒体聚合

一、"小米"新媒体传播解析

几乎国内消费者稍对市场有所关注，就不会不知道"小米"品牌，就不会不知道"小米"手机的热销。但人们也会发现，"小米"除了 2013、2014 年两度在央视春节联欢晚会上有过电视广告的昙花一现，就再也回忆不出来"小米"品牌在传统媒体上的身影了。但我们一旦进入新媒体环境，情况就完全颠倒过来了，即随处可以见到"小米"的品牌信息。仅仅在百度上输入"小米"，百度就会为你找到相关结果 1 亿多个。

小米公司成立于 2010 年 4 月，是一家专注于智能手机的移动互联网公司，定位于高性能发烧手机。小米手机、MIUI、米聊是小米公司旗下三大核心业务。"为发烧而生"是小米的产品理念。小米公司首创了用互联网模式开发手机操作系统、发烧友参与开发改进的模式。由此我们就可以看到，"小米"是因消费群中的"发烧友"而诞生，小米的产品开发也淋漓尽致地发挥了互联网的优势、吸引了发烧友共同参与。

"小米"的创始人雷军曾先后参与创办金山软件、卓越网，担任金山 CEO 兼副董事长。他还作为天使投资人，投资了凡客诚品、多玩、优视科技等多家创新型企业。随后雷军创立了小米公司，并于 2011 年 8 月 16 日正式发布小米手机。而整个小米创业团队核心人物黄江吉、刘德、周光平、林斌、雷军、黎万强、洪锋等，分别来自微软、谷歌、金山软件、摩托罗拉等国内外著名 IT 公司。

小米手机一上市，就充分发挥了其竞争优势：其认真做最好手机等每一件硬件产品。硬件产品配置高，软件产品体验好；而在价格上优势明显；并俨然开创了"互联网手机"的一个新品类。同时还全部实行网络线上销售，节省实体渠道成本，具有显著的渠道优势：因此，"小米"手机一经上市，就获得了发烧友的追捧，加之进行定时限量销售，形成市场饥饿，更造成了品牌的关注与期待，提升了品牌形象。"小米"的成功由此改变了人们对于小米的原有烙印，在手机的认知中占据了强有力的地位。

在"小米"形成品牌导向的营销传播过程中，线下举办全国米粉同城聚会，雷军类似比尔·盖茨、乔布斯一样往往亲自到场，形成名品、名人的高度共振；同时全方位地利用线上新媒体互动传播达成品牌与米粉沟通，这显然是我们需要重点关注的。

我们细细考察"小米"，可以发现，它的自有新媒体系统是最完整、最活跃、效应最显著。它拥有"小米"官网、有"米柚"、"米聊"、"小米社区"、小米-人人网公共主页、小米-腾讯认证QQ空间主页、小米公司-百度百科页面、小米-百度知道企业平台、小米-百度搜索风云榜、小米-优酷认证主页、小米视频中心、小米产品微博、小米各分公司微博、小米微信平台主页、小米-优酷认证主页等庞大的自媒体群，并形成浑然一体的矩阵，从创业故事发布、产品信息推送、产品测评、产品促销活动，小米视频、小米产品客服等角度每时每刻向发烧友、向受众传播信息，实施实时沟通。

仅是小米创始人与各类产品的新浪微博就形成了庞大的矩阵（见图7-1），并碎片化地活跃传播，无时无刻不在正面传播着小米品牌。其中，仅雷军个人微博就拥有861万粉丝，他每天亲自为小米产品销售发布信息以及小米品牌相关信息。他与他的同事，实时地就新品发布、产品测评、粉丝互动、综合应用等多种话题，与发烧友即受众进行着互动传播；此外还开通小米后援团非认证大V团队，整合了社会上的传播资源。

而在"小米"优酷认证主页上（见图7-2），则就视频进行了分

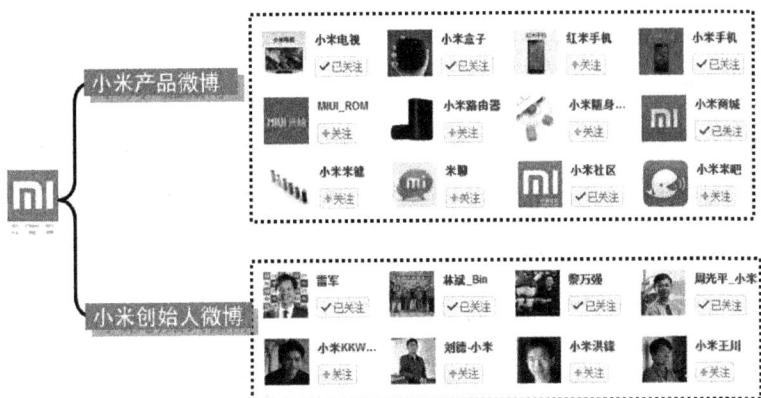

图 7 - 1　小米-新浪微博矩阵

图 7 - 2　小米-优酷视频主页

类，其包含：品牌主题类视频——企业领导访谈、电视广告、微电影；粉丝、产品主题类视频——米粉自秀视频、小米产品视频、米粉祝福视频、新品发布视频；产品技能类视频——小米上的中国-小米手机延时摄影等；这在读图时代，达到了直观、形象、具体、可感的品牌传播。

雷军曾经就小米商业模式进行了总结，即：专注、极致、快、社交化媒体、用户、当朋友，形成口碑！审视小米的迅速成功的发展历程我们可以看到，小米的品牌传播充分优化了互联网资源、将新媒体的效能发挥到了极致。即充分利用自有新媒体以及社交媒体，建立稳定的品牌粉丝社区，聚集了大量品牌粉丝；随后广泛布局社会化媒体信息网络，在不同阶段持续制造小米品牌传播点，从而吸引社会舆论的广泛注，以低成本得到理性的品牌传播效应。显然，小米的新媒体广告传播示范效应，我们不能不高度关注与吸纳。

二、新媒体介入到 O2O 聚合

1. 实体店的新媒体介入

广告主的实体店，从营销角度审视即为线下"终端"。"终端"是指在市场营销过程中最末阶段的品牌商品与消费者接触的空间，即商品与消费者直接相对，并能够进行交易的场所或地点。它是产品经过其他各环节后到达消费者之前的最后一站，通常指处在渠道链中最末尾的零售商。终端既有实体店这样有形形式，还有直销、网上购物等非卖场零售的无形形式。[①]而实体店终端的建设对于企业的营销活动来说至关重要的，它直接影响着终端销售。现代营销心理学表明：消费者在到达终实体店端售点前就想好了要购买

---

① 江宁．朱悔松·终端拦截[M]．广州：广东经济出版社，2003．4．

的产品约占30％，70％的消费者的购买决策是在购买现场做出的，而且在有购买计划的30％消费者里，又有13.4％的人会因为终端的影响而改变原来的购买计划。[①]因此营销界有人把实体店终端形象地比喻成"产品营销的临门一脚"。

实现产品营销，离不开实体店情境终端对消费者的感染，即以消费者的体验为取向，由此"体验经济"得以提出。1971年，"体验经济"最早的倡导者，世界知名的未来学家托夫勒在自己的《未来的冲击》一书中这样写道：在传统经济中，我们去购物中心，就是为了买东西，可是现在，这些购物中心都在有意识的给消费者创造一个让你难以忘怀、非常愉快的体验与经历。而消费者的体验通常不是自发的而是受外界的诱因诱发的，这也就给了营销人员的操作空间，说明营销人员可以采取体验媒介，来诱使消费者产生体验的共鸣。伯德·施密特就在《体验式营销》提出了SEMS（战略体验模块），他认为可以通过感官（Sense）、情感（Feel）、思考（Think）、行动（Act）、关系（Relate）五个方面来诱发消费者产生体验。感官享受是生理体验、情感情绪是心理体验，思维和行动带来的是态度和行为的体验，关系引发身份认同和社会环境体验（见图7-3）。

从如上5个方面来引导消费者的品牌体验，那么我们可以认识到：实体店归根结底是通过体店头、货架、专柜、堆头、店中店、促销人员、灯箱、POP、宣传物料、视频演示、价格、颜色、灯光、音响、气味等各种终端要素，将品牌的信息、品牌的特征与特色、品牌的调性、品牌个性、品牌核心价值、品牌精神等完整、立体、生动地展现在消费者面前，以获得消费者体验性认同。如，成

---

① 丁邦清.品牌成功链[M].北京：机械工业出版社，2007：228.

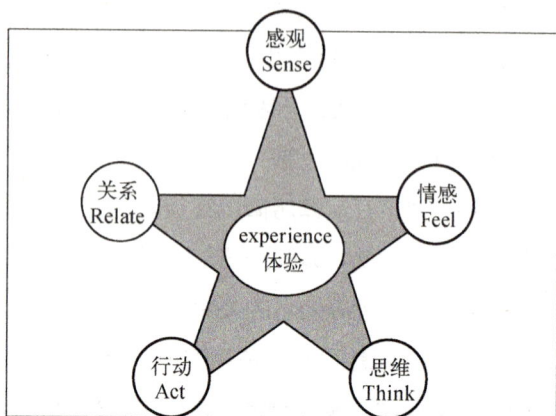

图 7 - 3　体验产生的诱因

立于 1993 年的谭木匠公司是一家木梳、木镜、香扇等木制品为主的民营企业。到 2006 年，"谭木匠"不仅成功上市进入资本市场，而且成为全国驰名商标。它的成功，无疑得益于它连锁经营的各家实体店：以红檀木色为标准色，强调品牌古朴、传统、自然的风格。门外牌匾"千年木梳、万丝情缘"、"我善治木"传达出"谭木匠"的核心价值和品牌悠久的历史感，消费者一踏入店内就立即进入了"好木沉香"的购物情景。店内四壁挂满的各式各样、万千姿态的精致梳子，让人置身于梳子小王国的感觉。播放的则是悠扬的《高山流水》、《春江花月夜》和《二泉映月》等中国古乐，烘托了品牌的文化内涵、彰显了独特的品牌个性，令每一个顾客流连忘返。它在终端设计和传播方面尤其强调体验化、情景化，通过建设与"谭木匠"品牌品位相适应的购物环境和终端调性，与同类品牌形成了鲜明的区隔，并无言地告诉消费者：我是一个具有历史蕴含的百年老店，我的木头材质优良、我的木工手艺出色、我在为你

的情感需求而精心制作。如此
无言的诉说，使得"谭木匠"不
仅常常吸引很多行人驻足流
连，而且往往使得消费者怦然
心动（见图7-4）。

　　现在，随着商业手段的发
展和新媒体的引入，新媒体自
然得以通过店头滚动屏、店内
视屏、联网电脑的方式介入实
体店终端。位于美国纽约的耐
克城，这是"耐克"最大的一家
实态终端店，不仅以通过产品
摆场、装饰风格营造着一个室

图7-4　谭木匠实体店店门

内体育运动公园，而且还有店内随处可见的视屏，它们或播放正在
世界各地进行体育比赛的电视，还展示着耐克的各种广告片，而各
种球类比赛馆内球和鞋与地板摩擦的声音，则强烈地感染着、感动
着消费者的运动热情与梦想。而在各家联网的实体店内，各类产品
的编码、库存、图片可以通过电脑随时查阅，同时也会实时地记录
着消费者的信息，为广告主的营销数据掌控，以及展开关系管理提
供着数据基础。或许，在传统的广告观中，这不属于广告的范畴，
但在新媒体环境视角中，滚动屏滚动着各类广告主新闻以及实时的
产品促销信息、视屏中不断播放着企业广告以及形象片，无疑就是
自有媒体上信息最充分的广告；而联网电脑中的数据库建设与管
理，则为消费者导向的精准的关系营销提供着数据支撑与信息服
务，这也理所当然属于新媒体广告范畴。

2. 网店的新媒体引导

实体店终端是商家必争之地，可以说竞争制胜在终端，终端的事情比天大。但在网络时代，虚拟终端"网店"开始大显身手。

实体终端店的能量固然很大，但寸土寸金的实体店又往往局限甚大。有限的空间与无限的需求，形成了尖锐的矛盾。它需要延展，需要更上一个台阶，需要依托网络来创设一个立体、多维的体验终端，不仅展示产品与品牌形象，更可以进行实态的营销。当20世纪90年代初，美国和加拿大最先出现了网上商店形式，随后，网上购物的浪潮推进至欧洲、亚洲乃至全球。在中国，第一家网上商店最早被认为是1996年山东省一位农民在网上卖鲜花开始。随着互联网的普及，电子商务的影响力不断提升，网上购物的消费模式已经成为中国网民日渐青睐的新时尚，每年的"双11"几乎成为全民的一个网购狂欢节。中国电子商务协会数据显示：中国2010年电子商务销总售额达到人民币4.5万亿元，较上年增长22%。而2011年中国电子商务交易总额5.88万亿元人民币，同比增长29.2%；2012年中国电子商务市场交易规模达8.1万亿元；较上年增长27.9%；2013年中国电子商务市场交易规模达10.2万亿元；较上年增长29%。 也就是说近年的电商规模均是在20%以上的速度在快速增长，这标志着电商的发展势不可当。

在电商极度受欢迎的趋势下，其网店就显得尤为关键了。网店又称"虚拟商店"，是指建立在第三方提供的电子商务平台上的、由商家自行开展电子商务的一种形式，正如同在大型商场中租用场地开设商家的专卖店一样。网上商店是电子零售商业的典型组织形式，它以互联网为媒介，建立在数码世界的虚拟商店，将各种商品类型以多媒体的方式呈现，可以让消费者进行在线商品浏览及购物，为公众消费提供商品和服务，并保证与其相关的付费方式的电子化的无国界、无区域界限的网络零售方式。其内涵具体来说，主要有如下两点：对企业而言是一种新的营销模式、对消费者而言是一种全新的购物模式。

网店最大的优点有三：一是实现了"商品虚拟集合"，网店有良好的用户界面和有效的搜索工具，因此能够"储存"数百万的商品，商品数量不存在实际的存储空间限制，摆脱了存货和货架空间的物理约束时，能让消费者挑选和购买到自己最为满意的产品（见图7-5）。二是购买环境仿真互动，即厂商可以与顾客进行实时交流，这种交互性沟通，能有效回答消费者的疑问、有助于实现令人满意的交易、并为个性化定制创造了条件。三是购物方便实惠，网店可以省却的成本包括：仓储成本，商场场地占用成本，管理费用、广告、市场调研、销售人员工资等销售费用以及多级中间商

图7-5 耐克网店的性别导购界面

（如代理商、批发商、零售商）加价等；如此必然带来网店普遍比实体店价格实惠。同时，网购可以使买卖双方对于商品信息的传播和搜集比以往更快速、实时，加之专业化的物流配送，时间成本也大大降低。

在传统的广告视野中，网店是无法作为广告存在的；即使在新媒体环境中，目前人们也无法将网店视作新媒体广告。但我们则希望将网店纳入到新媒体广告范畴来考察，因为，在新媒体可以即时实现互联互通的技术，使得各类新媒体广告最后往往均导引至品牌网店，服务于网店的营销。我们可以从图7-6网店页面与新媒体联推的关系来予以清晰的图示：

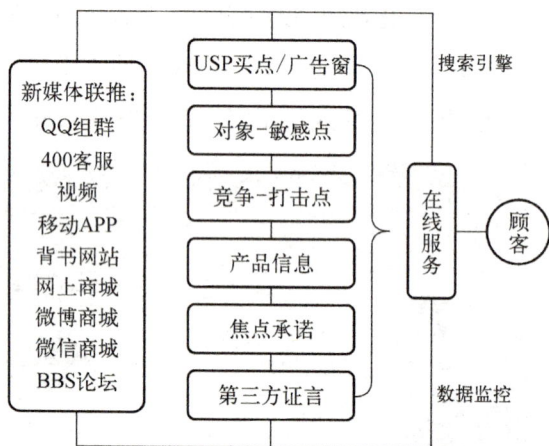

图7-6　网店页面与新媒体联推的关系图

在图7-6中，我们可以看到：

顾客通过搜索引擎，既与广告主的网店建立联系，同时又获得新媒体的联合推荐，也就是说，在顾客的"信息满足"需求与行为中，顾客不仅从网店获得必要的消费信息，而且还从更大范围获得不同新媒体的广告信息，从而建立对该品牌网店以及商品的信赖，在实现其消费决策信息需求的满足后，则自然而然地达成网店的消费。

而另一方面，广告主既重点在网店界面上，提供品牌定位、USP买点、消费者可能形成的消费敏感点、相对于竞争对手的打击点、产品的多方位信息、对于消费者关注焦点的承诺，以及引入第三方权威的或既往消费者评价的证言，从而直接进行对于消费者的消费说服；同时也提供各方面的链接端口，以引导消费者通过联推的新媒体信息来形成消费决策。当然，这其中不可或缺的人性化的在线服务尤为重要，这在本章后面我们将专门讨论。

在整个广告主通过网店以及新媒体的联推过程，"搜索引擎"一直相伴左右，便利着顾客的信息搜索满足；同时广告主的数据库监控也一直在工作，它一方面监督者网店的服务质量，另一方面则丰富着消费者的数据库建设，以为后续的关系管理、关系营销进行着信息储备。

3. O2O 的广告信息聚合

如果说品牌实体店、品牌网店均在发挥着各自的信息传播与消费体验的优势，服务着广告主的营销，其中也可能分明地体会到新媒体广告、品牌传播的作用与功能。但一个绕不过去的矛盾不仅营销界需要重视，新媒体广告更得予以重视。这就是实体店成本相对较高、产品价格定价相应也高，这就必然遭受网店的巨大冲击，在内部两大体系彼此冲击下，无形之中就必然损害了广告主的利益。

而线下实体店与线上网店，又不可能顾此失彼，于是O2O诞生了！O2O即Online To Offline，也就是将线下营销与互联网营销结合在了一起。这样则可让线下服务与线上揽客相结合，消费者可以用线上来筛选服务，可以在线成交结算。数据显示，美国线上消费只占8%，线下消费的比例依旧高达92%。而中国的这一比例，分别为3%和97%。由此可见将线上客源和实体店消费对接蕴含着巨大商机，其中生活服务类的网销市场或将比货物网销潜力更大。

从理论上说O2O模式有望达成"三赢"的效果：对广告主来说，O2O模式要求消费者网站支付，支付信息会成为广告主了解消费者购物信息的渠道，有利于消费者数据建设，达成精准营销，更好地维护并拓展客户。同时，O2O模式在一定程度上降低了广告主对店铺地理位置的依赖，减少了租金方面的支出。对消费者而言，O2O提供丰富、全面、及时的广告主折扣信息，能够快捷筛选并订购中意的商品或服务，且价格实惠。对服务提供商来说，O2O模式可带来大规模高黏度的信息消费者，进而能争取到更多的广告主资源，提供更契合的增值服务。如空间网与家居品牌"曲美"合作，采用扣点分成或是给出底价由空间网自由定价的方式分配盈利，曲美线下实体店为空间网提供体验、配送和售后服务。这种合作模式下的O2O运营，空间网既为广告主"曲美"提高了销售额，也为购买家具产品等需要体验的用户提供了线上支付、线下体验的购物便捷，同时也为自身带来了利润。O2O模式，还为移动支付、二维码提供商提供更广阔的市场。因为线上支付、线下消费为二维码作为准确便捷的消费凭证将会大有用武之地，而移动支付也将伴随着扩大市场。

可以说O2O模式充分凸显并整合了两方面的绝对优势，即：

1）线下实体店的体验与信誉优势

虽然网络拓展了终端体验的空间，让消费者在虚拟空间获得了多维性的体验，但它所产生的感受真切性与对品牌的信誉认知却总不如实体店。正如美国学者所说："网络空间是一个提供体验的好地方，但是许多商务人士并没有注意到它。他们一头扎进了商业的漩涡，试图指出怎样通过互联网销售公司的商品，而事实上大多数的个人上网是为了体验感觉。互联网与生俱来就是一个交互式的媒体，而不像电视那样消极，它为许多人提供了一个社会体验的场所。"①也就是说，网店体验终归是虚拟的。美国经济学家 B.约瑟夫·派恩等人曾就"体验经济"专门强调为一种经济的新形态，因为"一方面技术的高速发展，增加了如此多的体验；另一方面，因为竞争越来越激烈，趋势商家们不断追求独特卖点。但是最有力的原因在于经济价值的本身，以及它趋向进步的本性——从产品到商品再到服务"。同时，他还专门绘制了经济形态区分的表格（见表 7-1）。②

表 7-1　经济形态区分

经济提供物	产 品	商 品	服 务	体 验
经济	农业	工业	服务	体验
经济功能	采掘提炼	制造	传递	舞台展示
提供物的性质	可替换的	有形的	无形的	难忘的
关键属性	自然的	标准化的	定制的	个性化的
供给方法	大批储存	生产后库存	按需求传递	在一段时期后披露
卖方	贸易商	制造商	提供者	展示者
买方	市场	用户	客户	客人
需求要素	特点	特色	利益	突出感受

① ［美］B.约瑟夫·派恩等.体验经济［M］.北京：机械工业出版社，2002：41.
② ［美］B.约瑟夫·派恩等.体验经济［M］.北京：机械工业出版社，2002：12-13.

在表 7－1 中我们可以看到，"体验经济"是对产品经济、商品经济、服务经济的一个整合与升华，它所突出的"体验"，是需要"舞台展示"的，要让人"难忘的"、强调与消费者"个性化"服务、"在一段时期后披露"给"个人"，以实现其"突出感受"；而作为"展出者"的广告主，显然其最佳的舞台即实体店的展示体验空间。

2）线上网店的空间、时间、价格优势

而线上的网店，则以丰裕性的信息扩大并充实了体验空间，以随时随地的实时信息服务与物流整合节约了双方的时间，同时以在线的展示、销售沟通、支付、物流委托等方式形成了价格优势。

随着 O2O 模式的推广、应用，其自身也在不断得到优化，其优化的方向则是实现线下与线上双向互动、融合的闭环。也就是说，O2O 模式将并不仅仅意味着是"线上服务于线下"（Online To Offline），也意味着"线下服务线上"（Offline To Online）。当线下实体店以舞台展销、获得消费者满意信赖的同时，即可通过二维码、数据库代号实现线上的支付、订单生成、发货安排、物流委托等，获得性价比最高的消费体验。而线下实体店与线上网店及线上后台系统则可以进行利润的拆分，达成合作共赢。下图则是一个基于 O2O 模式的、实现闭环的 O2O 双连锁模式（见图 7－7）。

从图 7－7 可见，在 O2O 双连锁的第一阶段，线下实体店与线上网络店，还只能进行分离性的运营，O2O 的优势还只能体现在共享同一品牌，两个渠道分别创造利润之上；但两条渠道之间还无法形成同品同价同消费者。其根本的原因，乃是各自的贡献、收益无

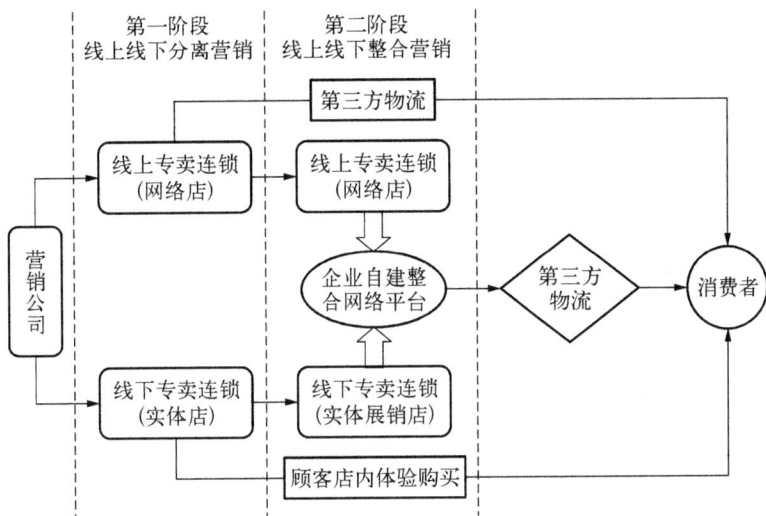

图 7-7　实现闭环性的 O2O 双连锁模式图

法达成清晰分割基础上的合理、科学的协调。

随着品牌的强化、两个渠道之间的信息协作的精细化，广告主的营销公司则会进行战略一体化的调整：一方面对于线下实体店进行重心转型：由营销为主转向展示体验为主，并借助二维码，以及实体店的实时视频，或消费者的移动终端，进行线上网店的询价、下单、支付、物流选择；此后，消费者只需要在家中坐等已经亲身体验、同时又享受网店低价的"宝贝"送上门了。这里，其实就是O2O 双连锁的第二阶段，真正实现了线上线下的整合营销，并达成O2O 双连锁模式的理想闭环。这一闭环性的 O2O 双连锁模式之梦，已经不再遥远；哪个广告主能抢先一步则必然会占据市场主动。也就是说，新媒体广告传播也将无缝对接地融入这一模式之中，或许在细雨无声地消融了自身，却更在广告自觉转型中体现了价值、新生了自我。

第二节　广告主的信息互动服务

传统的广告更依赖于广告作品本身，广告主与消费者的对话只能赋予广告作品文本，延时性地、间接性地进行。但在新媒体广告传播中，广告主满腹想与消费者沟通的内容与话语，不再是单纯地体现在各种各样的广告形态中，更活化在广告主与消费即时的信息互动之上。或许传统广告观，无法接受新媒体上广告主与消费者的互动沟通就是广告，但从通过媒体有效地扩散广告主信息，建立消费者的信赖、导向实际的营销这一本质来审视，这种互动沟通不就是最好的广告吗？让时间倒流 1 000 年，这无疑就是口头叫卖广告，只不过它由面对面的互动，走向了世界范围内的互动服务。

一、对话式信息互动服务的起点

在实体店的终端营销情境中，之所以能产生良好的销售，其关键就在于不仅所营造的情境氛围具有对话性，而且更在于终端最活跃的因素——营业员或导购、可以面对面地与消费者形成对话互动，从而一步步消解消费者的狐疑、增强对于品牌产品的信任。正如美国营销学者邓·皮泊斯等人所说："对于树立客户战略的企业来说，同单个客户进行的互动，就变成了一种对双方都有利的经历。……现在的互动就是企业同客户共同合作、协同努力，共同促进这笔交易。而每一次的成功交易，都对参与的双方更加有益，双方的获利也就更大。现在企业关注的重点从过去那种单项的信息传递，或者是销售的继续、重复的过程，即简单的重复，已经转变到客户和企业双方都能感觉到的，是从达成一种交易进化到建立一种关系。这个过程的目标是，在企业同其客户建立起相互依存型关系，在不断改进的过程中让客户的满足感越来越强烈。如果这个过程进行得很成功的话，那么，这种合作的结果就是使客户和企业都能获得利益，并且都希望能够继续合作下去。"为了合作及与单个客户达成一种富有价值的对话，企业必须满足如下六个基本条件：①

(1) 关系建设中的双方都已经清楚地被对方所识别。如果他以前来此地购过物，那么，企业就知道他是谁，他如果过去买过什么，以及他的其他特征是什么；同样，客户也知道企业的情况。

(2) 对话中的各方都必须能够全身心地投入其中。每一方都应该拥有与对方交流的东西。直到那些能够有效地节省成本的互动技术出现之前，特别是互联网出现之前，绝大多数同客户进行的以市场营销为目的的互动，都是高成本的。

(3) 对话中的各方都愿意参与对话、对话的主题必须是客户感兴趣、对客户有利的；对企业也同样如此。

(4) 对话可以由参与对话中的任何一方来控制。一次对话涉及的是共同的利益，对话中双方交换信息、交换观点，他可以按照任何一方选择的主题和方法进行与发展。与这种对话的情形完全相反的一种典型例子是广告，它完全是由做广告的人单方面来控制的。换句话来说，想把客户引入对话的企业，就必须准备好可能有很多种结果。

① ［美］邓·皮泊斯等.客户关系管理［M］.北京：中国金融出版社，2006：171－172.

（5）企业同某一单个客户的对话会改变企业的行为，并朝着有利于这个客户的方向发展。同样，它也会改变这个客户的行为，朝着有利于企业的方向发展。一家企业只有在能够以某种方式改变它未来的行动，并以此作为对话结果的时候，才能同客户展开对话。

（6）对话应该从上次停下来的地方开始。这就是在界定一种关系的内容，也是能够触动客户产生忠诚的因素。如果企业同客户之间以前发生过交流，那么，再次相逢时，就要做到无缝对接，连接得要顺畅，并且要表现得像这种对话从来就没有终点一样。

企业与客户的如上对话，实际上就是企业的代表与客户人与人之间的会话，一定意义上是一切对话的总体要求，亦为信息互动服务的起点，在新媒体广告的互动传播中，这种对话每每得到延伸。

二、新媒体的互动服务工具

新媒体互动服务是指新媒体环境下，广告主借助文本、符号、图像、音频、视频等方式与客户所形成的信息交流服务。从目前来看，其借助的工具层出不穷、多种多样：早些时常用的为：即时通信 IM、邮件、BBS 论坛、虚拟社区主页留言板、网络评论板、博客留言板、可触动互动性活动主页等；而随着社交性的新媒介技术的发展，近年更多的是采用微博评论、微信群共享、APP 移动互动。

根据新媒体互动的概念，新媒体互动服务营销的主体虽然是企业，但在每一次具体的互动沟通中却是广告主企业中的具体个人。

正是无数的代表企业的个人可以在新媒体互动中一对一地服务客户，且由机制调动了个人的主体积极性，其沟通性的互动服务便洋溢出浓郁的人文色彩。

随着新媒体发展，信息互动服务往往依赖着越来越细分的工具和载体。由于新媒体的互动服务是在不同的主体与受者之间进行，我们则将不同主体互动方式入手结合使用工具和载体情况来予以梳理。这里，我们将使用工具相同的互动方式列为一组，同时由于个人经营店主与个体经营店主所使用的工具和载体相类似，所以表7－2中仅显示个体经营店主，具体如下：

表7－2　网络互动营销工具与载体列表

网络互动方式	网络互动营销方式	工　　具	载　　体
组织-组织	品牌主-电商网站 个体店主-电商网站 品牌主-品牌主 个体店主-个体店 电商网站-电商网站 品牌主-个体经营店主	邮件	邮箱
		微博网页评论	微博页面
		即时通信	微博即时通信、官网在线客服、即时应用软件
	电商网站-临时性消费团体	可触动活动网页	官网下设活动页面、第三方活动页面
组织-个人	品牌主-消费者	即时通信	微博即时通信、官网在线客服、即时应用软件、虚拟社区网站即时通信
		邮件	邮箱
		虚拟社区主页	虚拟社区网站
		网页评论	电商网站页面、官方网站页面
		微博评论	微博页面
		可触动活动网页	官网下设活动页面、第三方活动页面

（续　表）

网络互动方式	网络互动营销方式	工　具	载　体
组织-个人	电商网站-消费者	即时通信	微博即时通信、官网在线客服、即时应用软件
		邮件	邮箱
		微博评论	微博
		网页评论	电商网站页面
		活动网页	官网下设活动页面、第三方活动页面
	个体经营-消费者	即时通信	微博即时通信、即时应用软件
		邮件	邮箱
		网站评论	电商网站页面
		微博（微淘）评论	微博
个人-个人	消费者-消费者	即时通信	微博即时通信、即时应用软件、虚拟社区网站即时通信
		邮件	邮箱
		BBS 发帖、回复	论坛
		个人主页	虚拟社区网站
		发博客与留言	博客
		发微博与回复	微博
		网页评论留言	电子商务网站页面

　　按照新媒体互动的同步和异步之分，同步的载体有：微博即时通信、官网在线客服、即时应用软件、虚拟网站即时通信；其余的载体为异步互动载体。

三、"阿里旺旺"的互动话语分析

从广告的本质上审视，广告即营销实现之前的信息分享与沟通。体现到新媒体之上，它则不再是单一的广而告之，而是所有的有关营销实现的文本、话语的沟通与分享。而双方在线的即时性营销会话则对于营销达成尤为关键。这里，我们则以同步互动的即时应用软件以及个体经营店主与消费者之间的互动相交得出的 C2C 电子商务网站中的即时应用软件"阿里旺旺"为例来探究其即时互动服务之规律：

阿里旺旺是 2011 年阿里巴巴集团出品的一款专门为商人量身定做的免费网上商务沟通软件。其主要有三个版本：阿里旺旺·淘宝版、阿里旺旺·贸易通版、阿里旺旺·口碑网版。这里，我们主要就阿里旺旺·淘宝版展开分析。

1. 阿里旺旺的会话范围分析

正如前文所述，会话范围包括话题、围绕话题的行为和网络环境。阿里旺旺中的互动主体为卖家与买家，其网络环境可以说是一种以买家为主导的网络市场环境，故其会话是围绕着商品买卖进行的。一般是由买家主动发起，主要是询问商品与物流的相关信息。在会话文本中，我们发现阿里旺旺中的会话话题主要有：争取商品价格优惠、争取邮费方面的优惠、询问质量问题、询问物流情况、询问产品细节、询问尺寸细节、询问使用方法、确认优惠信息、确认付款成功、提醒卖家修改购买相关信息、申请退货、争取赠送礼品。在会话当中，由于会话是由买家发起，其发起会话的目的性很强，有些会话仅仅进行单一话题就可解决问题，如以下对话即是仅以询问物流信息为目的。

> hmilyakak：亲在吗
>
> 晴空依衣：您好，在，有什么可以帮亲的吗
>
> hmilyakak：你们家能发申通或者圆通吗
>
> 晴空依衣：是的，申通为主的
>
> hmilyakak：快递是六块？我是青岛飞的
>
> 晴空依衣：是的
>
> hmilyakak：恩好
>
> 晴空依衣：/：^_^

在会话中也经常出现几种话题同时出现的现象，比如在询问质量的同时询问一下物流信息等，如以下会话：

> 清澈寒泉：这款皮带能优惠吗
>
> 简格皮具世家：亲，您好，欢迎观临 DJANGO 皮具世家，我们带给您最专业的服务，希望您在本店购物愉快/：^_^，很高兴为您服务
>
> 简格皮具世家：不能了哦 亲，这款已经是很优惠了哦
>
> 清澈寒泉：是牛皮的吗
>
> 简格皮具世家：是的哦
>
> 清澈寒泉：质量不会有问题吧
>
> 简格皮具世家：质量绝对有保障的哦 亲，发货前我们都会给您检查一下的
>
> 清澈寒泉：有礼品送吗

简格皮具世家：我们是精包装赠送打孔器的哦

清澈寒泉：只有打孔器吗

简格皮具世家：是的哦 亲，因为这款宝贝真的已经是特价了 我们为了冲销量才特价售的哦

清澈寒泉：发哪个物流呀，有圆通吗

简格皮具世家：有的哦 亲 我们默认是圆通或者申通的

清澈寒泉：今天能发货吗

简格皮具世家：圆通方便就给您圆通的哦

该会话所涉及的话题包括争取商品价格优惠、质量问题询问、询问物流信息以及询问赠送礼品。分析以上会话的内容，我们可以注意到买家首先争取优惠价格，在卖家做出否定的回答之后马上转向了质量问题的询问。对于质量问题的询问，卖家给出的回答并没有提供任何能够证明产品质量的证据，而是浅度的带有信心的正向应答，此时买家默认后就转向了下一话题。在现实生活面对面的交易中，这种交流方式很难取得消费者的信任，然而在网络环境中一个浅度的回答就可以打消消费者的疑虑。这一方面是由于网络环境空间差异所导致的，消费者无法接触到商品，无法切实的对商品的质量等信息做出判断。另一方面，正由于网络购物环境的这种不便，产生了比现实世界更多的评价产品和服务的指标，比如产品页面的产品展示和说明以及已购买者的信息反馈、买家的服务等级等。这让消费者在发起会话之前对产品本身已经具备一定的认识，而这种认识一般是正向的。所以，在询问质量等评价类信息时，卖家一个正向的回答相当于验证并加深了消费者心中对产品的正向印象。所以，作为网络互动营销的主体的个体经营店主需要做的是一

方面尽量优化产品的展示信息，优化售后服务鼓励已购者反馈留言，同时在即时会话当中对自己所经营的商品要展现充分的信心，同时做出一定的产品质量保证。

2. 阿里旺旺会话的会话结构分析

对于阿里旺旺会话的开头，其主要有几种方式：

其一，以礼貌性的打招呼为开头，如"亲"、"你好"、"您好"等。这种会话开头与通常的会话习惯是相符合的，用一声问候表示对对方的尊重，从而为整个会话的展开做一个友好的铺垫。

其二，以询问对方是否在线为开头，如"在吗"、"老板，在吗"、"在？"。网络给人们沟通带来的最大的便利就是能够低成本的进行跨越空间的交流，然而这种跨域空间的性质也使得双方在进行即时会话时会有很多不确定因素，要确保双方会话的顺利进行首先要确认对方是否在线，于是这种会话开头就出现了。这种会话开头在普通的聊天室中也经常出现，是普通网络即时会话开头的延续。

其三，直接进入主体内容，无开头。这种直截了当的会话只有在网络互动营销平台上的会话才会出现，在需要维持的人际关系中，无论是日常会话还是交际性网络会话，这种直截了当的会话容易给人不礼貌甚至没有人情味的印象，从而不利于长期人际关系的维持。然而，由于阿里旺旺中的会话有上文所分析的那些特征：主体之间的角色分明、关系持续的时间短、关系发展的程度浅、会话的目的性直接鲜明等，这种会话开头是十分常见的。

而阿里旺旺会话的结尾往往简明扼要，通常以卖家为最终发言者。作为卖家，为买家提供良好的互动体验有利于买家的再次购物以及口碑传播，所以在会话的结尾卖家需要给买家积极、礼貌、耐心和热心的印象。

3. 阿里旺旺会话言语功能分析

系统功能学理论认为会话作为一个交换过程，其涉及了交际角色和交换物两组变量，其中交际角色最基本的任务有两个：给予和求取，会话中的"交换物"有两类：物品和服务、信息。这两组变量交叉组合就形成了会话四种言语功能，即声明、问题、提供、命令。阿里旺旺中的会话主体所承担的交际角色为买家和卖家，其中会话的发起者买家往往是为索取其所需的信息和服务。相对应的，卖家的任务即为满足买家的需求，解答买家的问题以及提供相应的服务。在这个交换的过程中产生的交换物为商品信息和配套服务，如售后退货服务等。由此可以推断出阿里旺旺中的会话的言语功能有：问题-解答、提供-接受。

常见的问题-解答类型的会话涉及的话题有：询问质量问题、询问物流情况、询问产品细节、询问尺寸细节、询问使用方法、争取赠送礼品等。提供-接受类型的会话话题主要是关于售后的换货、退货等。

在阿里旺旺实际的会话中还存在"请求-应答"这种功能的对话，如下面的对话：

爱漂亮的秀秀：你好，你们的这种祁门松糕有卖吗

黄山农家特产：有

爱漂亮的秀秀：能问下什么时候生产的吗？这是我小时候吃过的东东，当时那个好吃啊

黄山农家特产：好的，稍等……您好，前天出炉的，请放心

　　*爱漂亮的秀秀：*太好了，你们的包装就是一个塑料袋吗

　　*黄山农家特产：*用包装袋封好的，干货没关系。外面我要用硬质壳给你包装好喔

　　*爱漂亮的秀秀：*好的，多拍点可不可以免邮费呀

　　*黄山农家特产：*你小时候吃过，知道的吧。这批货是500克包装的，以前是400克。给您原价就是了

　　*爱漂亮的秀秀：*好的，那我先要两包，好吃再来；我现在拍，今天能发货吗

　　*黄山农家特产：*今天来不及了，明天给您发。我就是给您发到物流还要到明天走，用的是韵达快递

　　*爱漂亮的秀秀：*我已付款啦，一定要给我发最新鲜的货呀，谢谢啦

　　*黄山农家特产：*请放心

　　以上是阿里旺旺中的会话以交换物为产品的信息，买家充当请求者而卖家担任应答者。在这种类型的会话中，买家一般向卖家请求商品价格、邮费等方面的优惠或者请求卖家尽早发货等。卖家充当应答者，其应答可是可否，然而大多数卖家都会采用一种折中的办法，即给予买家另外一种优惠或满足。

　　由于网络空间间隔和关系浅短产生了比现实世界更多的不确定因素，如是否修改价格、店面是否在营业、是否能发货等，这种在现实世界中看似累赘和重复的会话在阿里旺旺中以一种保障性的"提醒-确认"功能出现，这种会话功能的出现丰富了传统的会话功能。总结以上分析，阿里旺旺中的会话的言语功能主要有四种：问题-解答、提供-接受、请求-应答、提醒-确认。这四种会话功能

随着会话的话题不同相伴而生，卖家只有弄清了会话的功能才能正确把握买家的心理需求，才能为买家提供良好的会话体验，从而有助于最终交易的达成。

4. 阿里旺旺的会话原则与效用关联性的实证分析

1）会话原则与效用关联设计

会话原则主要指格赖斯提出的合作原则和利奇提出的礼貌原则。合作原则是格赖斯在 20 世纪 60 年代后期首次提出来的，共有四条准则：一是数量准则，其表示会话主体所说的话应包含为当前交谈目的所需要的信息，同时所说的话不应包含多于需要的信息；二是质量准则，其要求会话主体不能说自知是虚假的话；三是关联准则，要求谈话的内容和话题要相关联；四是方式准则，要求会话内容要避免歧义、简练并且有条理。

礼貌原则是利奇在 1983 年针对交际中因遵循合作原则而出现的问题而提出来的，其主要包括六个准则：一是得体准则，即尽量少让别人吃亏，尽量多使别人得益；二是慷慨准则，即尽量少使自己得益，尽量多让自己吃亏；三是赞誉准则，即尽量少贬低别人，尽量多赞誉别人；四是谦逊准则，即尽量少赞誉自己，尽量多贬低自己；五是一致准则，尽量减少双方的分歧，尽量增加双方的一致；六是同情准则，尽量减少双方的反感，尽量增加双方的同情。

合作原则和礼貌原则是日常会话原则的经典理论，在网络会话领域，我们认为网络互动营销平台上的会话原则应该由互动的效用决定，即强调：若遵循了一种会话原则，那么在工具效用、社会效用以及心理效用三个方面都有正向的影响，同时违背了该原则其对三个效用都有负向的影响，那么这种会话原则才是网络互动营销平台上会话应当遵循的会话原则。

　　为此，我们以网络互动的"工具效用、社会效用、心理效用"这三大效用作为测量阿里旺旺会话原则的指标，在合作原则和礼貌原则基础上，在网络会话领域增加了"补充原则"，其细化原则包含四条：简洁原则、宽容原则、幽默原则、平等原则。

　　为了更好地进行概念模型的构建和问卷的设计，在三大效用的细化指标中我们各选一个与阿里旺旺关联最为紧密的指标。首先，在工具效用方面，由于阿里旺旺中的会话大多是由卖家发起，并且在会话的结构中"提问-回答"是最主要的相邻对，所以本文将阿里旺旺的工具效用设置为"获取所需要的信息"。其次，在信任、构建社会群体以及形成虚拟社会等网络互动的社会效用当中，"信任"是保障网络交易顺利进行的基础，所以我们选取"对卖家的信任"为社会效用的细化指标。再次，购物时的心理体验构成消费者购物体验的重要部分，因其对消费者的再次消费和二次传播都产生一定的影响，所以在心理效用方面，我们采用"购物时的心情"当作细化的指标。

　　在会话原则测量指标的选择上，我们结合阿里旺旺会话的特点在合作原则、礼貌原则和"补充"原则的细化原则中选择了部分需要测量的要素。在合作原则当中，首先，质的原则其意是要求阿里旺旺中的买卖双方要诚实守信，同时要为所说的话提供足够的依据。诚信是成功交易的重要前提也是维护健康的市场环境必不可少的因素，然而在阿里旺旺的会话中存在对质量进行浅度回答的现象，为了知晓消费者对待这种无依据的回答的态度，我们将以此为质的原则的细化指标进行测量。其次，方式原则强调会话有条理，由于阿里旺旺的会话结构中的相邻对话多是问答式，为提高沟通效率买卖双方多是就事论事无冗长的表达，该原则在阿里旺旺的会话中是一条由该会话存在的本质决定的。除此之外，阿里旺旺中的会话的目的明确，会话的重心和主题都简明突出，其在内容上呈现一种紧凑的态势，其自然符合关联原则，故"方式原则"不参与测量。再次，量的原则是指会话中不要说与会话内容不相关的信息，而阿里旺旺的会话是卖家与消费者进行互动的最好的机会，若其趁着机会向买家推送其他商品是否会对互动的效用产生影响呢，了解消费者对此做法的态度有助于帮助卖家提升营销方法，故将"量的原则"列入测试指标中，并以卖家推送其他商品为模拟场景进行测量。

在礼貌原则中，得体原则与慷慨原则这两者的含义可以总结为一体：尽量使自己吃亏，使他人获益。故在下文中的"得体原则"即为两个原则的总体。在阿里旺旺的互动主体是买卖关系，这两方在利益分配上既是互利又是相互博弈，即双方都要保障自己利益的最大化。然而在这当中若卖家遵守得体原则在满足自我利益的基础上为顾客争取利益，这样做的效果会如何呢，这种假设可以虚拟卖家主动向买家提及所购商品现有的优惠信息，以此来考察消费者的态度。赞誉原则和谦逊原则在实际的应用中并不多见，故也采用模拟的方式进行态度测量。一致原则其意是指减少双方的分歧，同情原则是减少双方的反感，这与以买卖为基础的阿里旺旺的会话相关性不大，故不参与测量。在补充的原则中，根据上文的分析在内容上阿里旺旺并无冗长，所以只有在语气上把握简约原则，我们分析了阿里旺旺会话的语气特征有频繁使用特定的称呼"亲"，以及语气词"哦""啦"等，那么在去掉这些语气特征词之后是否会对互动效用产生影响，我们将对此进行测量。幽默原则即在互动主体沟通的过程中保持幽默的口吻，其在交际性的网络会话中能够帮助会话主体排除隔阂营造良好的会话氛围，然而在阿里旺旺这种互动营销工具中幽默能否对互动效用产生影响，这还需要进一步的确认，故将其列入测量指标体系中。宽容原则特指在网络环境中的互动主体由于空间的差异和网络的传输可能会造成会话间断等障碍，面对这些问题会话主体应当相互体谅，然而在阿里旺旺中的买家与卖家的沟通过程中，若出现了间断和延迟现象，消费者会有什么样的反应，这可以指导会话主体在保障会话通畅方面的行为，故宽容原则也将列入测量体系。正如前文所述，网络互动营销平台中的会话主体剥离了现实世界的社会身份和地位，仅以卖家与买家在一个自由的网络市场环境中进行的互动，所以阿里旺旺中的会话主体在互动中的社会地位是平等的，故该原则不列入测量体系。

综上所述，本研究将考察会话原则中的"质的原则"、"量的原则"、"得体原则"与"慷慨原则"、"赞誉原则"、"谦逊原则"、"简约原则"、"幽默原则"与"宽容原则"对互动获取信息的工具效用、对卖家信任的社会效用以及购物心情的心理效用的影响，如图 7-8。

2）基于样本分析的阿里旺旺会话优化建议

根据上面我们对各项研究指标的选定，问卷采用矩阵式问题以各项原则的模拟情景为条件，询问受访者该条件对三个效用的影响。本研究共收集问卷样本 296 份，其中各年龄段的样本数为：41 岁及以上的样本有 42 份，占 14%；36～40 岁样本有 18 份，占 6%；31～35 样本有 21 份，占 7%；25～30 的样本有 46 份，占 16%；19～24 岁的年龄层的样本有 163 份，占 55%；18 岁及以下的样本有 6 份，占 2%。为确保样本能够更准确地代表中国网络购物用户，我们查找了艾瑞咨询 2011～2012 年中国网络购物用户的

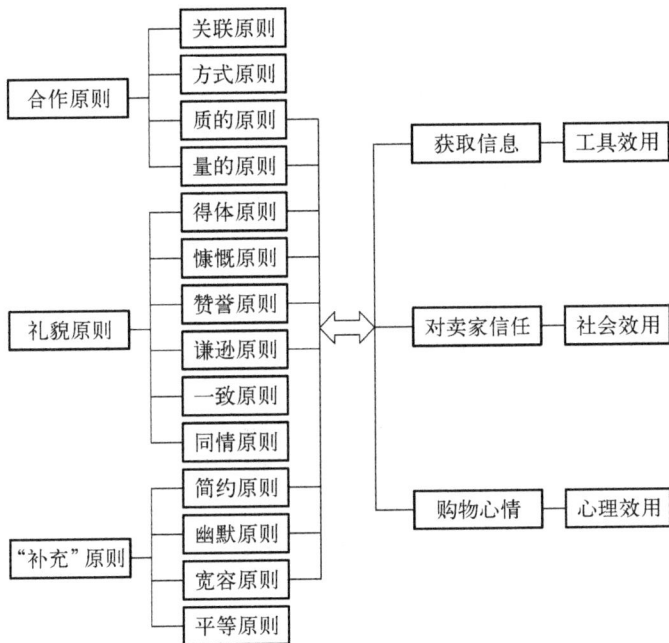

图 7-8 会话原则与互动效用的测量指标关联列表

年龄分布数据，并进行了再匹配性抽样，为此通过随机抽取，最后抽取出进入统计研究的样本 125 份。

判断一种会话原则是否具有必要性要由遵循其所产生的效用来决定。为此，我们在结合样本统计分析来分析每一原则的必要性，据此得出阿里旺旺中的会话主体在会话的过程中需要把握哪些原则才能使得沟通更加有效，从而给出优化阿里旺旺会话的建议。

——适当推送有用信息，有助提高会话效果

从图 7-9 中可以看到，在卖家向买家推送其他商品信息的选择中有半数以上的人选择了无影响，说明量的原则在影响程度上对三效用并不强。除此之外需要注意的是其在心理和社会方面的负向影响略高于其对工具效用的影响，因在图中有超过 20%的人认为这种做法对信任以及心情对有不好的影响，而有 19%的人认为这对于获取信息会有所帮助。由此我们可以得出以下结论：量的原则并非阿里旺旺会话主要的会话原则，在互动中卖家可以适当为买家提供相关的商品信息，然而需在恰当的时机下自然地向买家推荐有助于买家消费的信息，硬性的推广信息会对会话的氛围以及对卖家的信任产生不良的影响。

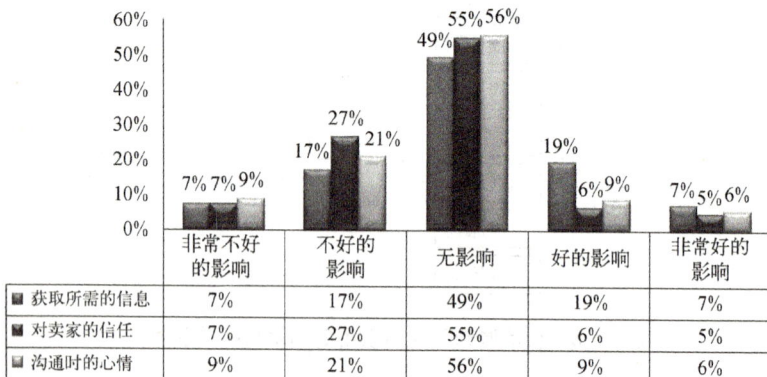

	非常不好的影响	不好的影响	无影响	好的影响	非常好的影响
■ 获取所需的信息	7%	17%	49%	19%	7%
■ 对卖家的信任	7%	27%	55%	6%	5%
■ 沟通时的心情	9%	21%	56%	9%	6%

图 7‑9　违反"量的原则"对互动效用的影响

——把握会话的可信度，需要有利有据的论述

对于卖家未对质量做出充分解释的问题，在三方面有 40%～45%选择了没有影响，然而选择不好影响的人占到了 30%左右，如图 7‑10，这说明"质的原则"会对会话的效用产生一定的影响，同时该原则对三个方面呈现均等的影响。由图可以读出以下结论：质的原则会对阿里旺旺的会话效用产生一定的影响，会话主体在会话的过程中要注意语言的可信度，说话要有理有据，必要时要拿出可信的凭据来证明自己的表达而不应当是简单的应和。

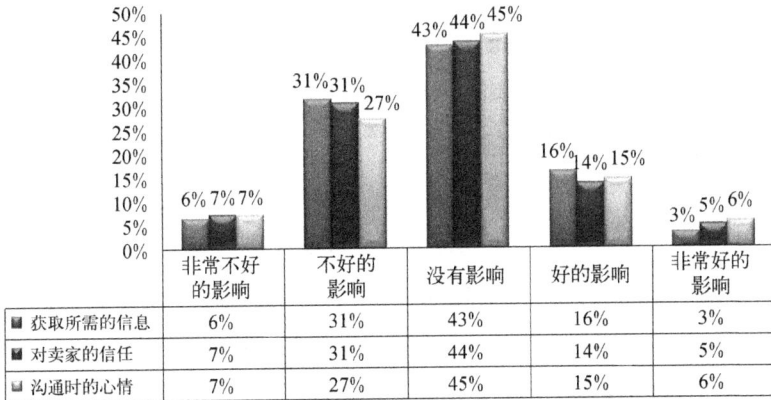

	非常不好的影响	不好的影响	没有影响	好的影响	非常好的影响
获取所需的信息	6%	31%	43%	16%	3%
对卖家的信任	7%	31%	44%	14%	5%
沟通时的心情	7%	27%	45%	15%	6%

图 7 - 10　违反"质的原则"对互动效用的影响

——从消费者利益出发进行对话，可获口碑传播效应

在对商家主动提及商品优惠信息态度的测试中，有 45% 左右的受访者选择了好的影响，有 20% 左右的受访者认为可以这种行为有非常好的影响，如图 7 - 11，可以看出"得体原则"对互动的效用

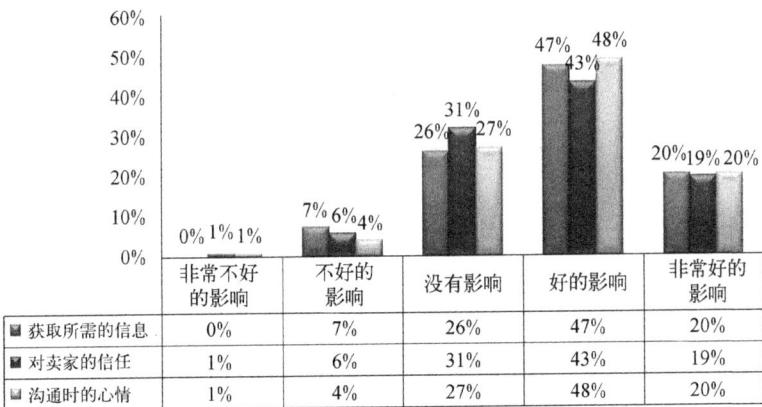

	非常不好的影响	不好的影响	没有影响	好的影响	非常好的影响
获取所需的信息	0%	7%	26%	47%	20%
对卖家的信任	1%	6%	31%	43%	19%
沟通时的心情	1%	4%	27%	48%	20%

图 7 - 11　遵循"得体原则"对互动效用的影响

有十分积极的影响，其可作为提升互动效果的一个重要的因素。商家在维护自身利益的同时站在消费者的角度多为消费者提供优惠和便利，这会大大提高互动的效用，从而优化消费者的消费体验有助于消费者的二次消费和口碑传播。

——创建独特会话风格，塑造品牌个性

在图 7‑12 中，我们可以看到"简洁原则"对于互动效用并无显著影响。在测试有无亲昵的称谓词和语气词对互动效用的影响中，有 65% 左右的人认为其对三个效用都无影响，而在心理效用方面的负面影响稍大达到 18%。可见简洁原则并不能成为左右阿里旺旺互动效果的因素，然而在阿里旺旺中运用特有的称谓和语气词语已经成为一种语言习惯。在长期的品牌构建中，卖家可以适当创建自我特色的会话风格比如运用特殊的语气词语塑造客服的形象以及为消费群体进行性格定位，塑造独有的集体互动风格。

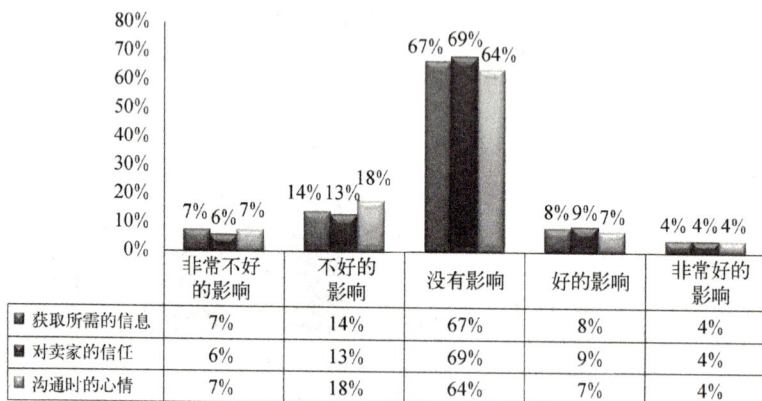

	非常不好的影响	不好的影响	没有影响	好的影响	非常好的影响
■ 获取所需的信息	7%	14%	67%	8%	4%
■ 对卖家的信任	6%	13%	69%	9%	4%
□ 沟通时的心情	7%	18%	64%	7%	4%

图 7‑12　遵循"简洁原则"对互动效用的影响

——适当赞美，可营造良好的会话氛围

在图 7‑13 中，可以看到"赞誉原则"对三种互动效用产生了差异，有56%左右的人认为其对信息获取和卖家信任的影响不大，有22%认为其对这两方面有好的影响，而有38%认为其对心情的影响是正向的。由此看出赞誉并不是阿里旺旺会话的主要原则，但其对消费者的心理会产生积极的效果，有助于营造良好的会话氛围。

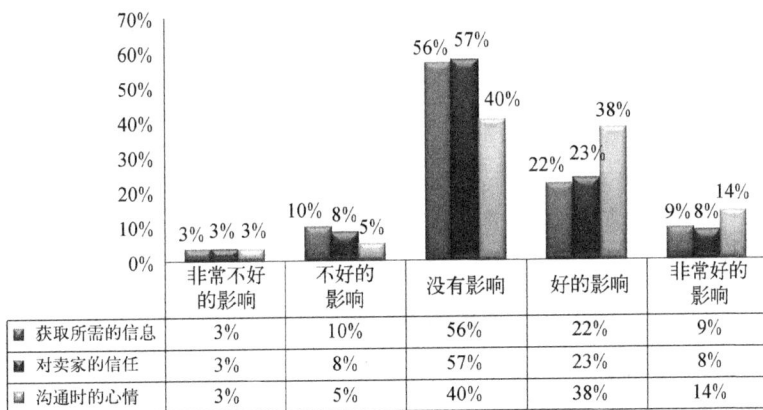

	非常不好的影响	不好的影响	没有影响	好的影响	非常好的影响
获取所需的信息	3%	10%	56%	22%	9%
对卖家的信任	3%	8%	57%	23%	8%
沟通时的心情	3%	5%	40%	38%	14%

图 7 – 13　遵循"赞誉原则"对互动效用的影响

——自信又谦逊，帮助塑造和谐的会话氛围

在测量"谦逊原则"对互动效用的影响中，其结果呈现出一种正向的态势，即50%左右的认为卖家谦逊的态度会对三个方面都产生好的影响，如图7 – 14，受访者认为其对信任和心理感受两个方面的影响尤为重要，而对信息的获取影响也有一定的正向影响。从这个测试结果可以看出，阿里旺旺的会话存在于网络环境，虽然其是以商品买卖为核心话题的，但是会话主体还是习惯遵循中国传统的文化价值观念，即以谦逊的态度面对他人的夸赞。所以，在阿里旺旺的会话中，卖家既要保持自信把对产品和服务的信心传递给消费者，又要保持谦虚谨慎的态度面对消费者的称赞，这样有利于优化店面的形象、得到消费者的信任以及为互动创造和谐的会话氛围。

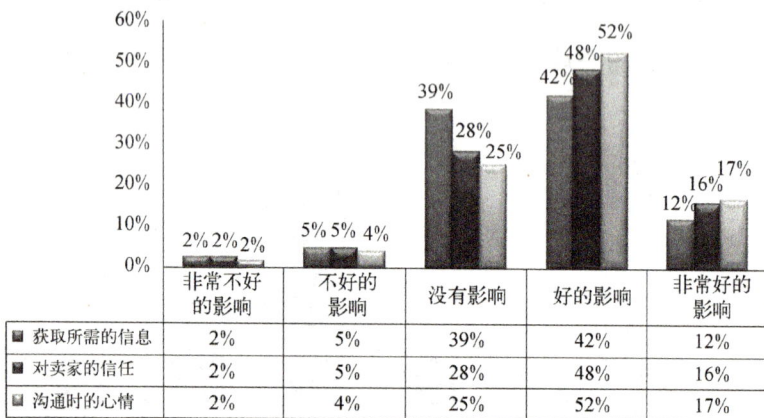

	非常不好的影响	不好的影响	没有影响	好的影响	非常好的影响
获取所需的信息	2%	5%	39%	42%	12%
对卖家的信任	2%	5%	28%	48%	16%
沟通时的心情	2%	4%	25%	52%	17%

图7-14　遵循"谦逊原则"对互动效用的影响

——幽默轻松，可迅速减轻隔阂并创造愉悦

与"谦逊原则"测量结果相类似，"幽默原则"也呈现偏正向影响的态势。从图7-15中可以看到，其对心理效用的正向影响处

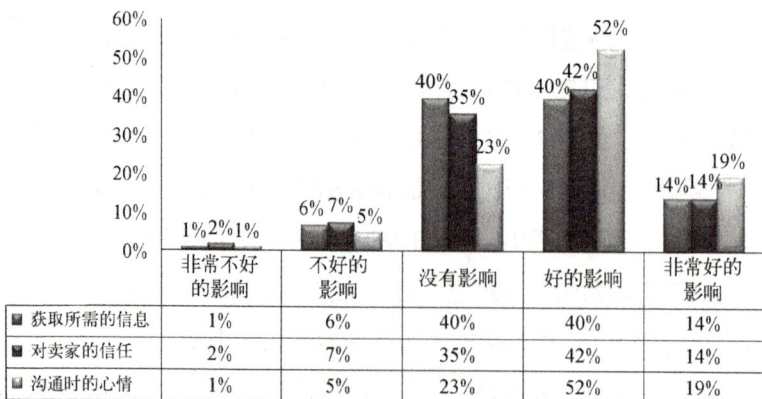

	非常不好的影响	不好的影响	没有影响	好的影响	非常好的影响
获取所需的信息	1%	6%	40%	40%	14%
对卖家的信任	2%	7%	35%	42%	14%
沟通时的心情	1%	5%	23%	52%	19%

图7-15　遵循"幽默原则"对互动效用的影响

于最显著的地位，有 52%的人认为卖家以幽默的口吻交流会对心情有好的影响，更有 19%的人认为其对心情有非常好的影响。对于信息获取和卖家信任，有 40%左右的受众认为其会产生好的影响。由此可得，幽默原则对阿里旺旺会话会产生很好的影响，尤其是消费者的心理，用幽默的口吻讲话会迅速减轻会话主体之间的隔阂，创造轻松愉快的互动氛围。

——注意及时反应回馈，保证会话畅通无阻

图 7-16 是测试消费者对待卖家延迟回应的容忍度的结果，从中可以看到 50%～60%的受访者认为这种行为对三方面有不好的影响，而有 15%的人认为有非常不好的影响。其中，其对消费者的心理的负向影响最大，比例共占到 75%。由此得出，阿里旺旺中买家对延迟回应的容忍度是很低的，尤其会影响消费时的心情。会话的过程是消费者对卖家进行直接了解的最重要的渠道，这个会话过程的体验是除了电子商务平台之外由卖家为消费者提供的消费体验，所以卖家要注意在会话的过程中要反应及时，尽量排除阻碍沟通的

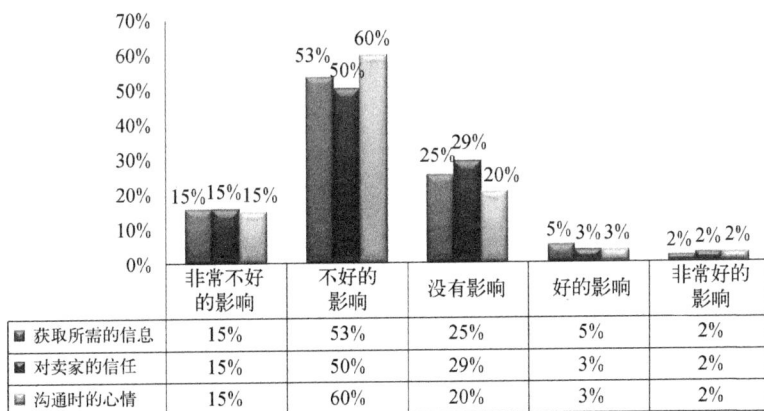

	非常不好的影响	不好的影响	没有影响	好的影响	非常好的影响
■ 获取所需的信息	15%	53%	25%	5%	2%
■ 对卖家的信任	15%	50%	29%	3%	2%
■ 沟通时的心情	15%	60%	20%	3%	2%

图 7-16　受众对延迟回应的宽容度与效用

因素，保障会话的畅通无阻、顺利完成。

　　根据以上分析，我们认为除了基础的会话原则如"关联原则"、"一致原则"和"平等原则"等，在会话原则中要重点把握"质的原则"、"得体原则"、"幽默原则"、"谦逊原则"和"宽容原则"，并建议建立与店面风格相适应的会话准则与规范，定位特有的会话风格，并将其加入到店面文化建设和品牌建设当中。与此同时，要注意会话可能产生的在三个方面的效用，除了直接的信息上的交流，卖家更要注意的是会话的体验对于消费者对店面的信任和心理都会产生一定的效应，而这种效应很可能成为再次消费和口碑传播的助推器。

第八章

新媒体广告传播的管控与引导

第一节　新媒体广告的法治管理

一、"秦火火网络造谣"案例解析

1. 案例回顾

2013 年 4 月份，一则严重诋毁雷锋形象的信息被网名"秦火火"的人发布在互联网上并迅速传播，信息称"雷锋 1959 年为自己添置的皮夹克、毛料裤、黑皮鞋等全套高档行头，皮夹克、毛料裤、皮鞋加起来当时在 90 元左右，而当时雷锋一个月才 6 块钱。"这则消息引发大量网民对"秦火火"不满，北京公安机关接到不少网民的报警，要求彻查诋毁雷锋形象的谣言制造者。

北京警方迅速开展侦查，发现以"秦火火"为首的北京尔玛互动营销策划有限公司专门通过互联网策划制造网络事件，蓄意制造传播谣言及低俗媚俗信息，恶意侵害他人名誉，严重扰乱网络秩序并非法牟取暴利。据警方调查，尔玛公司为了提高网络知名度和影响力，以便更好地非法营利，先后策划、制造了一系列网络热点事件，吸引粉丝使自己迅速成为网络名人。如"7·23"动车事故发生后，"秦火火"等人在网上编造、散布中国政府花 2 亿元天价赔偿外籍旅客的谣言，两个小时就被转发 1.2 万次，挑动民众对政府的不满情绪。"秦火火"还在网上捏造了所谓雷锋生活中的奢侈情节、全国残联主席张海迪拥有日本国籍，并对我国某著名军事专家、资深媒体记者、社会名人等多人进行无中生有的恶意中伤。

警方查明："秦火火"的真名为秦志晖，在北京工作的公司主要有两个，一个是"华艺百创"，另一个就是"尔玛"公司，并且都是网络营销、网络炒作、网络水军公司，可以说均具有新媒体广告的性质。秦志晖于 8 月 20 日被北京警方抓获，据其供认，尔玛公司自 2010 年 3 月在北京朝阳区成立以来，主要从事网络推手、网络营销等业务，为了扩大知名度、影响力，秦志晖及其公司员工组成网络推手团队，伙同他人，通过微博、贴吧、论坛等网络平台，组织策划并制造传播谣言、蓄意炒作网络事件、恶意诋毁公众人物，以此达到公司牟利目的；同时，公司还一直以非法删帖替人消灾、联系查询 IP 地址等方式非法谋利。秦志晖承认，他制造并传播的谣言多达 3 000 余条，并且还总结出所谓的造谣名言："谣言并非止于智者，而是止于下一个谣言。"

秦志晖造谣炒作的事件主要有：

——谎称动车事故外籍死者获赔两亿

秦志晖承认：道听途说"7·23"动车事故中国人和外国人赔偿不同，于是在 2011 年 8 月 20 日造谣称：刚得到消息，铁道部已向动车事故中意大利遇难者茜茜协议赔偿三千万欧元（折合人民币接近两亿），据悉，这是铁道部参照欧洲法律中有关人身意外伤害条款后，不得不同意此赔偿协议。若此赔偿协议属实，将开创中国对外个人意外最高赔偿纪录。铁道部不得不在次日——8 月 21 日回应辟谣：网传在"7·23"事故中遇难的意大利籍旅客获赔三千万欧元一事纯属谣言；并再次重申，对此次事故中遇难的外籍旅客，将依据《中华人民共和国涉外民事关系法律适用法》、《中华人民共和国侵权责任法》等法律规定，与中国籍遇难旅客实行同一赔偿救助标准。

——造谣罗援兄弟任职外企

2013 年 2 月 24 日，造谣者秦志晖以"东土秦火火"发微博，谣称：罗援，再问你一个严肃的问题，你大哥为什么能成为德国西门子（远东）公司高级顾问，后来又成为西门子（中国）公司副总经理？你们罗家出了老二罗挺和老三罗援两个少将，现在又有老大罗抗和老四罗振两个兄弟分别在德国和美国公司任高层？这当中是不是有什么利益交换关系？请解释这个问题。据秦志晖供认，他是在"西门公司"的名字上加了一个字，变成"西门子公司"，基本上是捕风捉影，没有任何根据。用肯定性的质疑，引起网友的共鸣。德国西门子公司为了不惹麻烦，举报了东土秦火火，并以官方声明的形式回绝了这一谣言，"我公司从未设立过任何名为'西门子（远东）公司高级顾问'或'西门子（中国）公司副总经理'的职位；经查证，从 2003 年至今，我公司从未雇用名为'罗抗'的员工"。

——造谣攻击张海迪

秦志晖在微博上造谣称：曾经的一代偶像张海迪，请你回答以下这几个问题：你的妹妹张海燕现在为何更名叫张挪威？亿万富翁、山东瑞森建筑工程有限公司董事长张挪威，现在还是中国国籍吗？山东瑞森建筑工程有限公司是否承接过残联的工程项目？请用事实证明你们不是白眼狼，我们不想当年的爱心结果养了一头白眼狼。据秦志晖供认，他对张海迪并没有意见，但是后来看张海迪开车的照片，想弄清楚是怎么回事，后来在网上找不到张海迪的什么短儿，于是就把她妹妹弄出来了。

此外，秦志晖的3 000多条谣言中还有"雷锋6元工资穿90元行头"、"铁道部发言人全家当领导"、"名人收钱为重庆模式说话"、"杨澜从股市骗钱诈捐逃税"等为人耸听的所谓内幕新闻。

2. 案例庭审与判决

法院经审理查明：2012年11月至2013年8月间，秦志晖分别使用"淮上秦火火"、"东土秦火火"、"江淮秦火火"、"炎黄秦火火"的微博账户，或捏造事实，或篡改不实信息，或明知系捏造的事实而在网络上散布。在"7·23"甬温线动车事故善后处理期间，秦志晖为了利用热点事件进行自我炒作，提高网络关注度，于2011年8月20日使用"中国秦火火_f92"的微博账户编造并散布虚假信息，称原铁道部向"7·23"甬温线动车事故中的外籍遇难旅客支付3 000万欧元高额赔偿金。该微博被转发11 000次，评论3 300余次，引发大量网民对国家机关公信力的质疑，原铁道部被迫于当夜辟谣。秦志晖的行为对事故善后工作的开展造成了不良影响。

法院查明，秦志晖发布的涉案微博内容或无中生有，为其本人捏造、编造；或信息所涉及内容有一定来源，但经秦志晖进行过实质性篡改，以原创的方式发布；或虚假信息虽曾在网络上流传，但已经涉案被害人澄清，秦志晖仍然增添内容在网络上予以散布。法院指出，秦志晖作为网络从业人员，对信息真实性不仅未尽到基本的核实义务，反而一贯捏造、编造虚假事实，足以证明其主观上明知涉案信息的虚假性，客观上亦实施了捏造、编造虚假信息的行为。

追究秦志晖诽谤罪刑事责任的法律依据主要为：《刑法》第246条明确规定，诽谤他人，情节严重的，构成诽谤罪；严重危害社会秩序和国家利益的，应适用公诉程序。同时《最高人民法院、最高人民检察院关于办理利用信息网络实施诽谤等刑事案件适用法律若干问题的解释》第二、三、四条规定，同一诽谤信息被转发次数达到五百次以上的，应认定为刑法第246条规定的"情节严重"；"诽谤多人，造成恶劣社会影响的"，应认定为刑法第246条规定的"严重危害社会秩序和国家利益"；一年内多次实施利用网络诽谤他人行为未经处理，诽谤信息实际被转发次数累计计算构成犯罪的，应依法定罪处罚。

北京市朝阳区人民法院经审理认为，秦志晖无视国法，在网络上捏造事实，诽谤他人，情节严重，且系诽谤多人，造成恶劣社会影响，其行为已构成诽谤罪；秦志晖在重大突发事件期间，在网络上编造、散布对国家机关产生不良影响的虚假信息，起哄闹事，造成公共秩序严重混乱，其行为已构成寻衅滋事罪，依法应予以惩处并实行数罪并罚。根据其所犯诽谤罪、寻衅滋事罪的事实、性质、情节及社会危害程度，本应对其酌情予以从重处罚。但鉴于秦志晖归案后能如实供述所犯罪行，认罪悔罪态度较好，故对其所犯诽谤罪、寻衅滋事罪均依法予以从轻处罚。最终，朝阳法院作出一审获刑三年的判决。庭审中，"秦火火"当庭认罪，认可公诉人指控，承认编造"原铁道部赔外籍旅客3 000万欧元"等谣言，并对受害人罗援、张海迪等人表示歉意。

3. 案例的反省与解析

以秦志晖为代表的一些网络名人，利用新媒体使用门槛低，以及受众群体容易受刺激性新闻蛊惑的特点，一方面随意进行造谣，另一方面则组织网络"水军"进行谣言扩散，从而进行非法经营、牟取暴利，这不仅严重扰乱了网络秩序，也损坏了新媒体广告的信誉，还直接危害社会稳定，广大老百姓深受其害；因此整治网络乱象，创造新媒体传播健康的环境，已是我们整个社会所面临的任务。

对于秦志晖等人网络造谣案件的破获与审判，显示了公安司法部门依法整治新媒体环境的决心与行动，对于不顾法律底线的网络造谣、恶意炒作、非法牟利的行为无疑是个强有力的震慑，也是法治管理新媒体广告的根本保障。

秦志晖案件中他们如此肆无忌惮的网络造谣，也透视出网络管理的薄弱环节：其一，由于实名制尚未实施，使得他们可以以虚假的网名，无所顾忌的造谣编谎，且可以蒙骗他人；其二，他们的造谣，以及网络水军的推波助澜，既具有个人言论性质，同时又具有新媒体广告性质，其管理的立法与执法，无疑均是具有全新挑战性的；其三，对于广大网民受众而言，如何提升自身的网络媒体素养，以及新媒体广告素养，并体现到理性把握新媒体信息、并有自己理性的理解与辨析，从而更有自己理性的主张与行为，如正确识别、质疑求证、不相信不转发、甚至举报，这都是需要进行引导与提高的。

二、新媒体广告监管的挑战

1. 新媒体广告的主体身份辨识挑战

《广告法》对传统广告行为链条上的三大主体的从业资格、经营范围等都有明确的法律和行政规制，使得广告行为易于管理和控制。但新媒体广告打破了这一规则。因为这三大主体的界限已经日益模糊，不可能采用明确的"一刀切"的方式对三大主体进行分类。例如，ISP（互联网服务提供商）大多拥有广告经营者和发布者两种身份，宣传企业自身的网站则将广告主、广告经营者和发布者三种角色集于一身。甚至，任何具有网络使用权的个人都可以在网络上发布广告。

这些情况给《广告法》的主体认定带来了很大的困难，当《广告法》各方面的权利义务关系不能对新媒体广告适用的时候，一些侵权有害的新媒体广告就难以约束了。这会损害新媒体广告的整体信誉和用户忠诚度，并且随着发展，新媒体广告的盘子越大，对各方面的损害就越大。一方面，新媒体使得广告市场的资格限制失效了；另一方面，什么人都可以在新媒体上发布广告，使得专业广告公司在广告经营活动中处于劣势，同时也大大限制了企业在新媒体的广告投入。

除了广告主主体难以识别，新媒体广告经营主体因不受限制同样难以识别。传统媒体需要办理广告经营许可证才能发布广告，这使得工商机关能够准确摸清广告经营主体的具体情况。然而，根据相关规定，新媒体的经营者不用领取广告经营许可证，只要按照《公司法》或其他法律法规，取得主体经营资格、ICP 许可证、SP

（移动网增值业务经营许可证），就可以通过互联网、无线通信网、移动电视等新媒体发布广告。这样工商管理部分进行新媒体广告经营主体的身份识别必然带来很大的困难。

　　2. 新媒体广告的形式确认挑战

　　新媒体广告以数字化方式传递和存储，信息量是传统广告无法比拟的。信息发布具有自主性，可以通过不同的信息来源，以不同的表现方式和渠道，即时性地传达给受众。新媒体广告的制作、经营和发布极为简单，甚至一些平时受特别限制的食品、化妆品、医疗、药品等广告，也可以大行其道，极少真正接受工商行政机关的审查。也就是说，新媒体广告往往借网络信息传播之虚、行广告之实，广告监管机构根本不可能获取全面信息对其进行监察。

　　作为广告应当具有可识别性，能够使消费者辨明其为广告；同时，大众传播媒介不得以新闻报道形式发布广告；通过大众传播媒介发布的广告应当有广告标记，与其他非广告信息相区别，不得使消费者产生误解。基于此，我们可以得出：广告存在目的是为了向消费者介绍产品或服务，使消费者清晰地了解其具体情况，必须可识别。但新媒体环境下出现了大量的类广告和隐性广告。类广告和隐性广告，就是避开明显的广告形式，以含糊的姿态隐藏于载体之中，通过更加巧妙和迂回的传播方式，在受众易于接受或者不知情的状态下，将产品和服务的信息传递给受众，进而达到品牌传播的目的。如隐藏在新闻报道中发布的广告、植入式广告、通过网络调查发布的广告、借助专业论坛推出具体产品并介绍其性能功效的广告等，都属于类广告和隐性广告。它们时常让人心生疑问，这到底是不是广告呢？如果是的话，又没有很明显地在推销产品和服务；

如果不是的话，为什么会出现相关产品或服务的信息呢？事实上，类广告和隐性广告属于信息时代广告的形式之一。在信息轰炸的今天，信息已经不再是稀缺资源，而是饱和甚至过剩。过量的信息容易造成受众的抵抗和逆反情绪，传播效果不容易达到甚至会造成负效应。而类广告和隐性广告突破了受众的心理防线，用委婉的方式与受众接触，进而能取得良好的传播效果。这本无可厚非，但作为广告需要被监管，而识别的本身就首先成为挑战。

3. 新媒体广告的内容辨识挑战

由于新媒体广告的形式本身就难以识别，其内容如何辨识也就必然是挑战重重。其表现主要有：

1）虚假内容难以识别

广告不得含有虚假的内容，不得欺骗和误导消费者。但新媒体广告中有关产品性能、质量、功效等信息，是不是符合产品的实际，非常难以辨别。如原价 3 560 元的奢华瑞士名牌表如今 108 元就能抢先试用；原价 505 元的日式料理双人套餐，交上 168 元就能大饱口福；如已经取得生产许可证、商品注册证；如产品质量已经达到标准、认证合格，并获得专利等；网络上海量的诸如此类的信息，想要一一得以证实或者证伪，对于广告监管者来说非常困难。上海工商局曾查获的我国首例网络虚假广告案"'智狐'纯属杜撰案"，就曾经在自制网页上宣称是上海最大的食品机械生产企业、上海重合同守信用单位、部优、国家级新产品、国家级星火产品、上海市星火产品一等奖等。2004 年，消费者林某在搜狐网站首页的竞价广告栏中，看到了宏发公司的广告链接网址，并按照其所提供的银行账号汇去了 64 800 元以购买手机和数码相机。结果林某一直没有收到所购买的产品，经过查证发现宏发根本不存在。林某不得已将搜狐告上法庭，诉称被告在自己网站上替并不存在的宏发发布虚假广告，侵犯了原告的知情权和财产权，要求赔偿。

2）强制性内容难以识别

凡是用户没有定制过的，包含广告内容，短时期内连续发送并影响用户正常使用的信息均是垃圾信息。最常见的包括垃圾短信和垃圾邮件。它们具有强制性，只要能获取用户地址，就能自动推送广告。甚至比尔·盖茨也因邮箱被一本专门公布美国富翁和名人邮箱的书公开，突然间收到了大量邮件广告，不得已只得关闭了邮箱。由于用户在网络上留下的信息（比如交易记录、用户信息、浏览路径等）都能用 cookies 技术记录下来；许多广告主便利用其长期跟踪用户的上网踪迹，然后给他们发送精准广告。在新媒体环境中，在阅览网站或者网页时，经常会自动弹出一些强制性的广告，妨碍用户正常阅览该网页。它们在用户不知情的时候突然出现，有些可以立刻关闭，有些必须花费一些时间等待播放完毕后才能关闭，让人无奈乃至反感。

3）色情性内容识别困难

网页游戏公司、广告代理商和一些小网站，往往利用新媒体平台，将低俗色情的内容以病毒植入的方式链接到网页中。即在网站页面上制作色情游戏广告窗口，用户打开了页面就会自动弹出窗口。这种模式让监管很难，因为网络游戏属于文化部门监管，而小网站又是千千万万且分布境内外，监管时很难逐个发现。数据显示，青少年网民规模达到全国人口的 25.7%，10～19 岁的青少年是我国网民的主要组成部分。2009 年 8 月我国曾开展"打击整治网络淫秽色情专项行动"，新媒体色情广告有所下降，但是由于色情内容识别困难，其进行监管根治也难以奏效。

4）不正当竞争内容难以识别

新媒体技术发展，使得不正当竞争的广告内容隐藏很深难以识别。如使用加框的超链接技术分割网页视窗。当浏览者点击超链接时，别人网站的内容会出现在此网站页面的某个区域内。这样，让浏览者误以为链接的内容是网站自身的一部分。这降低了被链接网站的浏览量，提高了自己网站的浏览量，而且自己广告借助别人网站而被宣传，构成网络侵权。此外利用关键字技术进行不正当竞争的内容也难以识别。当用户搜索到关键词时，相应的广告就会展示；当关键词有多个用户购买时，就会根据竞价排名进行展示，出价越高的广告越靠前，并在用户点击后按照广告主对该关键词的出价收费。一些广告主为提升自己网站的浏览量，将关键词中加入知名品牌货竞争对手的商标，并嵌入到自己网站的源代码中，当用户用关键词搜索相关信息时，该广告主的网页则会被链接位列前页，而真正商标所有人的排名被拉后、其权益受到侵犯。

4. 新媒体广告监管机制的挑战

由于上述的新媒体广告识别本身的困难，那么必然体现到新媒体广告监管机制上，并提出诸多挑战。其主要体现为：

1）监管部门尚无有效的信息过滤系统，对新媒体广告进行动态监测

一般来说，传统媒体发布广告后，要报送广告样本给工商机关，工商机关要对这些样本进行审查并且留存。传统媒体受到版面、时段、印刷成本等限制，传递的广告信息有限，相对更好监管，数据库容易留存、更新。而网络时代的信息量犹如瀚海宇宙，新媒体广告发布后，无须向工商机关提交广告样本，所以工商机关也没有办法对这些广告进行及时的检查和定期留存。再者，从纷繁

复杂的信息中选取新媒体广告信息，并进一步定位违法违规信息，执法部门需要通过搜索定位技术，进行比对和筛选。目前，缺乏这样的信息过滤系统，无法实现对新媒体广告的动态监测。

2) 监管部门对违法广告的调查取证困难、追究责任困难

新媒体时代具有虚拟性、无地界的特点。对于新媒体广告内容的取证，不同一般传统媒体的广告取证方式，具有一定的难度。一是在网络、手机等各种新媒体上发布的广告，它们内容更新快，广告信息量大，工商部门目前没有技术、人力等对所有的广告信息进行监管；二是当事人可以采取多种技术手段，比如禁止下载或者加密等，防止监管部门进行广告取样；三是工商部门对广告信息的样本无法留存，这样一来，即使发现了违法违规广告，发布者一经删除，工商管理部门也奈何不了，不能恢复原始广告内容；四是对当事人可以拒绝承认广告监管部门取得的广告内容；五是违法广告经营者等常常隐瞒其真实的经营地址和名称，工商部门无法对新媒体广告的发布者、经营者等建立档案，等等。这一系列问题都导致了工商机关对违法违规广告证据的确定难、查处难。

3) 现有的国内法律适用困难，国际法律适用冲突

在国内，依托新媒体发布广告才经历了十几年的时间，新媒体广告监管还处于初级阶段。地域性的新媒体监管条例非常稀少，也尚未专门为新媒体广告制定全国性的法律法规或部门规章。而1994年颁布的《广告法》及相关法律法规，对于新媒体广告监管已经显得力不从心。国内法律适用困难，已经成了新媒体广告发展的硬伤。传统媒体由于受地域的限制，一般只是由国内法律管辖，不会发生法律适用性冲突的问题。但新媒体网络具有全球性、超地域性的特点，从客观上看，新媒体上的广告可以面向全球每一个可以直

接接触或者间接接触网络的人。不同国家对于同一行为的认定、惩罚和执行可以是完全不同的。有不法分子利用各国法律差异和新媒体的超地域性，规避法律，寻找法律空隙，想尽办法发布广告。碰到这种问题，各国的立法都束手无策。

4）发生地和管辖权难以确定

行政处罚应由违法行为发生地管辖。传统媒体具备较为明显的地域性，因其受到了国家、社会、政治、经济等因素的制约，比较好确定管辖权。在中国，就有国家级、省级、市级媒体等以行政区域为导向的划分。但以网络为代表的新媒体往往不受时间、空间的限制，它可以覆盖全球，任何人在任何时候，可以在任何地方上网。在新媒体上发布广告的行为不好确定发生地和管辖权。新媒体广告的跨行政区域特性，使得现行的行政管辖制度无法实施。

三、新媒体广告的法规建设

1. 国内外研究现状

从目前国外理论界的研究水平看，基于现实实践的发展，对新媒体广告监管的研究较为发达的是美国。从政府层面看，负责网络广告的法律法规指导和执行的主要是美国联邦贸易委员会，他们制定了《网民保护法》、《电话消费者保护法》、《电子信箱保护法》等相关的法律文件，通过法案、消费者检举和判例法等来判决广告违法与否，其中涉及诸多关于新媒体广告监管，特别是网络广告监管方面的内容。Kenneth Creech 在《电子媒体的法律与管制》中指出，作为联邦贸易委员会（FTC）重要补充的联邦通信委员会（FCC）在对电子媒体监管方面也起到重要的作用。对于网络广告，他认为互联网的待遇更像是印刷媒体，获得了宪法《第一修正案》的充分保护，而不是像广播媒体那样被给予有限的自由。[①]Jonathan Rosenoer 在 *Cyber Law-The Law of The Internet* 中提及美国联邦贸易委员对网络用户的个人信息的保护，他认为应限制肆意收集和使用网络用户个人信息。针对儿童这一特殊群体，因为其难以评判广告信息的真实性，应当在《儿童在线隐私保护法案》的基础上增强监管的力度。而像《电话消费者保护法》、《电子信箱保护法》、《未经许可的电子商业邮件法》等专门法律应该明确管制那些不请自来的大量电子邮件。[②]

另外，欧洲的学者对新媒体广告监管问题也提出了观点。英国学者 Sallie Spilsbury 在其著作 *Media Law* 中指出，从网络广告的安全性和可靠性看，广告信息的传送能够以较为便利的方式到达消费受众，但在利用这种便利媒介的过程中，网络广告的使用受到了商业牟利心理的影响，于是以网络广告为主体所产生各种法律问题随之产生，这并不是对网络广告本身工具性的否定，而是对其利用途径的否定。因此，网络广告监管的落脚点应当是对网络广告的使用过程和用途的法律约束。[③]

受制于文献资料的搜集，对国外新媒体广告监管的理论研究还有一定的局限性，但不可否认的是，理论的发展源于实践的推动，国外较为发达的新媒体广告业为新媒体广告的理论研究提供了较为肥厚的土壤，这一点是目前国内理论界所欠缺的。

---

① Creech. K. *Electronic Media Law and Regulation*. Oxford：Focal Press，1996. 395.

② Jonathan Rosenoer. *Cyber Law —The Law of The Internet*. New York：Springer，1997. 197 - 200.

③ Sallie Spilsbury. *Media Law*. London Cavendish Pub. Ltd.，2000. 296.

在国内，从目前理论界研究看，许多学者分析了新媒体广告的发展现状、新媒体广告监管的必要性以及新媒体广告监管的不足之处等，提出了许多完善和健全新媒体广告监管体制的有价值的建议。部分学者对新媒体广告监管进行研究的分析方法有所不同，或侧重点有所不同。但是总体情况呈现以下几个趋势：第一，话题重复性多，开拓创新少。话题比较重复，有一些开创性观点，其他观点大体相同。第二，多数是对策性研究，缺少批判性研究。研究成果主要旨在为新媒体广告出谋划策，但对其给人们造成的干扰视而不见，只有少数的研究涉及到新媒体广告监管的文章，谈到了新媒体广告的不足之处。第三，多数是通则式研究，缺少个案剖析。大量的研究成果主要集中在新媒体广告监管问题的一般层面，很少针对有代表性的个案进行相关研究。

总之，媒介融合和众多新出现的新媒体样式消解了广告业原有的界限。广告运作日益复杂的同时，监管问题也日益凸显，并不断挑战学者们的知识结构和研究视野。正如赫伯特和查尔斯所言，新媒体广告监管的研究具有"跨学科、泛学科、多学科"的特征[①]；那么新媒体监管的立法，相应也需进行多学科的系统推进。

2. 遵守并完善有关互联网的各项法规条例，建立新媒体新秩序

针对近年来利用信息网络实施的各类违法犯罪活动日渐增多，特别是利用互联网等信息网络进行造谣诽谤的违法犯罪现象、国家

---

① Herbert Jack Rotfeld, Charles R. Taylor. The advertising regulation and self-regulation issues ripped from the headlines with (sometimes missed) opportunities for disciplined multidiscipline multidisciplinary research. *Journal of Advertising*, Winter2009, Vol. 38 Issue 4, p5 – 14, p10.

相继出台了一系列法律法规和规章，如：《规范互联网信息服务市场秩序若干规定》、《电信和互联网用户个人信息保护规定（征求意见稿）》、《关于加强移动智能终端管理的通知》、《关于进一步联合开展短信群发设备专项整治行动的通知》，《关于实施宽带中国 2013 专项行动的意见》等。尤其是 2013 年 9 月 9 日，最高人民法院、最高人民检察院针对由于互联网等信息网络具有公共性、匿名性、便捷性等特点，一些不法分子将信息网络作为新的犯罪平台，恣意实施诽谤、寻衅滋事、敲诈勒索、非法经营等犯罪，联合发布了《关于办理利用信息网络实施诽谤等刑事案件适用法律若干问题的解释》。其主要规定了以下八个方面的内容：明确了利用信息网络实施诽谤犯罪的行为方式，即"捏造事实诽谤他人"的认定问题；明确了利用信息网络实施诽谤行为的入罪标准，即"情节严重"的认定问题；明确了利用信息网络实施诽谤犯罪适用公诉程序的条件，即"严重危害社会秩序和国家利益"的认定问题；明确了利用信息网络实施寻衅滋事犯罪的认定问题；明确了利用信息网络实施敲诈勒索犯罪的认定问题；明确了利用信息网络实施非法经营犯罪的认定及处罚问题；明确了利用信息网络实施诽谤、寻衅滋事、敲诈勒索、非法经营等犯罪的共同犯罪内容；明确了利用信息网络实施诽谤、寻衅滋事、敲诈勒索、非法经营犯罪与其他犯罪的数罪问题及其处罚原则。其中，更具体规定诽谤信息被转发达 500 次可判刑、网络诽谤严重危害社会秩序和国家利益可公诉、网上散布谣言起哄闹事可追究寻衅滋事罪、发布真实信息勒索他人也可认定敲诈勒索罪、违反规定有偿"删帖"、"发帖"可认定非法经营罪。这就为网络执法提供了法律依据。

但以网络为代表的新媒体正呈方兴未艾之势，各种新媒体传播技术与现象层出不穷，这就导致了现有的新媒体法规总是滞后的，总有着不断优化的空间。因此，建立并完善新媒体法规，建立新媒体运用的新秩序永远是一个进行时。

3. 修缮涵盖新媒体广告的《广告法》，建立法律法规联动体系

我国现行的《广告法》从 1995 年以来，对广告监管与管理发挥了重要作用。但随着改革开放的不断深入，国内政治、经济、社会、技术环境已发生翻天覆地的变化，广告环境也发生了翻天覆地的改变。广告市场日益庞大，新媒体广告规模已见成效，其对社会的影响力日益强烈。现行的《广告法》已经不能适应规范广告活动、维护市场秩序、保护消费者权益的要求，完善立法迫在眉睫。实际上，《广告法》的修订前期准备与研讨已经有了十多年时间，但由于新媒体发展变化太快，还由于法规的制定是一项庞大而又复杂的工作，故新的《广告法》修订尚未进入立法程序。对此，我们可以从对新媒体广告的监管方面，对广告法的修缮提出一些思考和建议：

1）新媒体广告主体认定的思考

《广告法》没有明确新媒体广告主体的界定。出于对新媒体广告进行实效监管的需要，一些地方性法规作出了有益的尝试，走在了《广告法》的前面，比如《北京市网络广告管理暂行办法》和《浙江省网络广告登记管理暂行办法》。前者明确地提出了"经营性互联网信息服务提供者"和"非经营性互联网信息服务提供者"两个概念。经营性互联网信息服务提供者可以设计、制作、发布网络广告。按照这一思路，不管新媒体广告的发布为何人，只要违反了准则，广告的提供者就应当对发布广告的行为负责。这样一来，

这一法规就将"个人"纳入了《办法》的规制之中。而后者只对"网络广告经营者"进行了定义,回避了广告三大主体的另外两个,这也是对新媒体广告主体难以界定的无奈之举。

2) 新媒体广告隐私权保护的思考

应该在《广告法》中加入对新媒体广告中所涉及的隐私权的保护力度。比如,电子邮箱广告的经营者在向特定用户的邮箱发布广告前,应该征得邮箱主人的同意;不得利用广告收集并兜售他人的隐私信息等。如 2006 年起施行的《互联网电子邮件服务管理办法》中第 9 条就规定: 未经用户同意,不得泄露用户的个人注册信息和互联网电子邮件地址;而在第 13 条中则明确规定: 任何组织或者个人在发送包含商业广告内容的互联网电子邮件时,需要在互联网电子邮件标题信息前部注明"广告"或者"AD"字样。这些对电子邮件的隐私权保护的规定,体现了对公民隐私权的保护,以及对发达国家法律的借鉴。

3) 新媒体广告可识别性的思考

由于类广告和隐性广告的大幅出现,法律应该明确规定广告应该具有可识别性,对有意隐瞒广告特征的广告予以处罚,并给予处罚标准。新媒体不得以新闻报道的形式发布广告,发布广告时要有鲜明的"广告"或"AD"标识。

4) 新媒体广告管辖权的思考

新媒体广告行为的发生地一般有以下几个: 一是登记注册地,二是服务器所在地,三是违法行为发生地。鉴于后两者不便于搜查指认,对新媒体广告的管辖权应当以注册地工商管理机关管辖为宜。注册地一般具有唯一性,当地工商行政管理机关便于对当地的新媒体进行统一管理。对于两个以上工商机关对于同一新媒体广告违法行为都有管辖权的，可以进行协商。对管辖权发生争议的，可以上报上级工商管理机关。

5）新媒体广告监管手段的思考

新媒体广告有其特殊性，工商管理部门可以与公安部门、文化部门联合，采取一些特殊的手段进行监管。比如，利用技术手段与系统来进行新媒体信息的监管与筛选，对于明显违法广告应责令当事人删除广告，情节严重的则可以屏蔽甚至关闭网站，并追究法律责任。

6）明确对违法违规广告法律责任的追究

需要明确规定新广告传播中，广告主、广告公司、广告媒体三大主体的权利和义务，发生违法违规行为时，各自应该付出怎样的成本。可引入比例罚和定额罚的选择机制，对于社会危害较大的新媒体广告，可施行重罚；同时确定三大主体的"连坐制"，当消费者自身合法权益遭受侵害时，可以使三大主体共同承担连带责任。

7）建成新媒体广告法律法规统一、协调、联动体系

我国广告监管已经具有比较完整的法律法规体系，主要包括《中华人民共和国广告法》、《广告管理条例》、《广告管理条例实施细则》三部；《反不正当竞争法》、《商标法》、《著作权法》、《国家通用语言文字法》、《刑法》等相关法律起了配合和补充作用。

《反不正当竞争法》是市场竞争的基本法和兜底法，凡是其他法律、法规没有明确规定，而经营者的市场行为与竞争法所确定的市场竞争原则相违背的，均应依照该法进行规范。其中第2条规定：经营者在市场交易中，应当遵循自愿、平等、公平、诚实信用

的原则，遵守公认的商业道德。在市场经济环境下，所有经营者的市场行为均受相关法律法规和竞争法的约束，特别是对于尚无相关法律规定的经营行为，《反不正当竞争法》是规制市场经济不正当竞争行为的终极准则。当然，《反不正当竞争法》对网络广告的虚假宣传等行为的规制也只能理解为是被涵盖在以"其他方法"进行虚假宣传的规定中。例如"北京泰可思网络公司利用网站假冒国税总局进行虚假宣传"的案件中，该公司利用网页登载"更改企业名称和地址"的宣传行为，误导消费者认为该企业是由国家行政机关开办的。工商行政管理机关依据《反不正当竞争法》第九条关于利用广告或其他方法进行引人误解的虚假宣传的规定对该企业作出停止违法行为、消除影响、并罚款人民币 20 万元的行政处罚。

　　《消费者权益保护法》在网络广告监管中主要是起到"救济"的作用，该法规定了消费者的权利，经营者的义务、法律责任，国家政府和行政机关对消费者合法权益的保护以及侵权救济途径等。但是涉及网络广告侵权的具体问题，却无法在该法中找到直接的法律条款来适用，也不能依据该法来要求网络广告侵权行为人承担责任。

　　目前，地方行政规章中只有北京市和浙江省分别制定的《北京市网络广告管理暂行办法》和《浙江省网络广告登记管理暂行办法》。它们对网络广告的特殊性对网络广告经营和发布提出了特定的要求，一定程度上弥补了适用其他法律不足的缺陷。

　　以上这些法律对新媒体环境下的广告监管有所涉及，但未能形成统一、协调、联动的体系，未能发挥整体效应。现在需要加速修缮《广告法》，或制定出类似《网络广告监管规定》的法律法规，而这样具体的、针对性强的、可操作性的配套法规和实施细则会有助于新媒体广告的发展。

四、新媒体广告监管执法的整合趋势

1. 现有行政执法体系的困难

我国广告监管的行政执法体系是"工商为主、齐抓共管"的监管体制。在执法主体上，工商行政管理机关是法定的广告监管机关。而在具体的广告监管执法中，还涉及其他的职能部门：如食品药品监督部门对食品、药品、保健食品的广告进行行政审查；农业行政部门对农药、兽药、转基因生物广告的发布前进行行政审查；劳动保障部门在招聘广告、劳动技能及就业培训广告、境外就业中介服务机构广告等方面的审查管理。

而在新媒体广告监管中，涉及的行政部门更多。其主导的往往不是工商部门，而是国家互联网信息办公室，其担负着落实互联网信息传播方针政策和推动互联网信息传播法制建设，指导、协调、督促有关部门加强互联网信息内容管理，依法查处违法违规网站的职责。因此，每年都应由国家互联网信息办牵头，会同全国"扫黄打非"办、工信部、公安部、文化部、国资委、国家工商总局、广电总局和新闻出版总署九部门联合部署，在全国深入开展整治互联网和手机传播淫秽色情及低俗信息专项行动。其中，公安机关要打击利用新媒体广告作虚假宣传、利用互联网、手机媒体传播淫秽色情广告的犯罪行为，配合工商部门依法查处违法违规广告。通信管理部门要配合工商部门，核发互联网信息服务许可证和非经营互联网信息服务备案手续。对未取得经营许可证或备案手续的互联网站，责令当事人关闭网站，通知互联网接入服务提供商停止为其提供接入服务，并依法追究接入商的责任。文化部门要监管数字游戏的开发、传播，游戏厅的设点、监管等责任。

在这样的一个体系中，进行短时间的专项治理运动，或许往往能予以奏效，但要长期地进行新媒体广告监管执法，却往往力不从心，显示出执法机制滞后的窘困。

1) 整合设立新媒体广告监测中心，变人工监管为智能监管、系统监管

中国的新媒体广告在整体上可以说尚处于一种"暂时性"的监管机关缺位状态或者说是一种监管失灵状态。由此，可考虑以工商行政管理部门为主设立广告监管中心，让人工监管转变为智能监管，让抽样监管转变为系统监管。依托于统一的新媒体广告监测软件，运用高科技，对网络广告、手机广告进行全面监管。将过去的人工操作、个别查处转变为掌握整体发布动态、快速作出监管行为。

但这样的智能监管，需要所有新媒体广告标注"广告标记"，同时加载具有唯一性的"数字标记"。新媒体上的信息量庞大，海量的数据使监管的难度可想而知。如果广告的发布中添加了广告监管部门核发的数字标记，区别了广告和非广告，那么这不仅减少了广告监管的工作量，更便于工商机关建立数据库系统，进而进行实时监测。通过对数字标记的识别，可以迅速查出新媒介载体的信息，如网站所在地、网站经营者名称，服务器地址等，并实现对新媒体广告的分类和汇总。

由于目前新媒体广告无标准、多形态存在的现状，所有新媒体广告标上"广告标记"几乎是不可能的：因为新媒体之上的各类信息多多少少均具有为主体进行宣传推广的"品牌传播"性质，难以用"广告"简单指代，由此，其法治性管理的智能系统，在目前来

说也就几乎是不可能建成与应用的。

2）多职能部门联合行动形成合力进行新媒体广告的整合监管

多职能部门联合行动，进行执法整治的专项活动一直是广告监管的方式与方法。如2013年2月，国家工商行政管理总局、中央宣传部、国务院新闻办公室、公安部、监察部、国务院纠风办、工业和信息化部、卫生部、国家广播电影电视总局、新闻出版总署、国家旅游局、国家食品药品监督管理局、国家中医药管理局13个部门，就联合出台了《虚假违法广告专项整治工作实施意见》，其虚假违法广告专项整治工作总的要求是：深入贯彻落实党的十八大和中央经济工作会议精神，紧紧围绕维护人民群众切身利益问题，深入开展广告专项整治，坚持标本兼治，综合治理，加大广告发布环节和源头治理力度，切实维护公平竞争的市场秩序和消费者合法权益，更加高效加强广告市场监管，服务经济、政治、文化、社会、生态文明"五位一体"建设，为全面建成小康社会营造良好环境。其中，更明确指出：通信管理部门要配合工商等部门规范互联网广告，对未取得互联网信息服务经营许可证或者未履行非经营性互联网信息服务备案手续，擅自从事互联网信息服务的互联网站，责令当事人关闭网站，同时通知相关互联网接入服务提供商停止为其提供接入服务，并依法追究相关互联网接入服务提供商的责任。对经有关部门书面认定擅自从事药品、医疗器械、医疗保健等互联网信息服务，且拒不整改或违法情节严重的互联网站，依法吊销互联网信息服务经营许可证或注销备案，通知相关互联网接入服务提供商停止为其提供接入服务。这种联合行动形成合力的新媒体广告整治方法是有效的，但目前采取的是活动式、运动式的联合行动，对于新媒体广告传播这样一个需要进行常态化的监管的领域，却依然有着监管忽紧忽松的不足。

第二节　新媒体广告的舆论监督

一、"苏宁秒杀门事件"案例的解析

1. 事件缘起

2010 年 12 月 8 日零点到 2010 年 12 月 9 日二十四点，在这 48 小时内，苏宁在网上举办了一场声势浩大的秒杀活动，每个整点只需 1 999 元即可秒得 iphone4、ipad 等高级数码产品。活动虽然是凌晨开始，但由于宣传的猛烈以及产品的诱人，无数网民守候在电脑前等待幸运的降临。

但在秒杀的过程中出现了大量的 0～2 秒的"真正秒杀帝"，不过要在如此短的时间内完成姓名、电话、身份证号、地址的填写，还要回答一道选择题，这几乎是不可能完成的。与此同时，网友们发现获奖名单中有苏宁内部员工，且大多数都是南京人，这引起了网友的质疑。另外，机警的网友还发现一个现象，秒杀活动需要消费者先在"易付宝"里充值才能参加，但秒杀不成功，"易付宝"的退款要在 7～15 天后才可以退还，这又让不少网友质疑这单秒杀活动背后的布局。

随后在网上出现了大量苏宁秒杀骗人的帖子，虽然几天后很多网站的帖子被莫名的删除了，但这更加激发了网民一探事件真相的信念。

2. 博客或热门帖子分析

活动由 2010 年 12 月 8 日凌晨开始，当日就有许多网民对 0～2

秒的"秒杀帝"发出质疑,并在网络发帖引起众多网友围观,我们在天涯论坛、猫扑网以及新浪博客中输入"苏宁秒杀门",共得到5 994条信息,其中25条是与本事件高度相关的信息(见表8-1),故以此为研究样本。

表8-1　与"苏宁秒杀门"高度相关的信息样本

编号	篇　　名	时　间	来　源	点击率	回复数
1	苏宁易购,昨晚你被秒了么?	2010.12.8	猫扑网	337	6
2	苏宁,你个大骗子	2010.12.10	猫扑网	222	3
3	苏宁秒杀门事件【原创】	2010.12.12	猫扑网	1 442	7
4	苏宁易购惊现"秒杀门"网友大呼上当苏宁不回应	2010.12.27	猫扑网	6 387	21
5	内部员工现身说法：苏宁易购你秒了谁?有图有真相	2010.12.8	新浪博客	14 381	80
6	苏宁易购秒杀-估计99%是骗人的	2010.12.10	新浪博客	155	0
7	苏宁易购网上购物经历	2010.12.12	新浪博客	331	0
8	苏宁：背后的欺骗	2010.12.26	新浪博客	114	0
9	苏宁秒杀门　欺骗顾客	2010.12.8	天涯社区	4 276	37
10	有人参加苏宁举行的网上秒杀活动吗?一起来围观这场欢乐的闹剧～～图文直播	2010.12.8	天涯社区	49 217	568
11	有关是苏宁12月8日秒杀门充值及舞弊的证据收集	2010.12.8	天涯社区	262	6
12	恶心的苏宁秒杀促销骗局——从此拒绝苏宁!!	2010.12.8	天涯社区	15 160	105
13	苏宁秒杀,看到后太惊讶啦	2010.12.8	天涯社区	491	2
14	这次苏宁秒杀有人有民间真正成功的!0秒就没了。。。。	2010.12.8	天涯社区	230	0

（续　表）

编号	篇　　名	时　间	来　源	点击率	回复数
15	求秒杀技术啊！！！被苏宁骗钱了	2010.12.8	天涯社区	405	7
16	可恶的苏宁易购，欺诈会员我！	2010.12.8	天涯社区	3 456	23
17	谁参与了苏宁易购12.8日的秒杀?	2010.12.9	天涯社区	142	3
18	声势浩大的秒杀活动——苏宁20周年	2010.12.9	天涯社区	624	6
19	苏宁电器48小时秒杀了自己在一个消费者心中的形象	2010.12.9	天涯社区	290	4
20	苏宁48小时秒杀促销骗局最新致命证据出现！！！	2010.12.9	天涯社区	395	1
21	苏宁秒杀骗局，谁来给我们维权！?	2010.12.9	天涯社区	696	6
22	苏宁秒杀的真相可以这样猜测	2010.12.10	天涯社区	377	0
23	我亲历的苏宁秒杀作假事件内幕(有图有真相)〔原创〕	2010.12.14	天涯社区	11 709	18
24	苏宁电器，你是秒杀，还是"暗杀"?	2011.1.27	天涯社区	187	1
25	苏宁易购，你敢购吗?	2011.9.2	天涯社区	2 144	43

对以上25个样本做具体分析后，可以得出以下几个结论：

1) 从发帖时间可以看出，网民的舆论监督与企业的营销传播活动具有同时性

《有人参加苏宁举行的网上秒杀活动吗？一起来围观这场欢乐

的闹剧——图文直播》一帖发帖时间为 2010 年 12 月 8 日凌晨两点，即活动刚开始两个小时。发帖集中于 2010 年 12 月 8、9 日，也就是秒杀活动进行的时间（见图 8‑1）。在 8 日活动首日，网民的质疑与舆论就把事件推向了风口浪尖，《内部员工现身说法：苏宁易购你秒了谁？有图有真相》、《恶心的苏宁秒杀促销骗局——从此拒绝苏宁！！》、《我亲历的苏宁秒杀作假事件内幕（有图有真相）〔原创〕》等帖子一经发出就得到数十万的点击，并累计有千余条回复。活动结束后，网民的舆论监督却并未消散，苏宁以后举办的秒杀活动都使网民心有余悸。

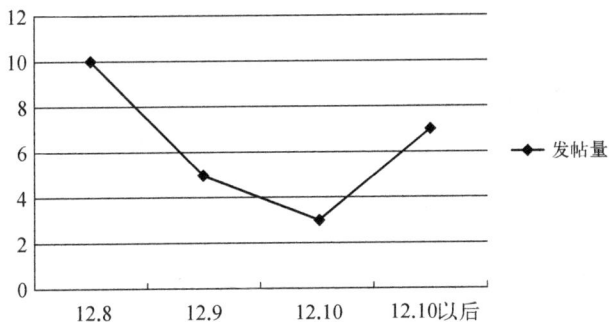

图 8‑1 2010 年 12 月 8～25 日发帖量统计

2）从发帖内容上看，按照时间与事件的推进，主要分为直播帖、质疑猜测帖与声讨帖

直播帖为网民一边参与秒杀活动，一边直播秒杀现象，是亲历秒杀活动的网民对事件的复原。例如《苏宁易购，昨晚你被秒了么？》、《苏宁易购网上购物经历》、《有人参加苏宁举行的网上秒杀活动吗？一起来围观这场欢乐的闹剧——图文直播》等。质疑猜测帖为网民们对秒杀活动中一些异乎寻常的事情的质疑，为何

2 秒就可以填那么多资料完成秒杀？为何中奖的多为南京人？为何中奖的惊现苏宁内部员工？例如《有关是苏宁 12 月 8 日秒杀门充值及舞弊的证据收集》、《这次苏宁秒杀有人有民间真正成功的！0 秒就没了。。。。》、《苏宁 48 小时秒杀促销骗局最新致命证据出现！！！》等，这些帖子一经发出便得到网民的积极回应与传播。声讨帖则是在网民根据证据推断自己受到企业欺骗后，发出捍卫权利的声讨，并制造更大的舆论压力要求苏宁对其行为做出解释，给出事件真相。例如《苏宁电器 48 小时秒杀了自己在一个消费者心中的形象》、《恶心的苏宁秒杀促销骗局——从此拒绝苏宁！！》、《苏宁易购惊现"秒杀门"网友大呼上当苏宁不回应》等（见图 8-2）。

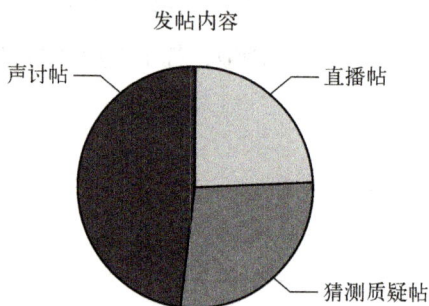

发帖内容

图 8-2　2010 年 12 月 8～25 日发帖内容类型统计

3) 从网民的评论倾向上来看，多为表达愤怒与质疑

本次 25 个样本帖子中共得到评论 947 条，其中有效评论（表明评论者态度倾向，并剔除重复评论 ID）为 788 条。对这 788 条评论的内容做详细分析得出网名在整个事件中的态度主要分为以下 5 大类：交流秒杀活动战况；质疑可疑处罗列证据，要求企业回应；表达被欺骗的愤怒，反感抵触苏宁；表示无奈，店大欺客，一切解释权归苏宁所有；支持苏宁，认为 0 秒杀为技术帝，与苏宁本身无关。这些舆论中以表示质疑、愤怒，呼吁网民相互传播揭发苏宁的欺骗行为居多（见图 8-3）。

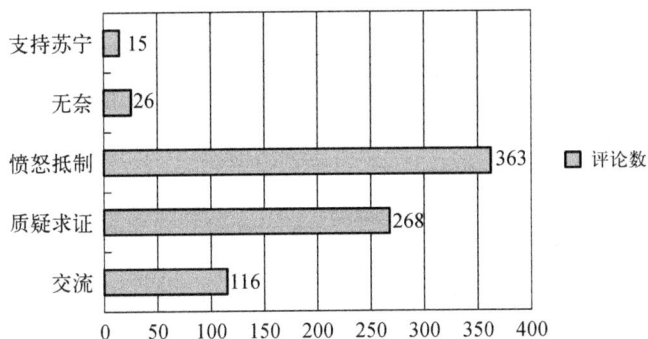

图 8-3　2010 年 12 月 8～25 日网民评论倾向统计

3. 门户网站分析

随着网民在各大论坛社区对苏宁秒杀事件进行直播质疑，事件受到各大门户网站的关注，事件被门户网站的编辑重整传播，变成网络新闻后比论坛内的讨论更具权威性，且传播的广度更大，从而所形成的舆论也更尖锐。我们在腾讯、网易、搜狐、新浪四大门户网站中输入苏宁秒杀门，并在百度、谷歌的新闻、网页栏输入苏宁秒杀门，搜集到 18 个不同门户网站的相关报道。现以这 18 个网站为研究样本，对其发表时间、点击率、发表内容做详细分析，以判断网民的舆论监督在其中的作用（见表 8-2）。

对以上 18 个门户网站做详细样本分析后，得出以下结论：

表 8-2　对"苏宁秒杀门"进行网站报道样本

编号	篇　名	网站来源	报道时间	点击率
1	苏宁易购惊现"秒杀门"网友大呼上当苏宁不回应	新浪网	2010.12.8	108 924
2	苏宁秒杀活动是为了提升易购品牌还是变相敛财【图】	搜狐网	2010.12.9	16 229

（续　表）

编号	篇　　　名	网站来源	报道时间	点击率
3	苏宁"秒杀门"疑似欺骗消费者	新浪网	2010.12.9	15 113
4	质疑苏宁"秒杀门"疑似欺骗消费者 苏宁为何不回应？	中国保健网	2010.12.9	1 980
5	质疑苏宁"秒杀门"疑似欺骗消费者 苏宁为何不回应？	女人如花网	2010.12.9	3 583
6	苏宁易购惊现"秒杀门"大量网友称上当	IT商业新闻网	2010.12.9	3 778
7	苏宁秒杀门内幕	中山网	2010.12.9	23 604
8	苏宁秒杀欺骗网友　被质疑骗取资金	家电导购网	2010.12.9	2 066
9	苏宁易购惊现"秒杀帝"，网友大呼上当	老男人网	2010.12.9	1 823
10	苏宁"秒杀门"疑似欺骗消费者	商业评论网	2010.12.9	2 188
11	苏宁易购惊现"秒杀门"网友大呼上当苏宁不回应	新华网	2010.12.10	86 354
12	苏宁易购惊现"秒杀门"网友大呼上当苏宁不回应	第一食品网	2010.12.10	347
13	苏宁秒杀门内幕	杭报在线	2010.12.10	1 374
14	苏宁电器用沉默回应网友质疑	半岛网	2010.12.10	5 562
15	苏宁易购惊现"秒杀门"网友大呼受骗苏宁不回应	财库股票网	2010.12.10	986
16	苏宁"秒杀门"疑似欺骗	现代快报网	2010.12.12	3 276
17	苏宁"秒杀门"疑似欺骗消费者	维权网	2010.12.13	639
18	苏宁电器12月8日秒杀不正常现象	网易网	2010.12.14	1 703

1）从新闻产生时间上来看，具有较强的及时性

新闻多产生于2010年12月9日，也就是秒杀活动即将结束的时候，在结束后的一个星期内也有较集中的相应报道。网络媒体之

所以有如此快的反应，很大程度上是由于网民在活动过程中的直播、质疑与舆论。网络媒体在整合了网民的言论后，编辑成相对权威的新闻，延续网民对企业的质问（见图8-4）。

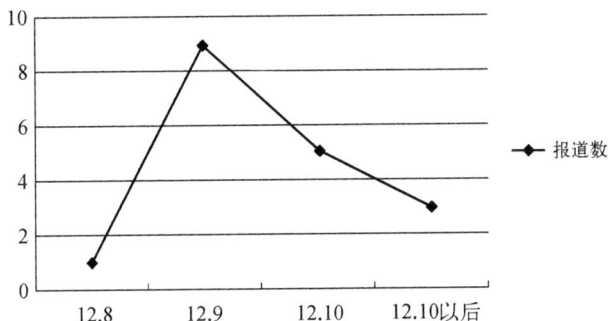

图8-4　2010.12.8~14门户网站新闻报道数

2）从内容上看，全部为对苏宁这次秒杀事件的质疑及对苏宁欺骗消费者行为的声讨《苏宁电器用沉默回应网友质疑》、《苏宁易购惊现"秒杀门"网友大呼上当苏宁不回应》、《苏宁"秒杀门"疑似欺骗消费者》等文都图文并茂的显示出苏宁疑似在秒杀门中弄虚作假的证据，而这些证据的来源正是广大网民一同搜集的结晶。另外，报道也讲网民的质疑与猜测升级，揭露这次虚假营销背后的秘密，例如《苏宁秒杀活动是为了提升易购品牌还是变相敛财》一文。

3）从传播广度与覆盖面上来看，有着较强的覆盖率

2010年12月8日在新浪网首发的《苏宁易购惊现"秒杀门"网友大呼上当苏宁不回应》一文，一经发出就有十多万的点击率，其他门户网站的点击率大都也有成千上万（见图8-5）。另外，这18个网站的类别也各不相同，有大众的四大门户网，也有专业性的财

经网、导购网、维权网等等，它们各自的受众也不尽相同，所以，通过门户网站传播后，覆盖率与广度更高。

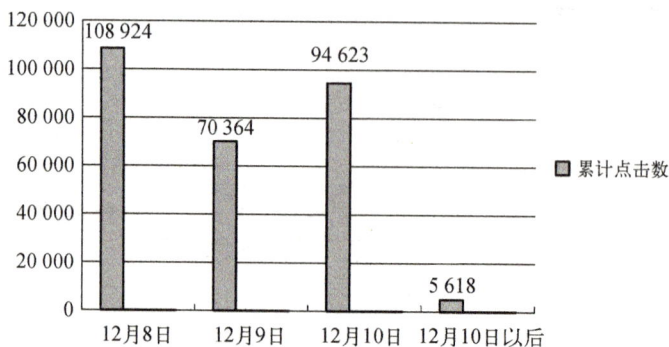

图 8 - 5　2010.12.8～14 门户网站新闻累计点击数

4）搜索引擎数据分析

我们这里借助"百度指数"搜索引擎数据统计软件，对苏宁秒杀门事件前后网民的关注度做出统计。在"百度指数"中输入"苏宁秒杀"，并将时间限定与 2010 年 12 月 3 日至 2011 年 1 月 7 日，得出以下趋势图（见图 8 - 6）。可以看出，网民的关注度在 12 月 8 日达到峰值，也就是秒杀事件的当日，网民对此做出的积极的关注与反应。随后的几日网民也处于积极关注的状态，一直在 2010 年 12 月 17 日前，网民的关注度都在均值以上，在 12 月 25 日时又掀起一个小的高峰。

5）传统媒体关注程度

苏宁秒杀门现象在网上受到热烈关注与网民严厉的舆论监督后，虽然苏宁用沉默回应着一切，但有些事实也自是不言而喻。网民的舆论监督在此次秒杀营销中起到功不可没的作用。秒杀营销这一新的网络营销传播策略也因此受到传统媒体与社会大众的密切关

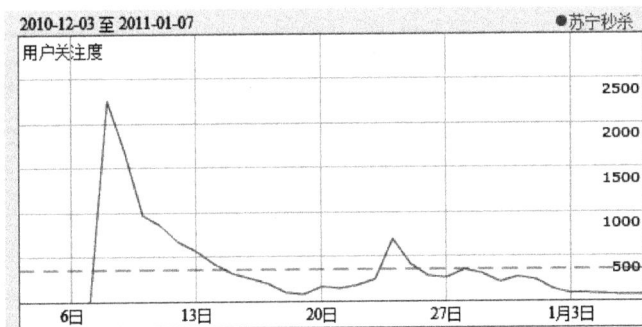

图 8-6 2010 年 12 月 3 日～2010 年 1 月 7 日苏宁秒杀门百度指数

注。以传统纸媒为代表，我们在中国知网报纸专栏内输入"秒杀"，共得出 148 条结果，其中与秒杀营销相关的结果 36 条，如表 8-3 所示。

表 8-3 传统媒体对"苏宁秒杀门"进行报道的样本

编号	篇　　　名	来　源	年　份
1	电子商务促销呈现三大特点	《中华工商时报》	2009
2	秒杀，现实底线有没有秒杀价	《文汇报》	2009
3	网购：别被"秒杀"迷了眼	《河北日报》	2009
4	网购"秒杀族"现身	《人才市场报》	2009
5	"秒杀"：让利还是骗局	《计算机世界》	2009
6	"秒杀"促销活动遭质疑　淘宝网作出回应	《经理日报》	2009
7	秒杀风云	《中国经营报》	2009
8	"秒杀"之后的维权之道	《工人日报》	2010
9	黄牛 5 000 元装秒杀器抢 iphone4	《东方早报》	2010
10	网购秒杀不能光图便宜	《中国质量报》	2010
11	秒杀门开审，新型促销引关注	《人民法院报》	2010

（续　表）

编号	篇　　名	来　源	年份
12	当秒杀变身传播	《中国经营报》	2010
13	"秒杀"，创造网购神话	《哈尔滨日报》	2010
14	"秒杀"营销致商家品牌陷诚信危机	《贵州政协报》	2010
15	网购"秒杀"风盛行　冲动购物易上当	《海南日报》	2010
16	"秒杀"营销　是馅饼还是陷阱	《中国商报》	2010
17	促销美廉美折戟"秒杀"门	《中华合作时报》	2010
18	美廉美"秒杀"促销被叫停	《北京商报》	2010
19	营销必须摒弃浮躁	《中国工商报》	2010
20	肯德基秒杀门：究竟谁来买单	《检察日报》	2010
21	肯德基身陷"秒杀门"：是店大欺客，还是漠视中国法律	《证券日报》	2010
22	8分钱"拿下"宝马"秒杀"就像买彩票	《新华每日电讯》	2010
23	"秒杀"三问	《中国质量报》	2011
24	网购秒杀，可信度有多少	《宁波日报》	2011
25	网购秒杀乱象丛生	《中国质量报》	2011
26	秒杀背后藏猫腻	《中国贸易报》	2011
27	脱下秒杀的马甲	《中国经营报》	2011
28	属限时限量促销　秒杀监管有法可依	《消费日报》	2011
29	揭露网络秒杀购物背后的骗局	《新华每日电讯》	2011
30	谁秒杀了我的实惠	《人民日报》	2011
31	秒杀：营销双刃剑	《第一财经日报》	2011
32	秒杀哗众取宠的噱头	《中国消费者报》	2011
33	秒杀火爆网络　消费者还需冷静	《山西经济日报》	2011
34	超低价网购暗藏三大陷阱　提防骗子网站虚假秒杀	《上海法制报》	2012
35	体验秒杀：几多欢喜几多愁	《太原日报》	2012
36	秒杀现象该规范	《人民法院报》	2013

　　对以上传统媒体就"秒杀"做的报道作出归纳分析，得出以下结论：

　　——从报道时间上来看，传统媒体滞后于网络媒体，但持续时间更长

　　随着网络的发展以及新的网络营销传播模式的产生，传统媒体才对"秒杀"这个现象有了关注，最早的报道是在 2009 年，报道的高峰期是 2010 年和 2011 年，特别是在苏宁秒杀门事件之后，传统媒体对秒杀这一新的营销传播模式做出了更理性与深刻的报道，使社会大众关注并深入了解这个话题。如《"秒杀"之后的维权之道》、《秒杀门开审，新型促销引关注》、《"秒杀"营销致商家品牌陷诚信危机》等报道都是基于苏宁秒杀门事件而展开（见图 8－7）。

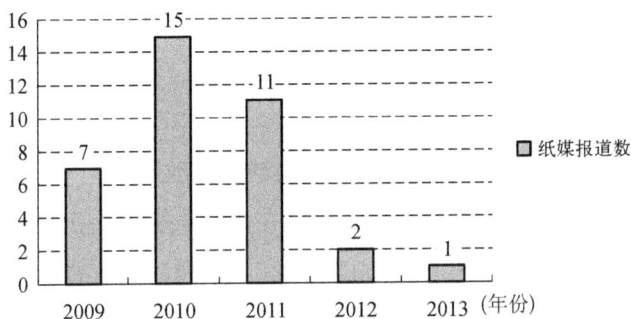

图 8－7　2009～2013 年纸媒报道"秒杀"营销传播数量

　　——从报道内容上来看，传统媒体报道得更为全面且更有深度

　　传统媒体报道内容主要为三大方面：关于秒杀这一新的营销传播方式的介绍，揭示秒杀背后隐藏的问题，以及提示消费者要谨慎面对秒杀。特别是在苏宁秒杀事件之后，关于后两个问题的报道明显增多。所分析的原因较之网络媒体的报道也更加深刻

消费者需谨慎
面对秒杀20%

秒杀介绍
15%

质疑秒杀
65%

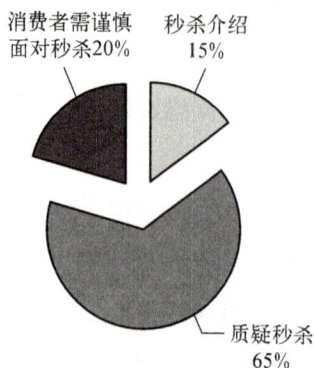

**图 8 - 8 2009~2013 年纸媒报道
"秒杀"内容比例**

（见图 8 - 8）。

——从影响力上看，事件经过传统媒体报道后，得到社会广泛关注与思考，对相关部门的整改有着积极的推动力

虚假秒杀事件发生后，社会大众对网络虚拟运营的监管问题纷纷表示质疑，传统媒体则将大众的声音集中化、犀利化，矛头直指相关监管部门。目前，国家工商总局，各地商务委相关负责人表示"我们已经开始关注苏宁、肯德基等网络促销事件，并准备研究引导商业企业新出现的促销方式的规范，并联合其他政府部门促使商业企业的促销方式更科学、更准确"。

4. 案例研究的发现

1）网络营销传播中网民求真舆论监督扩散规律

通过以上案例的内容分析，以及在传统传播理论和 AISAS 模式下网络整合营销传播模型的基础之上，我们通过总结事件发展过程中网民的舆论传播情况，找到了其扩散的规律，即"舆论质疑星火与求真呼吁燎原规律"——网民对企业网络营销传播内容质疑的星星之火、并引发舆论共同质疑，并产生求取真相呼吁的燎原烈火，进而引起主流媒体的报道关注，乃至执法机构的介入。

企业通过网络进行营销传播活动，网民接收到信息之后会观望与参与，由于网络的及时互动性，网民可以随时将其参与体验与其他网民分享。当网民对某一网络活动产生质疑及不好的体验感时，他们会通过论坛、门户网站、微博、SNS 社区等将他们的质疑与问题进行传播。当这些问题与其他网民产生共鸣时，网民们会积极的产生回应，此时网络舆论形成。随着越来越多的网民的响应，事件会在网络上类似病毒似的扩大传播，继而收到传统媒体的关注与报道，变成整个社会讨论的话题。在这样一个大的舆论环境中，人们会获得更多的信息，并逐渐对事件形成态度，再通过网络继续传播、声讨，直至获得满意的答复。

2）网民进行网络舆论监督的阶段划分

结合上述案例中网民舆论监督的过程，以及史蒂文·芬克的危机过程划分的理论，我们可以将网民对企业的网络舆论监督分为四个阶段：舆论监督的雏形期，舆论监督的上升期、舆论监督的高潮期以及舆论监督的平复期。了解网民对企业舆论监督的不同时期的特点，有助于企业的有效应对。

3）企业网络营销传播中网民舆论监督的作用

通过上述案例分析，可以总结出企业在进行网络营销传播时，网民的舆论监督起到了以下几点作用：

——揭发企业弄虚作假，维护消费者权益

网络的虚拟性让有些企业也做起了"虚拟"活动，在苏宁秒杀门事件中，苏宁以诱人的奖品为饵，吸引消费者的关注与参与，殊不知却是一场空欢喜，不仅费时费力的没秒到商品，连钱也被暂时冻结，圈禁了起来。这种情况若是在十年前，消费者也只有吃哑巴亏。不过网络虽虚拟，却又确实便捷了信息的传播与相互的交流。网民通过网络进行舆论监督，将苏宁活动全过程网络直播，并发帖质问其中的种种疑点，呼声受到媒体的关注与放大，使得苏宁不得不为自己的行为买单，同时维护了消费者应有的权益。

——推进事件发展，帮助找出真相

以苏宁秒杀门为代表的虚假网络营销传播事件，在事发之后企业方的态度都是遮掩的，试图蒙混过关。但由于网民舆论监督的介入，事件受网媒、传统媒体高度关注，令弄虚作假的企业无处可逃。另外，网民的舆论监督与声讨从网络蔓延至社会现实，对于企业造成很大的压力，若不坦诚公开事实真相，承担责任，恐是难逃广大网民的责难，企业的品牌形象也在消费者心中一落千丈。

——规范行业行为，促进相关部门严厉监管

在虚假网络营销传播事件被揭穿报道之后，事情并非就此完结，一些舆论领袖会将矛头指向行业及相关监管部门，并引发深层的质问与思考，促使规范与监管的升级。

4）企业在新媒体环境下的营销传播的警示

网络的普及已经改变了人们的生活方式，企业的网络营销传播是未来发展的重点，也是不可或缺的一种营销手段。纵观现在的企业网络营销传播事件，或多或少的体现着一些问题与不成熟。特别是在网民的舆论监督越来越犀利的时候，企业如何利用好网络这个平台进行有效的营销传播来提升自己的品牌，这无疑值得深思与警示。其中，杜绝虚假噱头真诚对待消费者、周密管理网络营销传播信息、发生危机时勇敢面对及时处理等均是难得的启迪。

5．案例研究的几点结论

人们的生活已经渐渐变得与网络脱不开关系，网络将是各企业进驻与开辟的战场。企业开展网络营销传播是其提升品牌形象，吸引消费者目光的重要途径。但在网络营销传播的初期，难免会遇到各种不规范的行为，不仅使企业形象降低，也损害了消费者的利益。不过好在网络的开放性与即时沟通性，网民对企业在网上的各种行为的监督起着至关重要的作用，研究网民的舆论监督在企业网络营销传播中的规律与作用将是一个十分有意义的新课题。通过对苏宁秒杀门案例的研究分析，我们得出了以下几点结论：

——网民对企业的监督有着"舆论质疑星火——求真呼吁燎原"的传播规律

案例分析看出，问题的发起都是由于网民在参与网络营销活动时产生不好的体验感，进而发出质疑，他们通过论坛、门户网站、微博、SNS 社区等将他们的质疑与问题进行传播。点点质疑星火碰撞一起产生更大火花，网民们会积极的产生回应，此时网络舆论形成。同时，随着越来越多的网民的响应，事件会在网络上病毒似的扩大传播，继而收到传统媒体的关注与报道，变成整个社会讨论的话题，此时可谓是求真之火呼吁燎原。在这样一个大的舆论环境中，人们会获得更多的信息，并逐渐对事件形成态度，再通过网络继续传播、声讨，形成循环，直至获得满意的答复。

——网民对企业的监督有四个阶段，每个阶段特点不一

结合案例中网民舆论监督的过程，以及史蒂文·芬克的危机过程划分的理论，可总结出网络舆论监督的四个阶段，以及各阶段监督的方式与力度都不尽相同：

① 雏形期，网民针对活动体验中的一些纰漏在论坛、网站中发帖询问或质疑。有的会列出对话记录、图片等证据对企业的活动进行质问，在论坛等自由发言的地方形成讨论，舆论倾向正在逐渐的形成。

② 上升期，由于事件到达一定热度且网民的质疑声、呼吁声也越来越强烈，此时各大强势网络媒体会介入其中，顺应网民舆论的要求一步一步深挖，同时，将信息整合充当着网民舆论监督的扩音

器。网民也围绕着报道进一步的提出自己的看法。

③ 高潮期，传统媒体大力介入，门户网站、论坛等网络媒体报道形式、讨论规模也在不断扩大，舆论监督由网络蔓延到社会。社会力量全面介入，舆论监督迈入巅峰。大量网民以讨论跟帖形式形成舆论倾向，要求企业及相关部门给出合理解释。

④ 平复期，事件逐渐平息，而新的舆情出现时，网民对原来事件的关注会急速下滑，开始投入对另外事件的关注，而原来的事件热点便会慢慢冷却，最终沉寂下来，相应的舆论监督也会减少或转移。但是那些影响重大的事件的平息可能只是极端性的沉寂，一旦事后有类似事件发生，极有可能被网民旧事重提，再度成为热点。

——网民的舆论监督有利于维护自身利益，并新媒体广告传播有积极的规约作用

在案例进程中，网民的舆论监督都起着积极的作用，它不仅揭发企业弄虚作假，维护了消费者的权益，并推进事件发展，帮助找出真相。与此同时，网民的强烈呼声也促使相关部门必须有所作为，对企业的网络营销活动进行严厉监管，并出台相关政策规范行业行为。

二、舆论监督下的新媒体广告自觉

由于新媒体广告以各种形态袒露在新媒体环境中，让所有网民均能轻而易举地接触到，并受到相对传统广告更为广泛的大众监督，因此，利用民众的力量，进行舆论监督，则必然有利于新媒体广告的合法发布与良好的文化形成。这核心的环节，就需要新媒体广告传播中的各主体要素形成高度的自觉，其主要体现为：

1. 提高消费者自我保护意识和维权意识，构建强大的舆论力量

德国民法学家鲁道夫·冯·耶林在著作《为权利而斗争》中提到，权利是对社会的义务。但是在中国，由于长期传统习惯的影响，形成了怕诉讼的心理，害怕惹是生非，不愿惹麻烦。遇到纠纷习惯于息事宁人，不爱追究的消极态度，很大程度纵容了违法违规广告的滋生。当消费者的权益受到虚假广告、诈骗行为等侵害时，只有为自己的权利而抗争，才能实现对权利的保护。从目前的情况来看，多年来宣传教育已经提升了消费者的维权意识和水平，但是成果还远远不能适应消费维权和市场监管的需要。为此，我们需要在以下几个方面来提升消费者与网民的维权意识，以构建强大的新媒体广告监督舆论力量：一是政府、新闻媒介和行业组织等要通过多种方式对消费者进行教育。消费者的维权效果很大程度取决于消费者捍卫合法权益的积极性和主动性。二是消费者自身应该加强消费前的准备工作，合理的选择和判断，用积极的行动实现自我保护。消费者应该树立科学的消费观，逐步提高自我防范意识，学会避免上当。三是建立有奖举报制度引导网民参与监督管理，举报制度是一种鼓励群众参与监督管理的有效途径，而有奖举报可以调动人们监督违法违规行为的积极性。在目前，鉴于执法力量有限、执法效果有限，一定范围内的有奖举报制度可以对新媒体广告监管进行有效地补充。发挥社会激励机制，给予举报人适当的物质奖励，特别是对于重大的案情，给予作出突出贡献的单位和个人以物质或精神上的奖励，为良好的市场环境作出贡献。四是帮助网民进行舆论监督的素养，由于网络的虚拟性，真假难辨，网络中的言论充斥着不少水军，这对网民如何辨析新媒体广告的真实性、合法性有着较大的干扰，因此帮助网民的媒体素养，高效率进行新媒体广告的辨析、监

督，构成最广泛的舆论监督力量，无疑是首要的基础性工作。

2. 提升广告主的新媒体广告传播的诚信理念

在苏宁秒杀门事件中，苏宁以诱人的奖品为饵，吸引消费者的关注与参与，殊不知却是一场空欢喜，不仅费时费力的没秒到商品，连钱也被暂时冻结，圈禁了起来。苏宁不得不为自己的行为买单的同时，显然作为广告主必然有着痛定思痛的教训。网络的普及已经改变了人们的生活方式，企业的网络营销传播是未来发展的重点，也是不可或缺的一种营销手段。面对在网民的舆论监督越来越犀利的现实，企业如何利用好网络这个平台进行有效的营销传播来提升自己的品牌，树立新媒体广告传播的诚信理念，无疑是最为核心的取向。如此，就首先需要杜绝虚假噱头 真诚对待消费者，把好企业产品的质量、信息的真实性以及新媒体广告形式三道关。绝不能为制造夺人眼球的传播噱头，却将真实性与产品质量置之不顾。它可能可以在一时间获得消费者的关注，但从长远来看，消费者一旦发现自己被欺骗，便不再相信该企业，不仅如此，消费者还会将此通过网络传播出去，相互呼应形成舆论场，那将是对企业致命的打击。其次，则需周密管理网络营销传播信息，由于网络上信息繁杂且传播途径多样，在这种环境中，企业任何微小的失实或者歪曲的信息都有可能演变为一次舆论危机，类似于"蝴蝶效应"。所以，为了维护企业的形象，保证营销传播活动的顺利进行，企业需要对网络营销传播的信息做适当的管理。再次，则需在发生危机时勇敢面对及时处理，即一旦因自身的过失而导致危机发生时，企业应当勇敢面对，并根据网民舆论监督的不同时期及时处理，让过失对企业品牌的伤害减到最小。

可以说，新媒体网络虽虚拟，但也包藏不了虚假，在信息高速、广泛传播的今天，任何虚假行为一旦被揭发，瞬间便将人尽皆知，所以企业试图钻网络虚拟的空子来进行虚假营销传播只会舍本取末。同时，网民也越来越聪明，他们绝不是信息接收的靶子，相反，他们是网络活动的参与者，更是监督者，任何只顾眼前利益而弄虚作假的企业终是逃不过网民的法眼，也终将受到消费者的唾弃。所以，在新媒体广告传播中，唯有建立诚信理念，才能使自身的企业传播行为越来越规范。

3. 发挥行业协会的自律功能，促进新媒体广告的健康发展

与广告法规的被动性、有限性、固定性相比，广告自律要主动、宽泛、灵活得多。作为广告自律的基本原则，广告道德规范是广告业持续、快速、健康发展的内在支撑。行业自律管理，从理论上说是类行政行为。新媒体广告行业自律有着如下的重要性：首先，新媒体广告行业自律是弥补立法、行政监管不足的重要手段。由于开放的新媒体环境的本质使然，许多国家，包括中国对新媒体环境的广告监管采取了较为宽容的态度。加强行业的自律，减少政府的行政干预已经成为全球广告业发展的趋势。其次，新媒体广告行业自律是广告业良性发展的需要。行业组织在广告合法性上为广告主提供咨询的审查服务，降低查处违法广告的经济成本，并通过信息共享机制使得行政管理部门能够及时查处广告违法违规行为，而自身也可望得到声誉的建立，进入良性的可持续发展。再次，则可减少靠违法违规或者虚假广告给消费者造成的伤害，促进从社会和谐、市场经济发展。

涉及新媒体广告传播行业自律的组织主要有：① 中国广告协会互动网络委员会，该委员会的《中国互动网络广告行业自律守则》是中国互联网广告界第一部自律守则。守则提出在新媒体广告

机遇和问题迭出的新形势下，决定通过建立客户信用等级评估体系、建设中国互动网络行业的权威数据体系、规范互动网络广告数据测评体系，以逐步建立互动网络广告的行业标准体系。② 中国互联网协会，该协会也公布《中国互联网行业自律公约》，目前全国已有 2 000 多家互联网企业签约。协会曾与百度、腾讯、新浪、搜狐、网易、凤凰网等互联网企业共同发起成立"中国互联网协会网络诚信推进联盟"，推进网络诚信建设。

但从现状来看，新媒体广告传播的行业自律尚刚刚起步，其自律运行尚不够理想，如新媒体广告的清晰标注、新媒体广告发布实名制、建立第三方权威监管机构、建立自律惩戒机制等均未到位，其离真正行业自律还任重而道远。

第三节　公信力导向的新媒体广告传播模式建构

一、广告公信力及其提出

广告传播的效果，究其本质是建立在公信力基础上的。所谓公信力，即指公众的信任度。公信力是广告最有价值的内在品质，是广告服务于商品营销以在市场竞争中制胜的关键性因素。但长期以来"公信力"并没有被视作广告，乃至整个传媒业的评价标准，使得公信力普遍性缺失已成为一种客观事实。由于公信力的缺失，广告传播失去了本质的追求目标，其追求短期的利润效益，虚假失信广告的泛滥也就成为必然。

如此，广告传播公信力自然得以提出①——

在传媒研究中，人们已经认识到："公信力已越来越成为传媒在市场竞争中取胜的关键因素。触及率（发行量、收视率、收听率）虽然也是反映传媒竞争力的一种指数，但它仅反映出数量的特征，并不是传媒竞争力的本质内涵。"只有"建立在良好公信力基础上的触及率才是稳健的触及率。"②而对传媒公信力的建立，有学者从受众角度认识到："公众已经厌烦了过去那种对媒体顶礼膜拜和被动接受的格局，他们希望传媒能真实地报道新闻，建立一个自然、直接、质朴的自由空间来表达自己对公共事务的看法。"③公众这种对"被动"的不甘、对"自由"的渴望，无疑只有通过互动传播才能得以实现。而且，一定意义上，只有互动传播的实现才可能根本上树立公信力意识。因为，没有"互动"的传播是一种以自我为是的宣传，其必然导致对公众信任的漠视。所以，当我们以具有"互动"功能的新媒体广告作为导入广告公信力的契机，不断强化广告传播的信息互动功能，就可望在这一互动进程中注入公信力意识、建构起广告传播公信力的评价取向。

广告公信力一定意义上是广告最有价值的内在品质，是广告服务于商品营销以在市场竞争中制胜的关键性因素。但长期以来"公信力"并没有被视作广告，乃至整个传媒业的评价标准，使得公信力缺失已成为一种客观事实。广告公信力的缺失也致使广告效果日益降低，企业为此浪费的钱也越来越多，受众的怨言也越来越多。

---

① 舒咏平.广告传播公信力的缺失与导入[J].新闻大学，2004（秋）.
② 佘文斌.公信力——传媒竞争的重要砝码[J].新闻战线，2002（5）.
③ 彭伟步.中美传媒公信力比较[J].新闻记者，2002（7）.

美国著名的广告学者阿尔·赖斯等人在最近出版的《广告的衰落与公关的崛起》中就指出：广告业的衰落已经是不争的事实；这是由于传播环境和市场环境的巨大变化，使得广告这种大众消费时代充分利用大众传播的优势劝服和告知消费者的形式面临重大挑战；同时更深层的原因是广告公信力的下降。根据近期盖洛普公司对美国32项主要职位的公信度调查，广告和广告人的公信度仅为10%，排在倒数第二位。对此，作者强调："夸张的承诺和过度的投放是广告效果下降的重要原因，但是，公信度的影响是最根本的原因。"①可见对广告公信力展开评估研究已经显得十分必要。

美国广告专家罗伯特·J.拉里奇等人曾经就广告效果建立了一个评估模型，此模型将消费者从最初的广告接触向最终购买移动的动态过程，分解成六个步骤，即：知晓、了解、喜爱、偏好、信服、购买；然后将与此六个步骤对应的广告与促销形式、广告效果调查方法进行了解析与建构。并指出："在这种模型中，广告被比喻为一种力量，这种力量将把消费者在购买阶梯上朝向最终购买推进。对广告效果的评估应该包括对消费者在全部购买过程的各步骤中态度变化的测定，而不仅仅是对产品的开发、产品特色的认知和刺激实际购买阶段消费者态度的变化的测定。"②在这个评估模型中，"信服"乃是前四步骤走向"购买"的关键台阶，显然广告传播公信力的科学评价，也就应该从"信服"层面切入，在兼及各步骤的关联与走向中，建立更为细致并可操作的评价体系。由于该体

---

① 　Al Ries & Laura Rtes：*The Fall of Advertising and the Rise of PR*：New York：Harper Collins Publisher Inc.，2002，p.73.

② 　[美]罗伯特·J.拉里奇等.一种广告效果的评估模型 [C].本·M.恩尼斯等主编.营销学经典论文集.大连：东北财经大学出版社，2000：618—624.

系侧重对广告传播公信力的评价，则不同于传统的立足于广告吸引力的评价，也不同于广告与销售额涨落关系的评价，而应该是基于单一受众对广告的信任度、具有受众代表性的"公众"群体的信任度的科学评价，其内容包括：广告传播中的互动渠道、互动满意度、互动信任度；广告受众个体信任度的产生、细分、强度；广告受众某一群体信任度的产生、细分、差异、强度；广告受众共同体信任度的产生、细分、差异、强度、分布、舆论等。如用一个公式来表达，则为：互动渠道 + 个体信任的深度 + 群体信任的广度 = 广告传播公信力。虽然，此公式显得简单化，但却简明地概括了建立广告传播公信力科学评价体系的核心思路。

广告公信力的科学评估，最为重要的是改变以广告促销效果为中心的评估方式，建立以"广告公信力"为核心的广告评估模式。这样不仅可包含广告信息接受程度、受众消费行为、企业销售等传统效果评估因素，还囊括了社会责任、受众互动、信任程度等传播方面的评估因素，能更为全面、客观地就广告的传播效果进行评估，规避以往"广告效果"评估无法体现传播特性的不足。为此，笔者曾提出由三大模块 12 维度便构成了广告公信力评估的基本指标体系（见图 8 - 9）。

如上评估指标体系由三大模块 12 维度组成，但在具体评估操作中，还需进行可直接进入选项操作的三级指标之细化，使之成为广告公信力评估的具体指标。

由于公信力科学评价体系的细致与规范，任何简单化的期盼与粗放性的操作也就需予摒弃。为了这种科学的评价能得以规范进行，又为了避免情感因素的介入，这就需要让独立于广告主、媒体，以及广告公司的，具有中立性、权威性的专业评估机构进入，

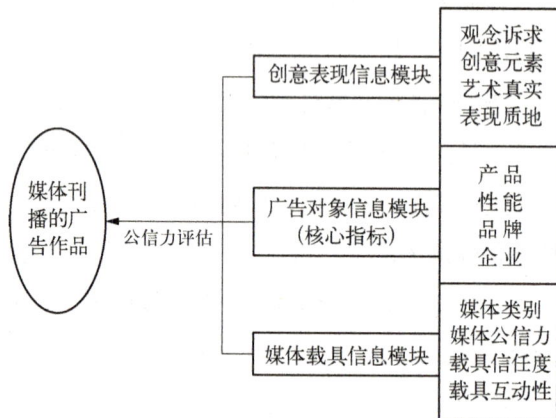

图 8-9　广告公信力评估基本指标体系①

从而保证广告公信力评估的客观与公正。同时，还需建立权威的广告传播公信力科学评价的权威发布机制，并以此为广告传播公信力的号角与令旗；如此，则可望有效地向整个广告界导入"公信力"的价值观念，使广告因此而获得社会美誉。

二、公信力导向的新媒体广告传播模式

既然在整个广告领域已经提出了广告公信力的概念，并进行了相应的评估体系设计；那么，在新媒体广告传播领域，其透明度更高、所要接受审视评价的公众更广泛，由此需要借助公信力来进行考量的必要性更为充分。

2013 年 11 月 20 日召开的国务院常务会议，可以说是一次专门

---

① 舒咏平.广告传播与公共信任——广告公信力研究[M].北京：人民出版社，2009：266.

为市场打开了一扇信息公开窗户的会议。会议强调公开是流言的天敌，阳光是最好的杀虫剂；只有让公平的阳光照进市场，消费者、经营者的权益才能得到保障，政府管理的奖优罚劣才能更有力度、更加令人信服，市场才有公平竞争秩序。①那么，市场信息的透明、阳光，体现到新媒体广告传播上，就是公信力的体现。因为广义上的新媒体广告传播，就是企业运作、行业发展、市场反映的一个全景的、实时的展示平台；哪个企业、哪个品牌、哪个产品具有信息传播的公信力，哪个就必然得到消费者的青睐，就具有市场竞争力。

而且，新媒体广告公信力一定意义上是法治与舆论监督有机的整合。法治是底线、更是震慑力，其法治标准就是法律法规，其立法执法本身就是一个信息公开的过程。而舆论，则本身就是信息透明的必然，是公信力导向提出的前提与最强大的支持力量。

而且，新媒体广告传播的"公信力"导向，同时就是对新媒体广告传播链上各环节主体利益与责任的一个最为充分的兼顾与整合。这可以从"公信力导向的新媒体广告传播模型"图（见图 8－10）得到体现。

在此模型中——

上端的政府机构一方面就新媒体广告动向制定规制进行以公信力为主导的监管，另一方面对广告产业进行公信力理念引导。也就是说，履行监管职责的政府机构所依凭的法规制度是具有公信力的，他们首先需要以具有公信力的法规制度进行守法引导，以及违法必惩的震慑，如此才可能进行监管执法。

① 李克强.信息越公开透明 市场就越公平公正[OL].中国政府网，2013－11－20.19：40.

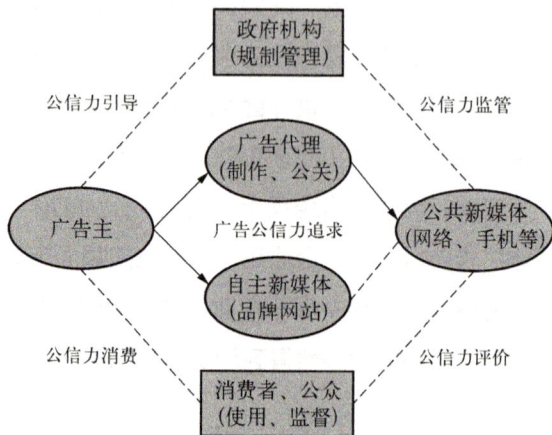

图 8-10 公信力导向的新媒体广告传播模型

下端的消费者与公众，同时扮演新媒体广告使用者与监督者的角色，由此一方面按照公信力标准在消费、使用新媒体广告，另一方面则必然地按公信力理念进行评价与监督。也就是说，消费者与公众既是公信力导向的新媒体广告传播最终消费者与受益者，同时又是最权威、最广泛、最具有力量的监督者，以及舆论力量的生成与构成者。

而就处于中端的广告产业链而言，一方面按传统代理模式广告主、代理公司、公共新媒体构成广告传播链，另一方面广告主又拥有自主的新媒体广告使用权；但受上下两端的引导、监督、消费、评价，其"广告公信力追求"乃是其必须遵循的理念，以及自律的准则，是产业链各环节主体各方面利好的体现。

该模型的上、下端，即政府机构与消费者公众构成强大的市场制约、舆论导向、监督管理的力量；引导、制衡着广告产业链按照"广告公信力追求"的理念与路径进行着新媒体广告传播的实践与发展；并因此而组成一个菱形矩阵，构成了公信力导向的新媒体广告传播理论模型。根据以上理论模型，政府、消费者与公众、广告传播产业链三方面的主体均需在互动中，以"公信力"为基本约定，进行主体行为的调适与优化，从而将新媒体广告传播推向健康、良性发展的轨道。

三、公信力共约与新媒体广告文化建构

基于新媒体广告传播对于公信力的倚重，由此，达成公信力公约，并齐心合力进行公信力导向的新媒体广告传播文化建设，就显得尤为必要。其推进的主要举措为：

1. 政府机构不仅需要与时俱进地立法执法，更需要进行公信力的引导

由于新媒体广告传播，涉及两个最为复杂、并发展变迁最为迅速的领域，即：以网络为代表的新媒体领域、涉及市场与文化等要素的广告领域；因此，其立法执法的难度则必然相当艰巨。即便如此，要进行新媒体广告传播市场的有序管理，其法规的制定总是需要与时俱进地制定，否则就可能出现无法可依、无法可行，难以执法监管的局面。而切合新媒体广告传播的立法，往往有个充分考察市场现状、充分听取各方面利益主体以及消费者、公众的意见与利益诉求；这个过程就是新媒体广告公信力宣传与引导的过程。同时，执法的公开性，也使得每时每刻的执法，以及执法结果的公布，本身就是一个公信力宣传与引导。因此，政府机构在对于新媒体广告监管的全过程，就都需要建立一个公信力引导的理念与工作方法之标准。

2. 建立公信力导向的新媒体广告评估与发布的第三方独立组织

2008 年 4 月，国家工商总局与国家发改委联合发布的《关于促进广告业发展的指导意见》明确阐明：要"建立诚信经营评价体系。加强对广告经营单位广告发布与合同履约经营行为的监督，建立诚信经营数据库，定期对其诚信度进行测评；规范广告经营秩序，实行失信惩戒及市场推出机制，提升行业诚信度。"①如此，公信力导向的新媒体广告传播评估模型及操作，则吻合并呼应了国家对于建立广告诚信经营评价体系的需要。

对新媒体广告公信力评估存在主体需要的有三个：广告主、广告公司及媒体、政府监管部门。就广告主而言，进行公信力评估的最直接目的是检验广告效果，看其投资是否有回报。而广告公司与媒体可通过该评估反映广告创意是否有效、符合受众需求。可以说，通过公信力评估，广告主、广告公司和媒体能最为直接的获得受众对于广告的基本态度。而政府监管部门，首先是为了广告的社会效益，其次是为了合法有序地来促进广告业发展而承担监管使命，如此科学的公信力评估就显得非常重要。由于国家正在推行可让社会承担的工作政府要坚决退出的工作思路，而新媒体广告评估又量大复杂，政府不可能进行全面包办，因此新媒体广告评估则可让社会力量来进行承担。

但广告主和广告公司作为广告执行的主要方面，对其进行评估，难免有失偏颇。而政府监管部门科学有效的监管也难以采用主观性的判断。如前所述，为了新媒体广告公信力这种科学的评价能

① 国家工商总局与发改委.关于促进广告业发展的指导意见[J].现代广告，2008(6).

得以规范进行，又为了避免情感因素的介入，这就需要让独立于广告主、广告公司及媒体、政府监管部门的，具有中立性、权威性的专业评估机构进入，从而保证广告公信力评估的客观与公正。同时，还需建立权威的广告传播公信力科学评价的权威发布机制，并以此为新广告传播公信力的号角与令旗；如此，则可望有效地向整个广告界导人"公信力"的价值观念，使新媒体广告因此而获得社会美誉。

新媒体广告公信力评估结果的呈递，是根据委托方的需要，进行如实反馈。由于广告公信力评估的委托往往会发生在广告效果判断产生分歧的双方，因此，独立评估机构需要将科学的评估结果同时向双方进行呈递与反馈，并将评估过程与原始数据进行如实介绍，以获得双方的认可与信任，保证评估结果的权威性。而新媒体广告公信力评估结果的发布，一般是受政府监管部门委托，或出于公益性基金资助研究而获得的评估结果，根据社会需要与共同约定，从而进行的新媒体广告公信力评估结果的公开发布。在公开发布之前，要坚决杜绝由于利益集团的胁迫而篡改数据，以致公信力的评估也缺乏公信力。

3. 广告主需树立品牌公信力导向的新媒体广告传播理念与机制

新媒体的诞生及蓬勃发展，使媒体格局改变，使得企业对于传统媒体广告投放的依赖减少，而包含自有媒体在内的新媒体广告则比例大幅提高，如此必然催生了品牌传播。"品牌传播"（Brand Communication)的本质目标是"品牌信誉的建构"。[1]英国学者布

---

① 舒咏平，陈丽娟．"品牌传播"内涵之辨析[J]．现代广告（学术季刊），2012(2).

莱克斯顿认为：成功的品牌关系都具有两个因素：信任和满意。其中，信任受风险、可信度和亲密性的影响，而满意是主动性和支持性的函数。[1]美国营销学者汤姆·邓肯等人则从企业实际运作的角度提出评价品牌关系的 8 个指标：知名度、可信度、一致性、接触点、回应度、热忱心、亲和力、喜爱度[2]。这些品牌认知观点昭示的均是品牌价值最核心的"信用"。而这种以信用为核心的品牌核心价值，显然不可能以"忽悠"式的宣传、单向度的广告来建立，而只能是以高品质产品为事实基础，通过持续的营销、消费、服务、沟通来验证、来建构。著名经济学家吴敬琏曾指出：从长远看，中国最缺乏的不是资金、技术和人才，而是信用，以及建立和完善信用体系的机制。因此，企业的"品牌传播"正是"品牌信誉的建构"为本质目标，追求的即品牌的公信力。

J. Thomas Russell 和 W. Ronald Lane 在《Klppner 广告教程》中预言道："未来的广告和传播的标志是消费者参与程度更高、控制力更强，广告和传播由单向传播向双向沟通转变。"[3]迅速崛起的新媒体，正以数字传输为基础、可实现信息即时互动的媒体形式，其终端显现为网络连接的电脑、手机、电视等多媒体视频为"双向对称之沟通"的实现提供了强大的技术支撑。有学者指出：虽然新媒体仍然是一种媒体形式，但是，它同现有的大众媒体已有根本性的区别。它提供了一种技术平台，一种沟通平台，具有数字化、多

---

① Blackston, M. Observations. Building Equity by Managing the brand's Relationships. *Journal of Advertising Research*, 1992, (5-6).

② [美]汤姆·邓肯. 品牌至尊——利用整合营销创造终极价值[M]. 北京：华夏出版社，2000：37.

③ J. Thomas Russell & W. Ronald Lane. *Klppner's Aevertising Procedure* (13th edition) [M]. 北京：清华大学出版社，2003：24.

媒体、实时性和交互式传递等特征。①正因为这样的根本性特征，新媒体广告可以帮助品牌与消费者进行互动对话，逐渐在公众心目中建立品牌公信力。

如此，品牌公信力追求与导向的广告主，是以诚信、信誉为自身生存发展的生命线，其自然对于新媒体广告传播会建立其公信力导向的理念与操作机制。

4. 新媒体广告经营及其代理机构的公信力导向新媒体广告自觉

公信力导向的新媒体生存的本身就是以网民建立的公信力为基石的。我们可以本质为新媒体平台的"淘宝"为例来予以说明——

其创始人马云曾说道："我们害怕的是不透明的竞争，不诚信的竞争，不公平的竞争！""这个世界正在经历一个信任危机的时代，也是一个价值、诚信底线挑战的时代。""可以说网商是新经济这个时代的第一批移民。在这个土壤上面，诚信、开放、透明、分享成为我们信奉的价值体系，因为只有这样，网商才能成为中国真正进步积极的力量。"马云透露，在2010～2011年间，已有15万家企业凭借信用记录从阿里获得贷款，平均每家企业贷到的款是4.7万人民币。让信用等于财富，可以说是淘宝网的核心竞争力。我们可以看到淘宝上面，每一个好评，每一个差评，对一个卖家来说多么重要，淘宝的信用体系终于逐渐建立了"信用＝财富"的等式。假如不能把"信用越好，财富越好"这个画上等号来，商业社会永远会欺诈盛行。

为此，《世界是平的》作者托马斯·弗里德曼在演讲中曾谈

---

① 陈刚.新媒体与广告[M].北京：中国轻工业出版社，2002(12).

到，培育了中国社会的"信任"是对阿里最深的印象。"这个平台能够了解你，并且能和别人说，你是诚实的还是不诚实的人，并且让信用等于财富，让勤劳诚信的人富起来，从而激励更多创新"。

拥有2亿用户和数百万卖家的淘宝网已经是一个竞争非常激烈的商业平台。相比传统商业中商家依靠信息不对等获取利益不同，在淘宝网建立的新商业文明诚信体系下，消费者能公平地获得商品、商家的所有信息。价格、商家诚信度等在消费者面前一览无遗。而对于网上卖家诚信的要求与导向，则更建构了淘宝诚信文化，印证了淘宝本质就是一个以公信力导向的新媒体。

由于新媒体使得所有使用者均可以自由发布并验证信息，并产生一种强大的制约机制，使得任何造假者或被搜索质疑，或被专业的网络监管机构所注意并跟踪，继而被网民弃之离去。这就必然使得新媒体的经营必须以公信力为自觉。曾经有着这样的名言："你可以在一定时间内欺骗所有人，也可以在所有时间内欺骗一些人，但你无法在所有时间内欺骗所有人。"而在新媒体空间，这种制约造假的机制已经现实地存在于我们的身边。

当新媒体运营主体追求的是公信力建构的自觉，那么必然要求新媒体代理商需将公信力导向的经营放到首位，否则必将产生连锁效应。正因为此，操控论坛、造谣发帖、网络水军、虚假点击、僵尸出售、违规删帖等违法、违背公信力的新媒体行为便自然受到惩处与谴责。

5. 消费者与公众的媒体素养提升以构成强大的公信力舆论文化

在新媒体广告传播环境下，每天其受众与消费者都在大睁眼睛通过各种终端对广告信息进行搜索比较，其形成的价值指向的合力——公信力，并每时每刻均在形成强大的舆论，制约着公信力舆论文化的建构。而实现公信力导向的新媒体监管，则同样离不开建立在每个网民之上的舆论线索提供与力量支持。如此，对于消费者与公众的媒介素养自然就提出了高要求。

1992 年美国媒体素养研究中心对媒介素养下了如下定义：媒介素养是指在人们面对不同媒体中各种信息时所表现出的信息的选择能力、质疑能力、理解能力、评估能力、创造和生产能力以及思辨的反应能力。随着新媒体的发展而提出的新媒介素养，则指在社交网络革命、互联网革命和移动革命的背景下，个人为了适应新的媒介环境和社会关系变化，构建更大、更好的社交网络，应该掌握的新的能力。其中怀疑精神与道德素养对于新媒体的公信力舆论文化建构尤为重要。所谓怀疑精神，指的是网民能对于新媒体上获得的信息，善于进行真实性、精确性、权威性、关联性、客观性和适用范围的质疑与检验。而道德素养，则是指人们通过新媒体创造或传递精确的、经过深思熟虑的信息来获得信任、提升价值。在新媒体之上，当每个人都能够成为发布者和传播者时，谁能够提供更可信、更透明的信息，谁就更受他人欢迎，并由此形成一种新媒体道德的导向。因此，苏菲·利文斯则明确表明：新媒介素养最主要的应该是让人们能够不再仅仅是一个被动接受的、被选择的，而是批判性的、主动参与的。简而言之，人们不再是消费者，而是公民。①

当这种由广大公众与消费者构成的新媒介素养整体提升，就必

---

① Sonia Livingstone. Media Literacy and the Challenge of New Information and Communication Technologies. *The Communication Review*，2004，7(1)：3-14.

然形成一个健康的、强大的新媒体文化氛围。在这样的氛围环境中，以公信力导向的新媒体广告传播文化精神家园才可望形成。在这样的文化舆论中，虚假的广告信息也就难以生存。而公信力的舆论导向，则有望推动新媒体广告产业规模化、专业化发展，并形成一系列新媒体广告品牌，以品牌带品牌，并形成多方面品牌共赢的新媒体广告传播的优美生态。

索 引

I n d e x

后 记

Postscript

在 2001 年我们华中科技大学的广告专业创办伊始，我们培养学生的核心定位就是"新媒体广告与品牌传播"。两者联系是如此紧密而不可区分：当新媒体迅速崛起，任何广告人包括广告教育者就不能不重视新媒体广告，否则将迅速落伍并边缘化；而一旦进入新媒体广告领域，我们就会惊讶地发现，传统的广告形态、广告概念已全然失灵，并浑然变迹为一种在线的品牌传播。但"广告"又是一个有着历史底蕴，且有着市场需求、并已形成产业，为人们广为认可的行业、学科、专业；也就是说"广告"的概念又是需要正视的。基于新媒体的品牌传播即新媒体广告，因此 15 年来，我一直执著地在新媒体广告与品牌传播相结合的领域耕耘，博士生招生方向也是以"广告与品牌传播"来亮相的。

于是，我的研究成果一部分落在了新媒体广告之上，代表性著作为《新媒体与广告互动传播》、《新媒体广告》；另一部分的研究成果则是以品牌传播论著来体现：《品牌传播策略》、《品牌聚合传播》、《品牌传播与管理》、《品牌传播论》、《中国大品牌》、《品牌传播教程》等。当我将有关新媒体广告与品牌传播的研究成果与广告公司、广告主进行交流时，往往得到高度的认同。有的企业还吸纳了我的建议，在企业组织架构内专门设置了包含自有新媒体管理的"品牌中心"部门，聘用我们的毕业生、甚至专门因人设岗。为此，对于新媒体广告与品牌传播的认识并投身其中，本人也就越来越清晰、越来越坚定——

在 2010 年，当我为高等教育出版社撰写的全国第一部《新媒体广告》(第 1 版)教材交稿，我立即又在当年年底进行了"新媒体广告传播"课题的申报。于是，在 2011 年的春天，课题获得教育部人文社科项目的立项。在我进行本课题研究的 2012 年，教育部进行广告专业课程修订，专门将"新媒体广告"列入了主干课程。到 2013 年，广告业界传来的信息则是新媒体"百度"以总营业收入 319.4 亿元超过了 CCTV 的 300 亿元；而在我们接触到的企业，其硬广告投入已由推广费的 80％下降到 25％；新媒体推广的比例则达到 40％，其中还不包含自有新媒体的硬件投入与人员费用。

可以说，新媒体广告正以前所未有的强劲趋势在改变着广告格局，在改变着广告主的市场推广方式。这也就促使我进一步对新媒体广告传播作深层次思索，并形成一些自己的见解，如：新媒体广告已经不是传统广而告之的"广告"，而是广告主与受者多种形式的沟通与传播，其观点体现在我《数字传播环境下广告观念的变革》的一文中。新媒体广告的主导力量不再是广告主，而是"消费者"，是消费者的"搜索满足"的动力导致搜索行为，并因此产生广告主对于消费者的"搜索满足"服务；其观点体现在《"信息邂逅"与"搜索满足"——广告传播模式的嬗变与实践自觉》一文中。在消费者通过"搜索满足"来获取品牌信息的趋势下，"搜索引擎"即使不算严格意义上的广告，也是数字化广告的一个集散媒体，该观点见于《搜索引擎：数字广告的集散媒体》一文。当社交媒体迅速崛起，广告主的微博就是最佳的自有媒体了，并自然会得到广泛应用，其研究结果是以实证性的一文《广告主微博传播内容分析》来表达的。如上观点我均在这本《新媒体广告传播》中有机地植入；还有当前人们正给予关注的"O2O营销"，我也从新媒体广告传播角度给予了解析，并对未来的发展进行了可见性的预言。总之，我正是想通过如上力所能及的、创见导向的思考，形成这本有较强解释力、有现实针对性、有思考前瞻性的著作，以期不辜负这个新媒体广告传播侵入媒介主体的时代。

在这本著作即将完成之时，我要感谢上海交通大学出版社副总编辑刘佩英女士，她是我2005级的硕士生，当年研究生就读时她的知性、温婉，就显示出她在事业中会有出色发展的；而该著作的顺利列入出版计划，正得益于她的鼎力支持。同时，我更要感谢为该著作付出艰辛工作的责任编辑黄强强先生，虽未谋面，我却能感受到他的年轻精干、睿智勤奋。接着我要向我的研究生隋奉芹、孙沐、李海杰、樊静、段然、吴炫凝、刘亚进、于楠楠、张鑫、余丹、龚珣、张闪闪等表示感谢；正是他们的聪明智慧的相助，使得本著作资料搜集、数据采集、统计分析、专题研究等工作高效而有序，保证了我能在课题规定的时间内完成本著作。

最后我不得不说，新媒体正以人们难以想象的路径、面貌、速度在改变着我们所处的环境。由此，我的这本跟踪研究如此变幻莫测对象的著作，其留下诸多遗憾也就在所难免，只得恳请读者们给予指正与见谅。但积极投身一个新媒体不断发展过程，并以该著作在这过程中留下一点声音、一些光影，我不仅感觉到问心无愧，甚至心底荡漾出一种幸福感了。

是为记。

舒咏平

2014 年 6 月·武汉喻园